# Animer un anniversaire d'enfant

Pierre Lecarme
Janine Madej

# Animer un anniversaire d'enfant

Marabout

## *Bibliographie de Pierre Lecarme*

*100 Idées pour animer un mariage* (illustrations de Christophe Montagut), Marabout, 2007.

*Les Meilleurs Jeux d'extérieur* (illustrations de Catherine Fradier), Casterman, 2004.

*Mots doux du dodo : jeux de doigts et comptines à mimer*, en collaboration avec Brigitte Oued (illustrations d'Isabelle Calin), Casterman, 2003.

*Le Grand Livre des copains : pour en avoir plein et faire plein de choses ensemble* (illustrations de Laurent Audouin), Casterman, 2003.

*Les Grands Jeux : les préparer, les animer...* (illustrations de Patrick Royer), Presses d'Île-de-France, 2002.

*Le Livre des jeux d'intérieur : pour les 6-12 ans*, Fleurus, 2001.

*Le Grand Livre des détectives : énigmes, jeux, tests* (illustrations de Christophe Montagut), Casterman, 2000.

*Activités à la montagne : identifier, jouer, bricoler*, en collaboration avec Michelle Excoffie (illustrations d'Isabelle Calin), Mango Jeunesse, 2000.

*Activités au bord de la mer : identifier, jouer, bricoler et décorer, cuisiner,* en collaboration avec Michelle Excoffier (illustrations d'Élisabeth Bogaert), Mango Jeunesse, 1999.

*Le Grand Livre des grands-parents* (illustrations de Christophe Montagut et photographies de Richard Collier), Casterman, 1999.

*1 001 Activités autour du cinéma : des jeux pour préparer des spectateurs avertis, de 4 à 14 ans* (illustrations d'Annabelle Mége), Casterman, 2008.

*Merci à tous ceux qui nous ont permis d'animer leurs anniversaires tout au long de leur enfance et même après.*

*Merci à Éva Peyret pour son aide en recherches documentaires.*

*Merci à Jacqueline et à Étienne Camel ainsi qu'à André Marin pour leur relecture attentive.*

*Ce livre est dédié en toute fraternité et belle amitié à Nathalie Lecarme.*

## Sommaire

**Les premières questions** ........................................ 23

**Faites les bons choix** ........................................ 33

Au centre, l'enfant que l'on fête ! ........................................ 35

Définissez vos moyens ........................................ 37

Quel type de fête ? ........................................ 41

Les différents styles d'anniversaires ........................................ 43

Questions d'âge, de temps et de moyens ........................................ 46

Demandez le programme ! ........................................ 52

**On récapitule !** ........................................ 57

**Invitations et décorations** ........................................ 65

« Alors, tu veux qu'on invite qui ? ........................................ 67

Les cartes d'invitation ........................................ 71

– *Carte pliée* ........................................ 75

– *Carte mouchetée* ........................................ 75

– *Art abstrait* ........................................ 76

– *Le diable dans sa boîte* ........ 77
– *Carte au sucre* ........ 78
– *Carte coucou* ........ 80
– *La chenille est dans le fruit* ........ 80
– *Plumes, plumes, plumes* ........ 81
– *Carte puzzle* ........ 82
– *Carte ballon* ........ 83
– *Enveloppes gigognes* ........ 83

Transformation des lieux ........ 84

La décoration, une question de style ........ 89

La présentation de la vaisselle et de la table ........ 93

Des guirlandes et des mobiles ........ 95
– *Guirlande accordéon* ........ 95
– *Guirlande en ribambelles* ........ 96
– *Guirlande avec mobiles* ........ 97
– *Fontaine multicolore* ........ 97
– *Le serpent sympathique* ........ 98
– *Les pantins mobiles* ........ 99
– *Clowns en stock* ........ 100
– *Ronds en fête* ........ 101

À BOIRE ET À MANGER ........ 103

Recettes salées ........ 106
– *Barquettes au jambon* ........ 106
– *Tartines aux petits légumes* ........ 107
– *Hamburgers* ........ 107
– *Quiches aux légumes* ........ 108
– *Pizza au pain de mie* ........ 109

– *Sandwichs mortadelle et fromage* .......... 110
– *Salade de riz* .......... 110
– *Brioches fourrées* .......... 111

Recettes sucrées .......... 113
– *Gâteau au chocolat* .......... 114
– *Tarte au chocolat* .......... 115
– *Gâteau au yaourt* .......... 115
– *Roulé à la confiture* .......... 116

Les glaçages .......... 117
– *Glaçage à l'eau* .......... 117
– *Glaçage au chocolat* .......... 118

Les gâteaux extraordinaires .......... 119
– *Gâteau en forme de chiffre* .......... 119
– *Le petit train* .......... 120
– *Gâteau à étages* .......... 120
– *La maison de la sorcière* .......... 120

Gourmandises sucrées .......... 122
– *La fougasse* .......... 122
– *Les gaufres* .......... 123
– *Biscuits glacés* .......... 124
– *Biscuits sablés* .......... 124

Les jeux à déguster .......... 126
– *Les quilles en chocolat* .......... 126
– *Le loto des couleurs* .......... 126
– *Bon pour la mémoire* .......... 127
– *Le jeu de dames* .......... 127
– *Les toupies* .......... 128
– *Puzzles surprises* .......... 128

À boire ! ........ 129

Les cocktails ........ 130
– *L'astre lumineux* ........ 130
– *Ice-cream soda* ........ 130
– *Nectar d'abricot* ........ 131
– *Baby punch* ........ 131
– *La forêt-noire* ........ 131
– *Milk-shake framboise au yaourt* ........ 132
– *Milk-shake panaché* ........ 132
– *Milk-shake à la fraise* ........ 132
– *Milk-shake à la vanille* ........ 133
– *Sangria au thé* ........ 133
– *Variations autour du kir* ........ 134

**ANNIVERSAIRE DES TOUT-PETITS (3-6 ANS)** ........ 135

Jeux de contacts ........ 140
– *Empilage de mains* ........ 140
– *Étranges personnages* ........ 141
– *Pêle-mêle de puzzles* ........ 142
– *La maison des aveugles* ........ 142

Jeux d'expressions ........ 143
– *Attention, pas un mot !* ........ 143
– *Pigeon vole* ........ 144
– *Le téléphone arabe* ........ 144
– *Drôles de grimaces* ........ 145
– *Pauvre petit chat malade* ........ 146

Jouer avec ses sens ........ 148
– *Le pull-over garni* ........ 148

– *Les sons mystérieux* ........ 149
– *Le goûteur était masqué* ........ 149
– *La pêche à la paille* ........ 150
– *Les gants de géants* ........ 150

Jeux plus vifs ........ 152
– *Le championnat de patinage* ........ 152
– *Les chaises musicales* ........ 152
– *Le panier de fruits* ........ 153
– *Coco bien assis* ........ 154
– *Les mains marionnettes* ........ 155

Jeux sportifs ........ 156
– *Les quatre coins* ........ 156
– *La course aux bonbons* ........ 157
– *La chasse aux couleurs* ........ 157
– *La chasse au goûter* ........ 158
– *Les collectionneurs d'images* ........ 158
– *Tu brûles !* ........ 159

Les comptines ........ 160

Vive les animaux ! ........ 163
– *La danse des crocodiles* ........ 163
– *La course des animaux* ........ 164
– *Minuit dans la bergerie* ........ 164
– *Cacophonie* ........ 165
– *Les renards et les écureuils* ........ 165
– *Les singes et les noix de coco* ........ 166

Une kermesse pour les tout-petits ........ 167
– *Concours de bulles* ........ 167
– *La pêche à la ligne* ........ 167
– *Pomme badaboum* ........ 168

– *Jeu de massacre* ........ 169
– *Les pochettes-surprises* ........ 170

Mascarades ........ 171
– *Le clown* ........ 171
– *Le chef indien* ........ 172
– *Les masques des petits loups* ........ 173
– *Les masques fruités* ........ 174

La fête des sorcières ........ 176
– *Invitations de Carabosse* ........ 176
– *La décoration maléfique* ........ 176
– *Le déguisement de sorcière* ........ 177
– *Le maquillage terrible* ........ 177
– *Le goûter dégoûtant* ........ 178
– *Sans les mains, chapeau !* ........ 178

La fête des dinosaures ........ 179
– *Les invitations dinosaures* ........ 179
– *Le goûter jurassique* ........ 180
– *Le dinosaure en morceaux* ........ 180
– *À la chasse aux diplodocus* ........ 181

On sort ........ 182
– *La chandelle* ........ 182
– *À la ronde du muguet* ........ 183
– *Bonjour, ma cousine* ........ 184
– *Loup, y es-tu ?* ........ 185

Chats et compagnie ........ 187
– *Le chat et la souris* ........ 187
– *Le chat perché* ........ 188
– *Touche-touche maladie* ........ 188

– *Le chat sorcier* ........ 189
– *Le chat à l'ombre* ........ 189
– *Le chat double* ........ 190
– *Chat et souris en cercle* ........ 190
– *Le chat qui dort* ........ 191
– *Sauterelles et grenouilles* ........ 192

Sans être vu ........ 193
– *Un, deux, trois, soleil !* ........ 193
– *Cache-cache au but* ........ 194
– *Les sardines* ........ 194

**ANNIVERSAIRE DES MOYENS (6-9 ANS)** ........ 197

À deux mains ........ 201
– *Chi-fou-mi* ........ 201
– *Main chaude aveugle* ........ 202
– *La pelote de laine* ........ 203

Les mots s'amusent ........ 204
– *Air, terre, mer* ........ 204
– *Vole, marche ou nage ?* ........ 205
– *Le corbillon* ........ 206
– *Je te passe mon mouchoir* ........ 207
– *Dernière nouvelle* ........ 208
– *L'autre jour…* ........ 209
– *Ni oui ni non* ........ 210
– *Le mot interdit* ........ 211
– *Lui et elle* ........ 211
– *Au marché de Padi Pado* ........ 212
– *Le cadavre exquis* ........ 214
– *Le petit baccalauréat* ........ 214

Jeux de Kim ........................................................ 217
– *Kim du toucher* ........................................................ 217
– *Kim de l'ouïe* ........................................................ 218
– *Kim du goût* ........................................................ 218
– *Kim de l'odorat* ........................................................ 219
– *Kim du fond de tiroir* ........................................................ 220

Le meneur a dit ........................................................ 221
– *Jacques a dit* ........................................................ 221
– *À mon commandement* ........................................................ 222
– *Fais comme ceci, fais comme cela !* ........................................................ 222
– *Le chef d'orchestre* ........................................................ 223
– *Le loup affamé* ........................................................ 224

Silence, on bouge ! ........................................................ 225
– *Tic-tac* ........................................................ 225
– *Le roi du Silence* ........................................................ 226
– *En bon ordre* ........................................................ 226
– *L'abeille, le moineau et le chasseur* ........................................................ 227
– *Alerte à la sonnerie !* ........................................................ 228

Courir, parcourir, rire ........................................................ 229
– *Pi le hibou* ........................................................ 229
– *Le parcours des garçons de café* ........................................................ 230
– *Les livreurs de patates* ........................................................ 230
– *Le parcours des crabes* ........................................................ 231
– *Le tir à la corde* ........................................................ 232
– *Saute-mouton* ........................................................ 232
– *Terre, mer, rive* ........................................................ 233
– *L'épervier* ........................................................ 234
– *Courir et sauter* ........................................................ 234
– *La tomate* ........................................................ 235

Et pourquoi pas les cartes ? ........................................ 237
– *Mistigri* ........................................ 237
– *La bataille* ........................................ 238
– *Le menteur* ........................................ 239

Des dés et des dominos ........................................ 241
– *Le vingt-et-un* ........................................ 241
– *Les as* ........................................ 242
– *En chaîne* ........................................ 243

Option jeux rigolos ........................................ 244
– *Qui s'y frotte s'y pique !* ........................................ 244
– *La barbe à papa* ........................................ 245
– *Le crayon dans la bouteille* ........................................ 245
– *Mikado des montagnes* ........................................ 246
– *La pêche orientale* ........................................ 246
– *La momie égyptienne* ........................................ 247
– *Les acrobates* ........................................ 248
– *La toupie acrobatique* ........................................ 249
– *Le billard soufflé* ........................................ 249

Passez-moi l'expression ! ........................................ 251
– *Mimes à thèmes* ........................................ 251
– *Les ambassadeurs* ........................................ 252
– *Charades mimées* ........................................ 253
– *Caractère* ........................................ 254
– *Le mime transmis* ........................................ 254
– *Les mariages* ........................................ 255
– *Les couples mimes* ........................................ 256
– *Le sculpteur* ........................................ 257
– *En avant, marche !* ........................................ 257
– *Dans un nouvel espace* ........................................ 258

– *Voyage interplanétaire* ........ 258
– *La minute de chacun* ........ 259
– *Le portrait dialogué* ........ 260
– *Les sorciers* ........ 261

C'est de la magie ! ........ 262
– *Fabriquez une baguette magique* ........ 262
– *La table du magicien* ........ 263
– *La tenue du magicien* ........ 263
– *Le nœud impossible* ........ 264
– *Miroir, miroir…* ........ 264
– *Envolé !* ........ 265
– *Des yeux dans le dos* ........ 266
– *La poudre de perlimpinpin* ........ 266
– *La fourchette volante* ........ 267
– *La lévitation* ........ 268

**ANNIVERSAIRE DES GRANDS (9-12 ANS)** ........ 269

Des mots pour les grands ........ 273
– *L'acrostiche* ........ 273
– *Le portrait* ........ 274
– *Portrait chinois* ........ 274
– *Du tac au tac* ........ 275
– *À la lettre* ........ 276
– *Trouvez le bon mot !* ........ 277
– *La poésie* ........ 277
– *Tipoter* ........ 278
– *Les proverbes mélangés* ........ 279
– *Le proverbe caché* ........ 280
– *Le relais tableau* ........ 280
– *L'un dans l'autre* ........ 281

– *Analogie* ........ 282
– *L'adverbe* ........ 282
– *Les publicitaires* ........ 283
– *Qui veut gagner des bonbons ?* ........ 284

Mémoire et attention ........ 285

– *Pardon* ........ 285
– *Dans ma rue* ........ 286
– *Le marché de ma grand-mère* ........ 287
– *Le détail qui compte* ........ 288
– *Le garçon de café* ........ 288

Sans voir ou sans savoir ........ 290

– *La bonne coupe* ........ 290
– *Les applaudissements* ........ 291
– *Roméo et Juliette* ........ 291
– *L'approche silencieuse* ........ 292
– *L'assassin court toujours* ........ 293

Courir, sauter, lancer ........ 294

– *Maman, veux-tu ?* ........ 294
– *Corde à la ronde* ........ 295
– *Coup de pied* ........ 296
– *Le coupe-jarret* ........ 296
– *Les anneaux* ........ 297
– *Les fléchettes* ........ 297
– *Les points cardinaux* ........ 298
– *Le jeu californien* ........ 299

Jeux de ballons et de balles ........ 300

– *Le ballon sandwich* ........ 300
– *Le roi détrôné* ........ 301
– *Devine qui ?* ........ 301

– *Le ballon nommé* ........ 302
– *Ballon touché* ........ 302
– *La passe à dix* ........ 303
– *Le ballon prisonnier* ........ 304

La boum ........ 305

Jeux et musique ........ 311
– *Bonbon, maestro !* ........ 311
– *L'alphabet des stars* ........ 311
– *Le maître des mots* ........ 312
– *Musique, musique !* ........ 312
– *La chanson à enchaîner* ........ 314
– *La cuillère empoisonnée* ........ 315
– *La danse des coussins* ........ 316
– *Le défilé de mode* ........ 316
– *Statues dansantes* ........ 317
– *Le radio-crochet* ........ 318
– *Bon prince !* ........ 318

Grands jeux à l'intérieur ........ 320
– *Grand jeu de parcours individuel* ........ 320
– *Grand jeu de la traversée* ........ 325
– *Grand jeu du qui suis-je ?* ........ 327
– *Organisation de tournois* ........ 330

Grands jeux avec prises ........ 332
– *Brakko des Bois, roi des Chasseurs* ........ 333
– *Renards, vipères, poules* ........ 335

Jeux de piste ........ 337

La chasse aux trésors ........ 340

Messages codés ........ 344

Le code de Trevanion ........ 347
Petites épreuves physiques ........ 350
Quelques épreuves ou gages sans matériel ........ 351

**CHOISIR LE BON CADEAU** ........ 353
Abécédaire des bonnes idées de cadeaux ........ 360

**ANNEXES** ........ 379
Des régimes et des goûts ........ 381
En toute sécurité ........ 386
Les combles et autres devinettes. ........ 392

**DES SITES MALINS** ........ 433

**INDEX** ........ 435

# LES PREMIÈRES QUESTIONS

## « J'aimerais bien qu'on fête mon anniversaire ! »

• Tous les enfants souhaitent qu'on les aide à fêter leur anniversaire et cela ne date pas d'aujourd'hui. L'anniversaire est l'un des points de repère de l'enfance, et cela fait vraiment partie de leur univers : regardez-les, ils s'invitent de plus en plus fréquemment à l'occasion de leurs anniversaires, quelquefois même avant de vous prévenir ! Et l'année scolaire se ponctue de ces rendez-vous qui rebondissent comme un rituel accepté par tous et permet d'entretenir, comme on le dit aujourd'hui, le lien social.

• Pour les parents, le stress de la vie contemporaine, les emplois du temps compartimentés et souvent très chargés font qu'il est indispensable de planifier son temps professionnel et ses activités et, pour y glisser l'organisation d'un anniversaire, de trouver des méthodes efficaces.

### *Bons conseils entre parents*

• « Tu n'aurais pas de bonnes idées à me donner pour organiser l'anniversaire de Stanislas, je lui ai promis qu'on le faisait à la maison, en invitant quelques-uns de ses copains ?

– Écoute, si tu veux que ça se passe bien, il faut simplement t'y prendre un petit peu à l'avance. Ça demande du boulot auparavant, le jour même, c'est épuisant, jusqu'au moment où débarquent les mômes. Et si tu ne crains pas trop les hordes barbares, ça peut être vraiment un moment super pour les gamins et pour toi. Et après tu seras reconnu(e) comme la reine des mères ou le roi des papas ! Pour ton fils ou ta fille, ça vaut vraiment le coup de te décarcasser un peu, non ? »

• C'est en entendant ce type de conversation à la sortie de l'école entre deux parents que nous est venue l'idée de cet ouvrage pratique. En qualité de parents vieux routiers des anniversaires, et, en tant qu'animateurs d'autres types de fêtes, nous ouvrons spécialement pour vous notre caisse à outils.

• À vous maintenant de passer d'une page à l'autre, de chercher la réponse à une question précise en consultant le sommaire ou l'index. À vous d'en faire votre meilleur pense-bête pour que le prochain anniversaire soit pour votre enfant comme pour vous un souvenir inoubliable !

## *Pour tous les goûts*

• Que vous soyez du style anniversaire en petit comité ou bal du 14 Juillet dans un deux-pièces cuisine, peu importe. L'essentiel est d'organiser la fête qui vous ressemble, de disposer d'un certain nombre d'idées et d'acquérir un peu de méthode pour les mettre en œuvre.

• L'objectif de ce livre est de vous fournir une multitude de conseils pratiques et de jeux pour réussir une fête à l'occasion de l'anniversaire de votre enfant entre 3 et 12 ans. Avant 3 ans, c'est encore un bébé et après, à l'adolescence, c'est vraiment une autre histoire : pour eux alors, la fête, c'est entre copains, sans les parents et à l'extérieur ! (Ou peut-être vous demanderont-ils de partir pour s'approprier les lieux !)

• Rien que de penser à l'idée d'un anniversaire, vous voilà aussitôt avec une foultitude de questions et le sentiment un peu coupable de ne pas arriver à les résoudre, au risque de ne pas être à la hauteur de la situation. Ne vous inquiétez pas, le sort de la planète n'est pas en jeu, seulement le bonheur de votre petit monde !

• Ce livre a l'ambition de vous aider à vous poser les bonnes questions pour pouvoir trouver les meilleures réponses, celles qui ressemblent à ce que vous êtes. Avec vous, nous prenons le pari qu'il est possible d'organiser cette fête d'une façon sereine.

## Moi parent, suis-je capable de... ?

Bien sûr que oui ! Telle est notre réponse, d'abord parce que nous sommes des parents solidaires et, ensuite, parce que c'est vrai ! Vous allez vous étonner vous-même ! Comment ? En commençant par des questions universelles et basiques qui se posent à tous ceux qui ne peuvent plus se soustraire à l'organisation de l'anniversaire de leur enfant.

### *Est-ce que j'ai les moyens de... ?*

• « Comment vais-je trouver du temps pour préparer tout ça ? Je ne suis pas certain d'avoir toute l'énergie nécessaire pour assurer à la fois la préparation et le suivi de cette fête ! Est-ce que j'ai assez de place à la maison pour accueillir tous ses copains ? Je veux bien faire un effort, mais j'ai peur qu'à l'arrivée ça ne me revienne vraiment cher, cette histoire-là ! En un mot : est-ce que je dispose de tous les moyens matériels et humains pour réussir cette fête ? »

• La réponse est simple : faites selon vos possibilités. Vous pouvez très bien organiser un événement sympathique sans pour autant vous y prendre six mois à l'avance, être obligé de vous absenter de votre travail, travailler la nuit ou dépenser une fortune. Entre « Impossible n'est pas français ! » et « À l'impossible nul n'est tenu ! », il y a un moyen terme.

• Et quant aux questions : « Où vais-je tous les mettre ? Ne vont-ils pas tout casser et salir ? », remplacez-les plutôt par : « Quelles règles ai-je envie de fixer pour que tout se passe bien ? »

• Et si la question était aussi : « Que vont penser de moi les autres parents et que vont raconter les autres enfants ? » ; ou autrement dit : « Quels sont les enjeux de l'organisation de cet anniversaire ? » ; notre réponse est simple : vous donner l'occasion de montrer à votre enfant de manière simple et généreuse qu'il est unique pour vous, pour sa famille, comme pour ses copains.

• Alors, tout au long de ce livre, privilégiez « être » à « paraître » et n'oubliez pas de dire à votre enfant : « OK, tu seras le roi – ou la reine – de la fête, mais sûrement pas le tyran ! »

## *Suis-je capable d'organiser… ?*

• « Est-ce que je dois lui dire oui s'il veut inviter toute sa classe ? Est-ce que ce n'est pas trop compliqué de prévoir à boire et à manger pour quinze personnes ? Est-ce que je suis capable d'organiser un anniversaire original ? Et si je faisais avant tout quelque chose de simple et de joyeux ? »

• « Qu'est-ce que je sais faire et qu'est-ce que je veux faire ? » Objectivement, matériellement je peux disposer de quel espace ? Combien puis-je asseoir de personnes autour de ma table ? Qui peut m'aider ? Sur qui puis-je vraiment compter qui soit efficace et fonctionne bien avec moi ? » Évitez surtout les « fausses » bonnes volontés : il n'y a rien de pire que celui qui pose sans arrêt la question de savoir ce qu'il peut faire pour vous aider en restant les bras ballants !

• Quant au nombre et à la spécificité des invités, nous y viendrons plus loin, ; si vous n'êtes pas un animateur-né, spécialiste des grands jeux, privilégiez l'intime. Cinq, six enfants forment un bon groupe capable de se débrouiller tout seul. Avec une douzaine, on a une vraie vie de groupe ; après, c'est le centre de loisirs et cela demande d'autres partenaires pour l'encadrement. C'est aussi le rôle de ce livre que de proposer des solutions adaptables à votre état d'esprit et à vos ressources.

• Selon les spécialistes de l'animation, il faut partir du principe que l'âge moyen des enfants détermine le regroupement autour d'un adulte : à quatre ans, un groupe de quatre par adulte ; à huit ans, un adulte pour huit. Dans la réalité, réajustez et partagez les tâches.

## *Vais-je réussir à rester maître de la situation ?*

• « Qu'est-ce que je vais trouver comme activités pour les occuper ? Faut-il prévoir des jeux ? Est-ce qu'ils risquent de s'ennuyer ? Est-ce qu'il faut que je loue des cassettes vidéo ou des DVD, ou est-ce que je prévois une séance de cinéma ? Comment maintenir une ambiance joyeuse et sympathique ? Que faire en cas de dispute ? »

• Là aussi, la première réponse est relativement simple : vous êtes chez vous, c'est vous qui décidez. Un enfant comprendra très bien si vous lui dites : « Je ne veux pas que tu te conduises ainsi quand tu es chez moi ; si cela ne te convient pas, tu n'as pas l'obligation de rester ! » Et puis, surtout : GOUVERNER, C'EST PRÉVOIR ; ou, autrement dit : la qualité d'une animation, c'est sa préparation ! Et ce n'est pas une question de temps ; nous connaissons tous de ces collègues qui sont sans arrêt débordés et qui ne produisent rien parce qu'ils sont incapables de prendre le temps de se poser les bonnes questions pour hiérarchiser leurs urgences.

• Nous vous proposons une solution beaucoup plus simple : prenez une feuille de papier et répondez à ces questions :

– À quel moment regarde-t-on les cadeaux ?

– À quelle heure goûte-t-on ?
– Qu'est-ce que je me sens capable de leur proposer ?
– À quel moment je présente le gâteau ? Est-ce qu'on le mange tout de suite ?
– Qu'est-ce que je peux proposer comme jeux ?
– Qu'est-ce que je n'ai surtout pas envie de faire ?
– Qu'est-ce qui ferait vraiment plaisir à mon enfant ?
– Et toutes les autres questions qui vont arriver en cherchant les réponses à celles-ci.

• Maintenant, le rôle de ce livre est de vous aider à trouver les bonnes réponses en passant du SOUHAITABLE au POSSIBLE, en mesurant ce que chaque décision demande en temps et en compétence.

• Et puis ne vous inquiétez pas, il vaut mieux prévoir un peu plus et avoir de la réserve ; si un jeu que vous aviez prévu tombe à plat, il est sécurisant d'avoir un plan B, un projet de remplacment qui vous rendra plus disponible pour ce qui va vraiment se passer ce jour-là.

## *Quels sont les risques ?*

• « Y a-t-il des risques matériels à organiser un anniversaire chez moi ? Des dangers potentiels à recevoir beaucoup d'enfants sous mon toit ? Question assurances, ça se passe comment ? Et si je transporte des enfants dans ma voiture ? Et si mon enfant était déçu par sa fête ? »

• D'abord, il ne faut pas confondre ce qui est bénin et ce qui est grave : un enfant qui pleure, ça n'est pas aussi grave que les bougies qui mettent le feu à la nappe ! Et s'il pleure, c'est peut-être parce qu'il vient de se cogner contre la table !

• Ensuite, la question de l'échec et de la réussite de la fête n'est pas du domaine du matériel ou de la sécurité mais de celui de l'affectif. Il s'agit de faire la part entre le permis et le défendu et de bien en discuter avec votre enfant ; nous y reviendrons souvent tout au long de ce livre. « D'accord pour faire du bruit, mais je ne veux pas qu'on saute sur les lits ou que l'on se batte avec les polochons ! »

• Quant aux vrais problèmes de sécurité physique et morale, c'est avant tout une question de bon sens, qui se traduira par : « Que dois-je mettre en place concernant la sécurité des lieux et des personnes ? Qu'est-ce qui n'est pas négociable ? »

• En annexe, à la page 388, nous parlons des questions de sécurité.

## *Soyez rassuré*

• Quant à la déception que pourraient ressentir votre enfant, ses amis ou vous-même, elle relève plus d'angoisses personnelles que d'une réalité.

• N'ayez pas peur d'être jugé. « Bien faire et laisser braire », disaient nos grands-mères, et comme elles avaient raison !

• N'est-ce pas une alchimie suffisante que le fait d'être tous ensemble, autour d'un enfant, avec un bon goûter, de la musique, des rires, des jeux, des échanges ? Vu l'état de notre monde, c'est même un privilège !

• Et regardez les enfants jouer dans une cour de récréation : ils n'ont pas besoin de grand-chose pour s'amuser. Alors, si c'est à la maison ou dans un lieu inhabituel, c'est encore mieux ! Et ce dont ils ont besoin en premier, c'est que le cadre et les règles du jeu soient bien définis dès le départ. En plus, ça les rassure !

• Et, vous verrez, un anniversaire d'enfant, c'est du souci, c'est du boulot… mais qu'est-ce que ça fait comme bons souvenirs ! La preuve, on recommence tous les ans ! Car finalement l'enfance, c'est pour cette génération un dixième de la vie ! Oui, mais c'est là que tout se construit, et l'anniversaire y participe !

# FAITES LES BONS CHOIX

## Au centre, l'enfant que l'on fête !

• Ce sera lui le roi de la fête, ce sera son jour ! Lorsque vous organisez l'anniversaire de votre enfant, vous pensez tout d'abord à lui. Vous n'avez rien à prouver aux parents de ses copains, et l'important n'est pas de le faire en fonction d'une quelconque reconnaissance sociale.

• C'est une fête que vous mettez en place pour lui, pour qu'il puisse inviter ceux qu'il a choisis et passer un bon moment avec eux. Vous êtes au service de votre enfant.

• Bien sûr, cet anniversaire est aussi une étape importante pour vous, un rite dans votre vie comme dans la sienne, au cours duquel vous l'aidez à se construire et qui vous rendra heureux ; et vous vous sentez un peu nostalgique du temps qui passe si vite !

• Les parents des copains de votre enfant peuvent y trouver leur place également. Organiser l'anniversaire de votre enfant peut vous permettre d'entretenir de bonnes relations avec les parents de ses amis et avec votre voisinage. Il faudra en avoir le souci avant et après la fête, et pourquoi pas pendant pour les tout-petits.

• Ainsi, pour votre enfant, la célébration de son anniversaire est l'occasion d'évoluer en harmonie avec ses proches et de développer de bonnes relations avec tous ceux qui gravitent autour de l'événement, ses amis, ses parents… ; bref, de vivre en société.

## *Parce que chaque enfant et chaque âge sont uniques*

• Pour faire plaisir à votre enfant, pour respecter ses envies et ses choix, vous allez agir avant tout à partir de ce qu'il est et de ce qu'il souhaite, pour que cet anniversaire soit sa fête, en n'oubliant pas que vous êtes sans doute plus réaliste, plus concret que lui.

• Et en participant à d'autres anniversaires, ou en organisant celui d'un frère ou d'une sœur, vous aurez de nouveau la preuve que chaque enfant a une vraie personnalité.

• Une dernière chose : nous disons bien *au service de votre enfant* et non pas *au sacrifice des parents* ! Limiter, cadrer, modérer, c'est aussi éduquer. Ce qui n'empêche en rien de s'amuser, de rire, d'être gourmand ou ému !

## Définissez vos moyens

Les premières interrogations posées, il s'agit maintenant d'avoir une approche détaillée. Nous allons vous aider à lister des informations concrètes en vous appuyant sur des moyens précis, en vous incitant à vous poser des questions que vous n'auriez pas abordées *a priori*. Allons-y !

### *Votre enfant est unique*

C'est l'identité et la personnalité de votre enfant qui va définir le style de son anniversaire.

• Et ça lui fait quel âge ? Juste pour rappeler que l'autonomie, les capacités, les goûts ne sont pas les mêmes à 3 et à 12 ans.

• Si j'avais à résumer son caractère ? Est-il plutôt du style calme et discret ? Timide ? Ou bien « bouge-bouge » ? Sportif ? Aime-t-il danser ? Se mettre en avant ? Gère-t-il facilement son relationnel ou faut-il intervenir ? Est-il celui-ci qui souhaite chaque année inviter les trois mêmes bons copains ou est-il du genre à inviter toute sa classe ?

• « Mais qu'est-ce que tu souhaites vraiment ? » Vous a-t-il fait des propositions ? Qui veut-il inviter ? A-t-il déjà imaginé comment allait se dérouler cette fête ? A-t-il une attente précise ? Voudrait-il aller dans un autre endroit, pour une activité particulière ? A-t-il déjà des idées de jeux ou bien faut-il l'aider ? Accepte-t-il facilement les propositions ?

## *Combien de temps êtes-vous prêt à consacrer ?*

• Établissez des critères en fonction de vos disponibilités : vous qui vous connaissez bien, êtes-vous de ceux qui s'y prennent à l'avance ou des spécialistes du dernier moment ? Travaillez-vous beaucoup ou avez-vous du temps libre ? Quel temps pouvez-vous consacrer exclusivement à l'événement ?

• Et pour la gestion de votre propre énergie avant et pendant la fête, qu'est-ce qui peut vous couper les jambes ? Quelles sont vos ressources en dynamisme ?

## *Votre personnalité compte aussi*

• Quels sont vos talents particuliers ? Êtes-vous plutôt bricoleur ? Inventif ? Pouvez-vous réaliser vous-même vos cartes d'invitation ? préparer des cadeaux pour les invités ?

• Avez-vous le sens pratique ? Aimez-vous la couture ? la peinture ? le théâtre ? Pouvez-vous animer un groupe ?

• Souhaitez-vous que votre enfant se débrouille tout seul ? Aimez-vous faire la cuisine ? Aimez-vous inviter ? Aimez-vous le monde ? Supportez-vous le bruit ? Saurez-vous décorer votre appartement ?

• Si vous venez de répondre non à toutes ces questions, vous avez deux solutions : embaucher une bonne copine ou un vrai copain pour vous suppléer, ou avoir une meilleure estime de vous ! En général, la réponse que nous avons à ce type de questionnaire est : « D'accord, je ne suis pas champion toutes catégories, mais, si on m'explique, je veux bien comprendre et je devrais y arriver ! »

## *Réfléchissez aux conditions matérielles*

• Possédez-vous du matériel de bricolage ? Avez-vous un peu de place ? Habitez-vous à proximité de commerces ?

L'endroit où vous vivez est-il facilement accessible ? Possédez-vous une voiture ?

• L'espace : avez-vous un appartement ou une maison ? Y a-t-il une pièce assez grande pour recevoir du monde ? Combien de chaises pouvez-vous mettre autour de la table ? Disposez-vous d'un jardin ? Avez-vous accès à un local extérieur ?

• Et la météo ? Au cours de quelle saison aura lieu l'anniversaire ? Quelles solutions de repli si le temps tourne ?

• Énoncées comme cela, toutes ces questions peuvent vous paraître un peu bêtes, mais elles ne le sont pas tant que ça ! Lorsque l'on décompose un gros problème en sous-problèmes, en essayant de les résoudre l'un après l'autre, on passe de la masse informe au produit défini et les solutions deviennent plus appropriées. Alors, bête peut-être, mais ça marche !

## *Et maintenant faites le tri !*

• Listez tout ce qui est possible, selon les moyens que vous avez, et procédez par élimination.

• Maintenant vous pouvez définir le style de la fête que vous allez organiser avec lui pour cet anniversaire.

• Réfléchissez toujours en vous disant : « Voilà ce que je peux faire », et jamais en disant : « J'aimerais bien faire cela, mais je ne peux pas. »

• Bien entendu, C'EST À VOUS DE DÉCIDER. Vous pouvez faire le choix de vous surpasser pour marquer le coup ou de dire que, cette année, on organise une fête plus tranquille. En effet, certaines étapes méritent un vrai rite : comme la fin ou le début d'un cycle scolaire, le passage à l'âge de raison ou en sixième, un déménagement, un changement d'école… Tous ces moments où il faut marquer le coup parce que c'est un événement dans la vie de votre enfant, de sa famille, un passage, quelque chose d'irréversible finalement !

• Et redisons-le encore : une fête personnelle, exceptionnelle n'est pas forcément synonyme de gigantesque ! La justesse, la tendresse, la délicatesse ne nécessitent pas du grand spectacle ! Vous n'êtes pas dans une émission de télé et le bonheur ostentatoire est souvent insolent pour les autres.

## Quel type de fête ?

• « Promis, on fera quelque chose pour ton anniversaire ! » Trop tard, vous avez promis, donc plus question de revenir en arrière et d'ailleurs vous avez déjà commencé à y réfléchir !

• Vous avez également discuté avec quelques parents, vous vous êtes souvenu de ce que l'on faisait chez vous du temps où vous étiez petit. Oh, ce n'est pas si loin que ça ! Et maintenant vous avez compris : il faut faire le bon choix.

• Les pages qui suivent vont vous aider à affiner tout cela avec des exemples précis. Il va être question de planification, de lieu, de temps, d'investissement et de vos envies particulières. Du genre : « Je ne voudrais surtout pas que ce soit… » ou « J'aimerais vraiment réussir à… ».

• Et comme, nous avons essuyé les plâtres (enfin, c'est une image, il était plutôt question d'essuyer des traces de confiture ou de maquillage !), croyez-le, tout ce qui suit, c'est du vécu ! Rien de tel que l'expérience sur le terrain pour vous donner une petite idée de ce qu'il faut faire et ne pas faire. Après, débrouillez-vous, ce sera sûrement très bien !

### *Quatre options principales*

• **L'anniversaire intime.** Petit effectif, complicité, simplicité et grandes joies.

• **L'anniversaire grande fête.** Plus on est de fous, plus on rit ! Moment exceptionnel, ça bouge, ça rigole et ça laisse de sacrés souvenirs à chacun.

• **L'anniversaire à la bonne franquette.** On pousse un peu les meubles, on s'organise et tout se passe « chez nous », souvent avec la famille présente.

• **L'anniversaire pleine nature.** On profite du fait d'avoir une maison avec un jardin ou l'on organise une sortie à l'extérieur avec transport, pique-nique et grand jeu.

## *Et l'on croise les options*

Les quatre options peuvent se croiser, voire se conjuguer. Et ça donne déjà une direction, un fil rouge et un objectif à atteindre. Maintenant, il suffit d'ajouter d'autres paramètres pour faire votre petite cuisine, et le squelette de cet anniversaire sera clairement défini. Allez, on continue pour donner corps à tout cela.

## Les différents styles d'anniversaires

En fonction de l'espace dont vous disposez, de votre lieu d'habitation, de la saison, de la grandeur des pièces, des possibilités de circulation, des aménagements possibles, du fait de vivre en pleine ville, à la campagne, au bord de la mer… vous allez choisir le style que va prendre cet anniversaire. Voici quelques nouvelles pistes pour vous prouver que le choix est large.

### *La boum !*

• C'est très tendance : la boum est très demandée, et de plus en plus tôt ! Dès le CM1, voire le CE2. C'est tellement plus excitant de faire la fête le soir ! Et puis on peut déjà jouer à être grand. Il faut dire que notre société incite vivement à transformer les enfants en adolescents de plus en plus tôt et à les laisser dans cet état de consommateurs insouciants de plus en longtemps ! La question pour vous est de savoir si cette boum est possible chez vous : alors dans le salon Louis XVI ou dans le garage ?

• Question d'horaires, les adaptations sont possibles : commencez par du 17 heures-21 heures ou du 18 heures-22 heures, à moins que les parents n'aient envie de prolonger un peu plus tard. Et surtout, soignez le jeu entre obscurité et lumières, tout est là ! La lampe noire et la boule à facettes sont sans doute incontournables.

## *Un grand jeu à l'extérieur*

Vous habitez en ville mais vous voudriez que les enfants mettent un peu le nez dehors… La meilleure solution consiste à organiser un grand jeu qui fasse travailler les jambes et les méninges. Ce n'est pas très compliqué à mettre en place et le même support peut servir plusieurs fois avec quelques transformations.

## *Un anniversaire champêtre*

« Allez, hop ! tout le monde à la campagne… » En fonction de la saison, de votre lieu d'habitation, de votre énergie, de la disponibilité des autres parents, vous pouvez prendre l'option d'un grand pique-nique à l'extérieur. Cela peut être l'occasion d'organiser un grand jeu, de découvrir un site ou de prévoir une sortie baignade.

## *L'anniversaire spectacle*

Si votre enfant et ses amis sont passionnés de spectacle, vous pouvez mettre en place un karaoké, un défilé de mode, une pièce de théâtre improvisée ou des sketches préparés, des jeux d'ombres, un spectacle de marionnettes, du chant choral, un concert instrumental, le choix ne manque pas ! Mettez en avant leurs talents et les vôtres, ils apprécieront.

## *Le non-anniversaire !*

Il y a toujours ceux qui ont la malchance d'être nés en plein cœur de l'été, quand les copains sont en vacances ! La solution est simple et amusante, décidez d'une autre date – peut-être la fête de son prénom à condition qu'il ne se prénomme pas Noël ! – où vous fêterez son *non-anniversaire* ! Et, puisque vous êtes dans l'esprit de contradiction, organisez carrément un anniversaire décalé : par exemple, spéciale plage des Caraïbes avec cocktails (sans alcool) et jus de fruits, dans une ambiance colorée et dansante, alors que dehors la neige tombe !

## *Et pourquoi pas, non plus...*

• Bien sûr, cette liste de possibilités de styles est loin d'être exhaustive ! Et les circonstances peuvent restreindre vos ambitions et votre disponibilité. La solution des prestataires extérieurs est toujours possible. Les Flunch, Quick et McDo peuvent organiser dans leurs locaux un goûter d'anniversaire pour un certain nombre d'enfants ; certains gîtes ruraux ou des petits restaurants peuvent vous proposer un service semblable. C'est toujours une façon de marquer le coup.

• Vous pouvez aussi bénéficier de la prestation de sociétés qui viennent faire la fête chez vous avec animateurs, clown, prestidigitateur, comiques. C'est souvent très cher, mais aucune solution n'est mauvaise (voir nos sélections de sites Internet en annexe page 435 et consulter les Pages jaunes de l'annuaire).

• Enfin, les parcs d'attraction petits et grands proposent également des prestations et vous avez toujours la possibilité d'accompagner votre petite bande à un spectacle de théâtre, de contes, de chanteurs, et de demander à l'avance aux artistes s'il est possible de dédier leur spectacle à votre enfant !

## Questions d'âge, de temps et de moyens

### *Petits, moyens et grands*

• Nous avons choisi de proposer, dans cet ouvrage, des bonnes idées regroupées en chapitres par catégorie d'âge. Parce que nous savons comme vous que les besoins et les envies ne sont pas les mêmes selon le nombre de bougies qu'on plantera sur le gâteau d'anniversaire.

• Cela permet une présentation plus pratique, sans se poser sans arrêt la question de l'adaptation à l'âge. Et c'est toujours mieux d'éviter certaines erreurs, par exemple celle de proposer une activité non réalisable parce qu'inadaptée aux compétences des enfants, et de provoquer la déception.

• Bien sûr, nous n'oublierons jamais que votre enfant est particulièrement en avance pour son âge, c'est normal, tous les parents en sont persuadés ! Mais, vous qui le connaissez bien, vous pourrez réajuster, sans oublier que ses camarades peuvent être très différents de lui !

### *Pour les petits, de grands moyens*

• Si vous organisez un anniversaire avec des très jeunes enfants, cela va demander des moyens plus importants. Les petits doivent être accompagnés avec un vrai sens de l'organisation matérielle et dans un climat serein et chaleureux.

• Ils ont besoin d'assistance sur le plan pratique : pour manger, pour s'habiller, pour aller aux toilettes... Pour comprendre et accepter qu'ils ne sont pas tout seuls !

• La présence permanente d'adultes est indispensable. Les activités doivent être organisées et nombreuses, puisqu'ils ne tiennent guère plus d'un quart d'heure sur un même centre d'intérêt.

• Ce qui va les rassembler, c'est tout ce qui tourne autour des histoires, des bruits, des sons, des lumières et du mouvement. Ils adorent les histoires de belles princesses, de fées et des sorcières qui font un petit peu peur mais pas trop longtemps. Pour les petits, c'est l'univers, le climat chaleureux que vous allez créer pour l'occasion.

• Le plus gros travail sera dans la préparation car ils ne pourront guère vous donner un coup de main, et leur sens du temps est aussi très parcellaire. La surprise fonctionne souvent mieux que l'excitation à la préparation. Bien préparé entre quelques adultes qui s'entendent correctement ensemble, l'après-midi se déroulera ensuite en vrai bonheur et bien trop vite ! Faire court, rester sur l'envie, c'est toujours mieux que ces après-midi interminables qui finissent en eau de boudin...

• Et cela ne veut pas dire être présent en permanence pour les occuper. Inutile de leur coller aux baskets pour voir si tout se passe bien. Votre rôle consiste à mettre en place les outils pour jouer, éventuellement lancer un jeu et y participer, puis les laisser continuer sans vous.

### *Pour les moyens, donnez-vous les moyens*

• Les enfants d'âge moyen, ceux du cycle 2, sont plus autonomes – pour ne pas dire plus dégourdis ! – mais ont besoin également un bon encadrement, car ils sont particulièrement dynamiques et ont vraiment besoin de bouger !

• C'est l'âge où ils ont plein d'idées. Le rôle du parent est de les aider à se canaliser pour pouvoir entamer des choses possibles. Ce qui est passionnant, c'est de trouver avec eux le moyen de les aider à mettre en œuvre des actions.

## *Pour les grands, faites les choses en grand*

• Les plus grands sont encore plus autonomes que leurs cadets, et l'adulte peut avoir une présence plus effacée. Ces enfants sont capables d'organiser un spectacle seuls, de préparer un gâteau ou de danser alors que les parents sont dans une autre pièce.

• Et puis, à cet âge, on a plus de capacités pour entreprendre des actions de plus grande ampleur. Il suffit d'une étincelle, qu'ils vous sentent réellement disponibles pour qu'ils soient prêts à vous suivre dans ce que vous leur proposerez.

• Ils sont encore spontanés et l'on dirait presque qu'ils sentent intuitivement que ces dernières années avant l'adolescence, avant les classes secondaires, sont l'adieu à l'enfance avec son innocence et son insouciance.

• Le travail des adultes est dans l'aide à la préparation, le soutien logistique, la sécurité physique, objective plus qu'affective.

• Cependant, même si le style d'une fête dépend fortement de l'âge des participants, il ne fait pas tout. Bien d'autres éléments vont donner le ton. À tout âge, vous pouvez opter pour la pleine nature ou bien un jeu collectif à la maison, un spectacle ou une boum.

• Nous vous donnons toutes les pièces du jeu de construction, à vous de les articuler à partir des nombreux éléments qui jalonnent ce livre. C'est un peu comme un puzzle, avec une dose d'expérience (vous connaissez déjà un peu les jeux qui plaisent beaucoup à votre enfant et ceux qui marchent !), une bonne dose de curiosité, une pointe de bon sens et une pincée d'insouciance. Et puis faites confiance aux enfants, ils doivent apprendre aussi à se gérer en groupe, roi de la fête ou pas !

## *Combien de temps et combien d'argent ?*

• D'abord le temps et l'argent que vous souhaitez et pouvez mettre pour l'occasion.

• Votre objectif ? La réussite ! L'important est de bien calculer le rapport entre l'investissement temps la qualité du moment et l'investissement financier.

• Votre enfant ne vous demande pas des dépenses somptuaires, il vous demande simplement que vous lui consacriez du temps rien qu'à lui. Et surtout pas de la longueur de temps impatient ou un stress épuisant dans l'urgence, non, du temps de disponibilité de qualité : « Maman, papa, j'ai envie que vous vous occupiez de moi pour me montrer combien je suis important pour vous, et cet anniversaire est l'occasion de me le montrer ! » C'est d'autant plus important si votre enfant fait partie d'une fratrie ou d'une famille recomposée.

## *À l'économie*

• « Écoute, on n'a pas trop de sous en ce moment, mais je te promets qu'on va organiser un anniversaire vraiment top ! » : c'est peut-être la première chose à dire à votre enfant si, en ce moment, les cordons de la bourse sont un peu serrés. « Je n'ai pas envie de mettre tout notre argent dans cet anniversaire, je ne participe pas au concours du meilleur parent organisateur d'anniversaire. On va faire quelque chose qui nous plaît vraiment et qui nous ressemble » peut être une bonne réponse à un enfant un peu trop exigeant.

• Et puis les enfants d'aujourd'hui sont très au fait des problèmes économiques de notre société, leur en parler à cette occasion les responsabilise aussi.

• Vous avez un petit budget à mettre dans cette fête ? Eh bien, misez sur des décorations simples avec des matières premières peu onéreuses : rouleaux de papier crépon, chutes de tissu, draps ou vieux rideaux. Fabriquez vos cartes d'invitation vous-même, et rien ne vous oblige à offrir des cadeaux à tous les invités. Pour le goûter ? Des gâteaux basiques et bien décorés feront la joie des gourmands, les bonnes recettes simples ne coûtent pas plus cher ! Quant au déroulement, il existe une quantité de jeux sans investissement matériel qui amusent petits et grands. Alors, pour une fois, l'argent, ce n'est vraiment pas le problème !

## *Vous souhaitez y mettre le prix*

• Si vous souhaitez une fête plus grande, plus festive, vérifiez votre budget, ça peut monter très vite, un « petit plus » s'ajoute à « un autre petit plus » !

• C'est vrai que, avec un peu plus de budget, les choix sont plus variés : un plus grand nombre d'invités, de vrais petits cadeaux pour chacun, de superbes décorations, et, pourquoi pas, une prestation extraordinaire : sortie de ski, de bateau, balade à poney, week-end en gîte, comédien à domicile…

• Ce sera un souvenir inoubliable pour les enfants, mais attention ! cela vous demandera de l'organisation et sans doute plus de responsabilités. Abandonnez surtout le « Je n'ai pas le temps, je te fais un chèque… », « Tu as besoin de combien ? » franchement odieux.

• Et surtout posez-vous la question de savoir si ça ne mettra pas en difficulté les petits invités qui ont moins de moyens. Étaler sa richesse, même par générosité, même si on veut proposer à son enfant ce que l'on n'a jamais pu avoir lorsque l'on était petit, ce n'est pas forcément un bon cadeau pour lui. Le côté sacrifice des parents, c'est aussi lourd à porter ! Il vaut mieux qu'il se souvienne que plusieurs parents de ses copains ont pris du temps pour animer un super-anniversaire, que d'avoir eu l'impression d'être le roi des consommateurs d'un seul jour.

## Demandez le programme !

À quelques exceptions près, les anniversaires se déroulent avec le même enchaînement de séquences. Chacun les adaptera selon ses propres rites, mais la grille est assez simple, comme nous allons le constater ici.

### *Jeux et enjeux*

Dans une fête pour enfants, il est nécessaire de créer un rythme, les activités dynamiques succédant aux activités calmes. C'est pour cela qu'il est bien d'avoir sous le coude une série de jeux qui permettront de maintenir une ambiance sans risque d'ennui et de canaliser les énergies. En effet, le jeu permet non seulement de s'occuper, mais aussi de partager avec autrui, réfléchir, maîtriser ses instincts (accepter de perdre !) et de vivre les règles de vie avec les autres. C'est bien dans cet esprit que nous vous proposons de nombreux petits et grands jeux dans les pages qui suivent.

### *Les différents temps d'un anniversaire*

Globalement, on peut découper l'après-midi en sept temps distincts.

• L'accueil des invités : 1/2 heure. On se salue, se présente, fait connaissance, on apprend comment la suite va se dérouler, on repère les lieux et les règles de vie. On dépose son petit cadeau.

• Le temps des jeux dynamiques à l'intérieur ou à l'extérieur : entre 1 h 00 et 1 h 30. On crie, on chante, on bouge, on s'amuse en étant tous ensemble à l'occasion de cet anniversaire.

• Le goûter : 1/2 heure. On revient à la maison ou autour de la table, c'est le moment du gâteau et de l'ouverture des cadeaux. On mange, on boit, on est un peu ému, on fête vraiment le roi ou la reine du jour. On dit combien on est content ou touché, on prend des photos...

• Retour au calme : 1/2 heure, avec un petit jeu, un moment de discussion tranquille autour des cadeaux...

• Un dernier petit jeu, une chanson ou une autre surprise pour finir sur un moment fort avant le départ : 1/2 heure à 3/4 heure.

• Le temps des au-revoir : 1/2 heure. On remercie tout le monde, les parents peuvent partager le verre de l'amitié et emporter un reste du gâteau.

• Et, quand tout le monde est parti, on prévoit le temps du rangement : 1/2 heure, minimum !

### *L'accueil des invités*

• Ce moment peut être plus ou moins long selon l'âge des participants. L'heure d'invitation étant la même pour tout le monde, il est probable que tous arrivent en même temps ou que les arrivées se succèdent sans répit. Il faut donc accueillir les parents et s'occuper des enfants qui arrivent : prendre leurs manteaux, les diriger vers le lieu de la fête pour qu'ils soient pris en main directement par les autres enfants. Dès l'instant où ils entrent, les enfants doivent être plongés dans l'ambiance chaleureuse de la fête avec un espace à leur disposition. Évitez qu'ils ne stationnent à l'entrée, veillez à ce qu'ils s'intègrent rapidement dans le groupe. Ce temps des retrouvailles est un moment joyeux souvent assez calme.

• Si les enfants ne se connaissent pas, un joli petit carton, muni d'une épingle de nourrice, aux couleurs de la fête, pourra avoir été préparé à leur intention.

***Le temps des jeux dynamiques***

• Les enfants sont tout à leur joie de se retrouver. C'est le temps fort au niveau de l'énergie ; ils ont envie d'être ensemble et de jouer. C'est le moment de leur proposer des activités dynamiques : un grand jeu ou une série de petits jeux. Un grand jeu prendra un peu plus de temps de préparation, mais les occasions d'y participer sont de plus en plus rares.

• Si vous choisissez des petits jeux, observez le groupe : veillez à ce que l'intérêt ne retombe pas ou canalisez l'énergie ! Que l'on soit à l'intérieur ou à l'extérieur, il existe nombre de jeux que vous trouverez dans ce livre : jeux d'adresse, danses, jeux de piste, enquêtes, courses diverses, défilé de mode… Vous pouvez organiser des suites de jeux dans le même style (danse, statues dansées, concours de danse) si le groupe est dynamique, ou bien varier (certains jouent, les autres observent) s'ils se fatiguent vite.

***Le temps du goûter***

Le moment du goûter est aussi généralement celui de l'ouverture des cadeaux. Le goûter est attendu et bien mérité – après l'effort, le réconfort ! –, c'est lui qui donne tout son sens à la fête, et puis il y a le rite des bougies que l'on souffle. Ce moment est plutôt reposant, les enfants sont assis et discutent tranquillement, souvent ils ne mangent pas beaucoup.

***Retour au calme***

C'est le moment de proposer des jeux calmes : jeux de mots, jeux de société, etc. Les enfants apprécient de se retrouver par deux ou par trois, histoire de jouer plus tranquillement et d'avoir le temps de communiquer plus personnellement. Rien ne vous empêche de faire une partie avec un ou deux enfants qui se retrouvent un peu seuls ou de leur demander un coup de main pour mettre en place la suite.

***Un dernier petit jeu***

L'énergie revient vite (à cet âge, ils récupèrent plus vite que nous !), et puis on n'a pas envie de se quitter comme ça ! Souvent, c'est le moment où l'on se remet à danser pour les plus grands, mais c'est aussi l'occasion de l'arrivée d'une surprise : un spectacle improvisé, une petite chorale en l'honneur de votre enfant, une séance de dédicace, une pêche à la ligne pour les petits ou, pourquoi pas, un ballon prisonnier, un cache-cache dehors ou une séance de balançoire ?

***Le temps des au-revoir***

Les parents viennent chercher leurs enfants. C'est un moment d'effervescence. Certains ne s'attardent pas, d'autres apprécieront un verre de jus de fruits et un morceau de gâteau… Et c'est l'occasion de faire plus ample connaissance. Pour les petits, il est utile de bien marquer par un jeu ou une chanson que la fête est terminée et que l'on va tous se quitter.

***Le temps du rangement***

Bon, là vous n'avez pas besoin de nos conseils…

# ON RÉCAPITULE !

• Maintenant que vous avez une vue d'ensemble sur ce que représente la réalisation d'une fête d'anniversaire, il est temps de passer à l'action.

• Dans le chapitre suivant, nous allons parler concrètement des invitations : dates d'envoi, choix des invités, suggestions de cartes d'invitation faites maison. Vous trouverez aussi des conseils sur l'installation matérielle, la décoration de l'entrée, de la salle où aura lieu la fête, avec des exemples de guirlandes et de mobiles simples à réaliser ; sans oublier quelques informations indispensables sur les consignes de sécurité et les interdits.

• Mais avant cela, pour être certain que vous avez bien fait le tour du sujet, nous vous proposons une série de questions. Prenez une feuille de papier, un crayon, votre enfant sous le bras et répondez à chacune. Tout va devenir beaucoup plus clair. On y va ?

Bon courage, et que la fête commence !

## Avant l'anniversaire

**Ai-je bien envoyé toutes les invitations ?**
**Quand dois-je faire les courses ?**

Les courses, ce n'est pas la course ! Il vaut mieux les faire quelques jours à l'avance.

• Ma liste est-elle prête ? Prévoit-elle tous les aspects de la fête : menu, décoration, cadeaux, etc. ?

• Ai-je besoin de pellicules photo, de piles pour mon appareil ou d'un film pour ma caméra ?

**Le lieu ?**

• Le lieu est-il approprié (espace, sonorisation, etc.) ?

• Est-il transformable, peut-on le décorer ?

• Ai-je prévenu les voisins ?

**La décoration ?**

• Si j'ai choisi un thème, ai-je pensé à le décliner dans :
– les cartes d'invitation,
– l'aménagement du local de la fête,
– la décoration des gâteaux,
– la décoration des accessoires du goûter,
– les jeux,
– les cadeaux ?

• Tous les accessoires sont-ils prêts ?

**Le menu est-il au point ?**

• Est-ce que je dispose de tous les ingrédients nécessaires ?

• Ai-je calculé la bonne quantité ?

• Ai-je pensé à varier des mets ?

• Dois-je distribuer des bonbons et quand ?

• Ai-je assez d'assiettes, de verres et de couverts pour tous ?

**Où trouver du matériel spécialisé ?**

• Une crêpière, un gaufrier ?

• Des appareils de sonorisation, des accessoires pour l'éclairage ?

• Une pompe à hélium pour gonfler les ballons ?

• Des ustensiles de ménage pour nettoyer après la fête ?

Tout ou presque peut se louer dans des magasins spécialisés.

**Me faut-il un coup de main pour l'organisation matérielle ?**

J'ai peut-être besoin d'une ou de plusieurs personnes :

• pour transformer les lieux ?

• pour aller chercher, accompagner ou raccompagner des enfants ?

• pour aller chercher du matériel ou des matériaux ?

• pour faire les courses ?

• pour préparer le goûter ?

• pour préparer un jeu ou pour encadrer les enfants l'après-midi ?

- pour assurer la sécurité ?
- pour ranger et nettoyer ?

**Ai-je défini un programme précis ?**

- Quand aura lieu l'ouverture des cadeaux ? (Il n'est peut-être pas judicieux que votre enfant montre les cadeaux qu'il aura reçus dans un autre contexte, par exemple, familial.)
- Le programme des jeux est-il bien ficelé ?

C'est comme pour le goûter, on prévoit toujours un peu trop, mais c'est rassurant !

## Le jour de l'anniversaire

### Ai-je fixé la règle du jeu ?

• Les règles de sécurité sont-elles assez claires ?

• Les lieux interdits (balcons, escaliers, caves, etc.) et les sens de circulation sont-ils bien définis ?

• Les enfants doivent-ils visiter la maison ?

• Dois-je éviter l'emploi de couteaux et de fourchettes ?

• Ai-je pensé à éloigner les objets dangereux ?

• Ai-je protégé les lieux ou les meubles fragiles ?

• Ai-je prévu une trousse à pharmacie ?

• Ai-je tous les numéros de téléphone des parents ?

• Resterai-je présent au moment où on souffle les bougies ?

### Et les parents ?

• Dois-je inviter les parents ?

Oui, pour les petits, la présence des parents est recommandée ; les plus grands préfèrent, eux, que leurs parents les laissent et viennent les chercher le plus tard possible !

• Quel accueil leur préparer ? Où ?

## Et après l'anniversaire ?

• Je peux prévoir à ce moment-là un pot de l'amitié avec les autres parents.

• Je dois penser à remercier tout le monde.

• Je dois vérifier que personne n'a oublié ses affaires personnelles.

• Aurai-je besoin d'aide pour faire le ménage (surtout si j'ai loué un gîte ou une salle) ?

Rassurez-vous, si vous êtes bien organisé, ce ne doit pas être trop difficile et, bien souvent, les derniers à partir donnent un coup de main. Et puis, après tout, ce n'est que la rançon du succès !

# INVITATIONS ET DÉCORATIONS

## « Alors, tu veux qu'on invite qui ? »

• Sans invités, pas de véritable anniversaire ! Mais qui inviter ? Entre les copains d'enfance, ceux de la classe et ceux du club de sport ? Peut-on mélanger les groupes ? Doit-on inviter tout le monde ?

• La quantité et la qualité des copains que votre enfant va choisir d'inviter donneront tout son sens à la fête. Ce n'est pas forcément facile, et c'est pour cette raison que certains enfants préfèrent dire « tout le monde » plutôt que d'avoir à faire un tri. Pour d'autres, le choix est vite fait, et il sera difficile d'augmenter le nombre.

• Nous vous proposons, ci-après, quelques suggestions pour étayer votre réflexion et prendre votre décision en pleine concertation avec votre enfant.

### *« Il faut quand même que ça fasse un peu fête ! »*

• Vous avez décidé de marquer le coup pour la célébration de cet anniversaire et votre enfant aimerait bien transformer la maison en un merveilleux espace de fête.

• La fête, c'est bien l'occasion de sortir de son quotidien, et le style doit ressembler à l'univers de votre enfant. Pour cette raison, le choix d'un thème est une bonne solution : c'est lui qui servira de fil rouge à cet anniversaire, depuis l'invitation jusqu'à la décoration en passant par les jeux, le gâteau et la table du goûter.

• Pour vous, les premiers problèmes à résoudre seront la place et la sécurité. Nous allons parler de tout cela en complément avec des suggestions de décoration. Pas d'inquiétude, il ne s'agit pas de reconstituer une forêt amazonienne dans votre deux-pièces cuisine ni d'embaucher des décorateurs et des accessoiristes de cinéma, il s'agit plus d'esprit et de petites touches clin d'œil.

## *Choisissez ensemble les invités*

• Nous l'avons dit, le choix des invités doit se faire avec votre enfant ; vous pouvez déjà lui en parler, par exemple, sur le chemin de l'école en lui suggérant de se faire une petite liste, sans forcément en parler avec ses copains. C'est à vous, en fonction de votre enfant, de savoir s'il faut dès cette étape donner un nombre maximum de participants ou plutôt lui demander de quel type de fête il a envie. Si vous prévoyez plutôt de faire l'anniversaire à la maison en petit comité ou d'organiser un grand jeu à l'extérieur, l'orientation du départ ne sera pas la même.

• En fonction de ces premiers choix, vous aurez matière à discuter ensemble. Ne lui dites pas : « Classe tes invités de celui que tu aimes le plus à celui que tu aimes un peu moins ! » ; mais : « À toi de faire ton choix parmi ceux avec qui tu as le plus envie de passer cet anniversaire », et, surtout, respectez ses choix sans faire intervenir votre opinion ou votre perception. Et tant pis si vous savez que le petit Julien est un gamin particulièrement odieux ou que la mère de la petite Liza va encore vous casser les pieds parce que sa fille n'est pas invitée à un anniversaire !

## *Quantité et mixité*

• Le nombre d'invités est un facteur déterminant : à titre indicatif, la coutume veut que l'on accueille autant de camarades que l'enfant compte d'années : cinq copains s'il a cinq ans et dix s'il atteint sa première dizaine.

• Et si le nombre est trop grand et non négociable ? Changez de lieu, proposez deux anniversaires – un anniversaire à la maison et un autre dans un lieu de restauration rapide –, ou un goûter dans un grand café après une séance de cinéma.

• Faut-il mélanger des groupes ? Le fait de réunir des enfants qui ne se connaissent pas est très sympathique : une fête permet aussi de créer des contacts. Cependant, pour que règne l'harmonie, évitez les situations de mise à l'écart : un groupe trop hermétique peut en rejeter un autre. Veillez à une certaine homogénéité, équilibrez le nombre de garçons et de filles si vous le pouvez, et évitez les écarts d'âge trop importants, pour que les enfants aient des affinités et des intérêts communs. Et cela n'exclut pas la différence, bien au contraire ! C'est aussi la qualité de l'accueil de chaque enfant, avec un petit badge avec son prénom, et les jeux proposés qui leur permettront de faire connaissance.

## *Choix des parents*

• Pour ce qui est des invités choisis ou imposés par les parents : le grand frère ou la petite sœur, la vieille cousine, la voisine dont les parents ont bien des soucis en ce moment, le fils du patron (!), notre position est : « Non ! » C'est son anniversaire, pas le vôtre, et l'enfant invité de force se sentira en porte-à-faux. Vous serez sans doute assez surpris des choix de votre enfant, celle qui semblait bonne copine pour la vie est soudain clairement oubliée et cet autre dont vous n'aviez jamais entendu parler fait partie de la liste. L'amitié est un sentiment compliqué, pour nous comme pour nos enfants, mais eux sont en plein apprentissage des relations sociales. Et certains refuseront l'invitation pour ne pas avoir à « rendre » !

• Il ne vous reste plus qu'à faire la liste des invités en prenant des renseignements précis sur le prénom et le nom de l'enfant et celui de ses parents (si vous ne les connaissez pas, n'hésitez pas à vous renseigner pour éviter de commettre un impair en cas de décès ou de séparation, la solution « Pour Ludovic Némo et sa maman » n'est pas mauvaise).

## Les cartes d'invitation

• Même s'il n'en faut que quatre ou cinq, fabriquer une jolie carte d'invitation, ça demande du temps, mieux vaut s'y prendre un mois à l'avance. Ce qui ne vous empêchera pas de ne la donner que quinze jours avant la date de la fête, comme le rappel et la confirmation d'une invitation orale. Pensez que certaines périodes comme celles qui précèdent Noël, les grandes vacances ou les fins de semaine prolongées sont très souvent embouteillées.

• Chaque carte doit être nominative. Émilie doit savoir si elle est invitée avec sa sœur Adeline ou pas ! Et chaque enfant doit avoir sa propre carte d'invitation : elle officialise la fête aux yeux des parents, et valorise et responsabilise l'enfant choisi.

### *Ce que l'on doit trouver sur la carte*

• Le prénom et le nom de l'enfant : c'est le meilleur moyen de n'oublier personne ; une petite liste accrochée à proximité du téléphone permettra de cocher les réponses au fur et à mesure de leur arrivée.

• La date, l'heure et la durée de la fête. Selon l'âge des enfants, les modalités changent. La durée de la fête s'allonge avec l'âge ! Pour les tout-petits, ne dépassez pas une heure trente à deux heures. Puis étendez vers les trois, quatre heures ou plus si le cadre dépasse la simple fête d'un après-midi.

• Le lieu de la fête ou de rendez-vous pour partir ensemble vers une autre destination : indiquez l'adresse précise, le numéro de code, de l'escalier, de l'interphone. Prévoyez un plan et n'oubliez pas d'indiquer votre numéro de téléphone.

• D'autres précisions particulières : si vous organisez une activité nécessitant déguisements, vêtements chauds ou que l'on peut salir, un déplacement, du matériel, etc.

• La date de réponse souhaitée : c'est très pratique et cela vous permet de vous organiser. Vous éviterez à votre enfant certaines déceptions. Mais ne vous inquiétez pas, il y aura certainement des coups de téléphone à donner au dernier moment pour savoir si le petit Richard vient finalement !

• La carte comportera une illustration, de jolies couleurs parce que c'est plus gai, surtout si elle est faite par votre enfant ! Mais il en existe de très jolies, proposées dans les programmes d'ordinateur et qui plaisent aux enfants. Et cette présentation donnera un avant-goût de cet anniversaire et du thème choisi.

• Les invitations peuvent être faites par téléphone ou courrier électronique si l'on reste dans un cercle proche et intime, ou si l'on est un peu en retard, mais rien ne vaut une invitation papier !

## *Le choix de la carte*

Là aussi, il s'agit d'une question de goût et de temps ; c'est fonction de l'importance et du style que l'on veut donner à l'événement. Plus les enfants sont grands, plus ils auront plaisir à participer à la conception et à la réalisation des cartes d'invitation. Parce que c'est déjà un temps que vous passez avec lui, un moment où vous allez réaliser quelque chose ensemble, ce qui sera sans doute l'occasion pour vous – entre papier, crayons et colle – de parler de lui et de ses relations avec les autres.

## *Il y a plusieurs possibilités*

Bien sûr, il y a les cartes toutes faites que l'on trouve dans le commerce, ce qui n'empêchera pas un petit travail d'écriture ! Nous, nous préférons les cartes maison, parce que c'est vraiment plus sympa, il y a tant de beaux papiers et de crayons différents, des fluos, des brillants, des parfumés, des qui empêchent de faire des fautes d'orthographe (euh... non, pas encore !). Un petit truc à ne pas oublier : vérifiez que la taille et l'épaisseur de la carte entrent bien dans vos enveloppes !

## *Cartes simples*

• Le texte est rédigé sur une feuille A4 pliée en deux, accompagné d'un dessin. Pour qu'il n'y ait pas d'erreur sur le texte, surtout quand on l'écrit lettre par lettre en ajoutant des fioritures, le plus simple est d'avoir un texte de base sous les yeux que l'on recopie scrupuleusement. On évitera ainsi les « pour mon nannivversaire », à moins que ce ne soit voulu !

• Le texte peut être totalement ou en partie manuscrit, il peut être photocopié (à condition que la reproduction soit propre et soignée et que l'on prévoie la place pour le nom du destinataire) et le coloriage est possible. N'utilisez jamais plus de deux couleurs (celles de la décoration des lieux, par exemple) et n'abusez pas des polices de caractères farfelues et illisibles.

• Avec les nombreux logiciels qui existent sur le marché, il est possible de créer une mise en page, d'y ajouter une illustration informatique ou manuelle. Il existe même des cartes d'invitation sur des sites Internet consacrés aux anniversaires. Avec le défaut que cela ne soit pas très personnel.

Expliquez bien à votre enfant qui, pour le coup, ne va plus décrocher de son ordinateur qu'« on ne va pas, non plus, y passer toute la nuit » !

• Il existe également dans le commerce des prêts à monter de découpage, à réaliser soi-même, au rendu très heureux avec de très jolis papiers de couleur aux formes variées d'animaux, de fleurs ou de petits cœurs. Faciles à monter avec votre enfant, ils sont cependant un peu onéreux.

## *Des cartes personnalisées*

C'est tellement mieux, non ? Elles seront entièrement fabriquées par vous, sur du papier à dessin ou du bristol décoré. Gageons que les propositions qui suivent vont vous donner des envies ! Encore un conseil, pour ne pas y laisser toute votre énergie : faites donc un essai tranquillement avec du papier de récupération pendant que votre enfant n'est pas là. Vous serez bien plus à l'aise pour les réaliser ensuite avec lui, quitte à apporter quelques modifications.

***N'oubliez pas***

• *Toute carte doit comporter vos coordonnées précises, la date et l'horaire exacts (par exemple, « de 15 heures jusqu'à 17 heures »), le lieu (avec toutes les indications pour y accéder), la mention « merci de confirmer votre venue avant le (date) », le prénom du destinataire et la signature de celui qui invite : votre enfant, même si vous y êtes pour quelque chose !*

• *Veillez à la clarté des informations.*

• *Gardez un espace pour pouvoir écrire à la main et signer.*

• *Si votre enfant n'est pas trop petit pour le faire, laissez-le réaliser une petite bafouille à sa façon ; sinon, mettez l'empreinte de sa main ou sa photo !*

C'est tellement sympa de faire soi-même ses cartes d'invitation que nous vous faisons plusieurs suggestions. Ça prend du temps, mais c'est un moment qui peut être très chaleureux si votre enfant y participe. Et puis ce n'est pas la garden-party de l'Élysée du 14 Juillet, vous n'aurez que quelques cartes à réaliser !

## *Carte pliée*

Matériel nécessaire : des chutes de papier ou du bristol de couleur, des crayons.

Cette carte a un double emploi : elle permet de réaliser une invitation individualisée et donne la possibilité ensuite de marquer sa place autour de la table de fête.

***Réalisation***

- Prenez une feuille de carton rigide.
- Découpez-la dans un format carré (par exemple, 18 × 18 cm ou 21 × 21 cm).
- Pliez-la en deux.
- À l'extérieur, inscrivez le prénom de l'enfant à l'horizontale.
- À l'intérieur, illustrez la partie de gauche et inscrivez les termes de votre invitation sur la partie de droite.

## *Carte mouchetée*

Matériel nécessaire : du papier cartonné ou du papier à dessin blanc, une règle, des crayons, une paire de ciseaux, de la colle, des pailles à boisson, de la peinture à l'eau.

Cette autre carte permettra à votre enfant ou à vous-même de barbouiller sans pinceau, à condition de bien protéger les lieux !

### *Réalisation*

• Prenez les pailles à boisson.

• Bouchez une de leurs extrémités avec de la colle et laissez sécher.

• Découpez des morceaux de carton au format de la carte désirée avec la règle, le crayon et les ciseaux.

• Dessinez sur chacun d'eux, au trait assez fin, une forme : animal, fruit, signe du zodiaque du héros de la fête, fleur, par exemple.

• Plongez le côté bouché de la paille dans la peinture (une paille par couleur) et coloriez avec de petits gestes rapides. Remplissez le dessin ou uniquement le fond. Vous obtiendrez ainsi un effet moucheté.

### *Variante*

• Dessinez une forme stylisée sur le carton et découpez-en le contour. Réservez-le comme modèle.

• Posez votre modèle sur les cartons d'invitation et appliquez la couleur autour.

• Utilisez le contour du modèle pour peindre l'intérieur, comme dans la technique du pochoir.

## *Art abstrait*

Matériel nécessaire : des feuilles de papier souple passant dans l'imprimante d'un ordinateur, une feuille de plastique transparent, du papier de soie de différentes couleurs, une règle, des crayons, une paire de ciseaux, de la peinture, des pinceaux ou une éponge avec un peu d'eau.

### *Réalisation*

• Coloriez les feuilles de papier avec les couleurs de votre choix, en utilisant les pinceaux bien humides ou l'éponge légèrement mouillée.

• Posez immédiatement le film plastique dessus avant que les couleurs ne soient sèches.

• Laissez complètement sécher.

• Ôtez délicatement le plastique.

• Découpez les feuilles en utilisant règle, crayon, ciseaux pour obtenir des cartes d'invitation de la taille de vos enveloppes.

• Pliez les cartes en deux, en laissant le côté peint à l'extérieur.

• Au verso, écrivez le texte de votre invitation sans oublier la signature.

### *Variante*

• Découpez ou même déchirez de petits morceaux de papier de soie.

• Assemblez-les sur la feuille de papier blanc en jouant avec les formes et les couleurs.

• Mouillez suffisamment l'éponge et pressez-la délicatement sur les morceaux de papier coloré.

• Attendez un instant, enlevez doucement les petits morceaux de papier de soie et vous verrez que leurs formes et leurs couleurs se sont imprimées sur le papier : effet tableau garanti, au rendu très original !

• Découpez ensuite les feuilles au format souhaité.

• Pliez-les en deux, en gardant la partie colorée à l'extérieur. Écrivez le texte à l'intérieur.

## *Le diable dans sa boîte*

Matériel nécessaire : du carton souple de couleur, de la colle ou du Scotch, une règle, des crayons, une paire de ciseaux, un compas, une agrafeuse, des feutres, des pailles, de la pâte à modeler.

***Réalisation***

• Sur le carton de couleur, tracez un demi-cercle dont le diamètre est légèrement inférieur à celui de l'enveloppe d'expédition.

• Découpez-le.

• Formez un cône. Écrivez votre message.

• Collez-le le long du rayon sur 1 cm environ.

• Découpez la pointe de l'angle, afin d'obtenir un petit trou.

• Faites passer la paille dans le trou.

• Sur un autre morceau de carton, dessinez et coloriez une tête de clown ou de joker (prenez modèle sur un jeu de cartes), qui doit pouvoir s'insérer dans le cône.

• Découpez-la et puis fixez-la à l'extrémité supérieure de la paille avec l'agrafeuse ou le Scotch.

• Insérez la paille dans le cône, en la faisant passer par le trou, de façon à ce que la tête se trouve à l'intérieur du cône.

• Au bout de la paille, fixez un morceau de pâte à modeler qui fera office de butoir (sous forme de bille ou d'anneau).

• Vous pourrez ainsi obtenir l'effet du diable qui sort de sa boîte. La tête du joker doit rester cachée dans le cône et la paille doit pouvoir coulisser sans glisser hors du trou.

***Le petit truc***

Pourquoi ne pas écrire « Devine qui t'invite à son anniversaire ? » et coller une photo de votre enfant sur le joker, ou écrire tout simplement son prénom ?

## *Carte au sucre*

Matériel nécessaire : du carton souple blanc ou coloré, une règle, des crayons, une paire de ciseaux, du sucre glace, de l'eau, de la colle, de la peinture à l'eau, un feutre à pointe fine, des Coton-tige.

Pour cette carte, la couleur blanche sera un peu particulière puisqu'elle est au sucre glace !

***Réalisation***

• Découpez le carton au format désiré.

• Faites dissoudre le sucre glace dans de l'eau.

• Étalez la préparation sur le carton.

• Dessinez des formes à la peinture à l'eau sur le carton, avant que le mélange ne soit sec. Utilisez plusieurs couleurs si le carton est blanc ; s'il est coloré, utilisez de la peinture blanche.

• Vous verrez à ce moment-là s'accomplir des transformations, provoquées par le déplacement des couleurs qui se mélangent de façon magique.

• Laissez sécher.

• Pliez le carton d'invitation, en gardant la partie colorée à l'extérieur. Écrivez à l'intérieur votre message.

***Variante***

• Découpez un carton de couleur au format désiré.

• Dessinez le sujet que vous avez choisi.

• Étalez sur ce dessin une fine couche de colle.

• Saupoudrez la partie encollée avec du sucre glace. Passez la paume de la main pour faire adhérer le sucre.

• Quand c'est bien sec, secouez le carton pour éliminer le sucre en trop.

• Pliez le carton et écrivez à l'intérieur le texte de votre invitation.

***Le petit truc***

Adaptez la couleur blanche du sucre avec le thème du dessin : la neige, les nuages, les moutons…

## *Carte coucou*

Matériel nécessaire : du carton souple de couleur vive de préférence, une règle, des crayons, une paire de ciseaux, du papier pour collage, des feutres, de la colle en stick.

Il faudra ouvrir des volets pour découvrir le message.

***Réalisation***

• Découpez dans le carton une bande dont la hauteur représente la moitié de la longueur (30 cm de long et 15 cm de haut ou 60 cm de long et 30 cm de haut).

• Repliez les bords vers le milieu, de façon à obtenir une carte carrée qui s'ouvre comme une fenêtre.

• Ouvrez la fenêtre et posez votre carte d'invitation devant vous : dessinez, sur le carré central, la tête et le buste de deux enfants. Sur les carrés de gauche et de droite, qui représentent les battants de la fenêtre, dessinez les bras des enfants s'écartant comme pour ouvrir les volets.

• Vous pouvez réaliser cette composition avec des papiers adhésifs de couleur que vous collerez ensuite sur le carton.

• Il ne vous reste plus qu'à inscrire au-dessous des enfants, comme sur un balcon, le texte de votre invitation.

• Refermez la carte et décorez les volets à votre goût.

## *La chenille est dans le fruit*

Matériel nécessaire : du carton très souple, rouge ou jaune, du papier vert pour origami, une règle, des crayons, une paire de ciseaux, de la colle en stick, des feutres à pointe fine.

***Réalisation***

• Découpez dans du carton rouge ou jaune des rectangles de 24 cm de long et de 15 cm de haut. Pliez soigneusement en deux pour former la carte.

• Dessinez sur la première face de la carte une pomme. N'oubliez pas la feuille de pommier. La pomme doit partir du pli à gauche.

• Découpez alors cette forme en prenant garde de ne pas découper le pli du carton, afin de pouvoir ouvrir la pomme.

• Fabriquez une chenille : découpez dans le papier pour origami une bande de 20 cm de long et 4 cm de haut, que vous plierez en accordéon afin d'obtenir le corps de la chenille.

• Découpez un carré de 4 cm de côté, sur lequel vous dessinerez avec les feutres la tête de la chenille. Collez cette tête à l'une des extrémités de la bande en accordéon.

• Écrivez un texte à suivre en partant de la face externe de la carte. Exemple : « Qu'y a-t-il dans ma pomme ? » À l'intérieur, à gauche : « Je crois que c'est une invitation pour toi ! » Puis, les informations pratiques (date, heure, etc.).

• Sur le côté droit intérieur, collez la queue de la chenille, et refermez la carte.

• Lorsque l'invité ouvrira la carte, il ne manquera pas d'être surpris par la chenille qui s'avancera vers lui.

## *Plumes, plumes, plumes*

Matériel nécessaire : des feuilles de papier ou de carton souple format A4, des plumes blanches (dans un magasin de fournitures pour travaux manuels), de la peinture à l'eau, des pinceaux ou des éponges.

Légères, colorées, vibrantes… les plumes de votre carte seront à l'image de votre fête !

### *Réalisation*

• Sur une palette, préparez plusieurs couleurs vives.

• Trempez, d'une seule couleur, un côté de la plume.

• Appuyez délicatement la plume sur le carton, tenez-la fermement avec l'index, pour la soulever en prenant soin de ne pas la déformer. Répétez l'application en différents points de la carte et alternez les couleurs : vous obtiendrez un bel effet chromatique. Imprégnez à nouveau la plume dans la peinture lorsque vous le jugez nécessaire.

• Lorsque les couleurs seront parfaitement sèches, vous plierez le carton en deux et écrirez à l'intérieur le message d'invitation.

***Variante***

• Vous pouvez opter pour une éponge pour faire des empreintes à condition de ne l'imbiber que très légèrement de peinture et de ne pas oublier de la rincer et de la presser abondamment entre deux nuances. Attention, le rouge est généralement indélébile !

## *Carte puzzle*

Matériel nécessaire : du carton assez rigide, des crayons, des feutres, dont un noir, des crayons de couleur ou de la peinture, une paire de ciseaux.

Elle fait toujours de l'effet mais devra être réalisée par un enfant patient.

***Réalisation***

• Découpez le carton au format désiré.

• Écrivez au recto le texte de l'invitation avec des lettres épaisses.

• Réalisez une illustration au verso avec des formes bien marquées : silhouettes, fleurs, nuages, paysages. Coloriez et repassez les bords au feutre noir.

• Découpez le carton en quelques morceaux que l'on pourra facilement rassembler.

## *Carte ballon*

Matériel nécessaire : des ballons de baudruche, des enveloppes, un marqueur noir indélébile, des crayons, du carton pour l'invitation.

Encore une carte étonnante, gonflée même !

***Réalisation***

- Gonflez les ballons de baudruche.
- Écrivez sur le ballon le texte court au marqueur indélébile. Laissez sécher.
- Dégonflez le ballon, le texte va rétrécir !
- Glissez-le dans une enveloppe.
- Ajoutez sur un petit carton un message du genre : « Gonfle-moi et tu sauras qui t'invite ! »

## *Enveloppes gigognes*

Matériel nécessaire : plusieurs enveloppes de différentes tailles (quatre tailles), des crayons, du carton pour l'invitation.

Encore une carte gag !

***Réalisation***

- Réalisez votre petite carte d'invitation.
- Pliez-la et glissez-la dans une toute petite enveloppe format carte de visite.
- Introduisez le tout dans une enveloppe standard.
- Continuez dans une enveloppe plus grande (23 × 16 cm), etc.

## Transformation des lieux

• L'anniversaire de votre enfant va être l'occasion de transformer la maison en un espace de fête. Il faudra donc organiser et transformer les lieux pour les adapter à la situation et les sécuriser et pour ajouter un peu d'extraordinaire dans votre quotidien.

### *À l'intérieur*

• Plusieurs lieux sont possibles : en appartement, en maison s'il fait mauvais ou dans un local prévu à cet effet (une salle que l'on vous prête ou que vous louez).

• Chez vous, prévoyez un lieu spécifique pour la fête, par exemple la pièce la plus grande, généralement le séjour.

• Organisez cette pièce en deux espaces : une zone pour les jeux et la danse, l'autre pour le goûter ; ou réservez une autre pièce uniquement pour le goûter (cela permettra la surprise).

• Débarrassez le milieu de la pièce. Repoussez les meubles sur les côtés, en ne laissant que ceux dont vous avez besoin : table pour le goûter, canapé, chaises et matériel d'animation : matériel hi-fi avec CD de chansons enfantines ou autres, boules de lumière, etc.

• Retirez les objets, les meubles qui peuvent distraire l'attention des enfants, comme la télévision, une bibliothèque de bandes dessinées ou un ordinateur en état de marche ! Rangez ou éloignez également la console de jeux, les revues ou certains jouets qui pourraient détourner un enfant du groupe et l'inciter à se mettre à l'écart.

• Protégez les meubles fragiles trop compliqués à déplacer. Enveloppez-les, par exemple, dans un grand rouleau de plastique à bulles à grand renfort de gros nœuds de papier crépon plutôt que de tenter de les cacher ; autant les montrer en en faisant un élément de décor.

• Soignez les éclairages et vérifiez la sécurité des prises et des fils électriques (attention aux rallonges qui traînent !). Soyez très prudent avec les éclairages à la bougie, sources de réels dangers.

• Organisez un vestiaire dans une autre pièce, par exemple la chambre des parents. Au besoin, prévoyez des cintres personnalisés avec le prénom de l'invité (à récupérer chez un marchand de vêtements), les enfants seront très sensibles à ce petit détail et l'arrivée et le départ s'en trouveront grandement simplifiés et raccourcis.

• Prévoyez de faire visiter votre maison à vos invités en n'oubliant pas de montrer où se trouvent les toilettes (vous aurez au passage vérifié que les W.-C. peuvent s'ouvrir de l'extérieur !). Montrez-leur les espaces de circulation que vous avez définis et les endroits autorisés. Il est très facile d'installer des panneaux du Code de la route pour indiquer les lieux interdits et le sens de circulation.

## *À l'extérieur*

• Plusieurs lieux sont également possibles, comme le jardin ou la cour de votre maison ou de votre immeuble. S'il s'agit d'un lieu collectif, demandez l'autorisation à la copropriété et prévenez les voisins en glissant un petit mot dans leur boîte aux lettres.

• Pensez aux lieux publics comme les jardins municipaux, les grands parcs. Aux champs à la campagne, aux forêts, aux lieux touristiques. Un petit coup de fil vous permettra de savoir qui en est le propriétaire ou le gestionnaire. Un petit conseil : faites un petit tour aux mêmes horaires pour voir qui les fréquente : un club de boulistes n'appréciera pas forcément une dizaine de gamins braillards, mais sera tout content d'être l'un des participants d'un grand jeu à l'occasion d'une épreuve. Et sans être paranoïaque, certains lieux ne sont pas particulièrement bien fréquentés (voir Sécurité, page 388) ; vérifiez que des petits malins n'ont pas enlevé les indices savamment disposés de votre jeu de piste !

• Le plus important à l'extérieur est de bien délimiter les espaces de jeux. Vous pouvez tendre des rubans entre les arbres pour indiquer physiquement les limites.

• Retirez le mobilier inutile, les outils de jardinage.

• Organisez des espaces différents pour les jeux et pour le goûter. Et profitez de la place pour installer des espaces de jeux différents. Prévoyez un abri si le temps tourne.

• Si l'anniversaire se déroule à l'extérieur, par exemple dans le jardin de votre maison, avec possibilité d'aller à l'intérieur pensez à organiser un sens de circulation, pour éviter la sarabande et n'avoir pas tout à nettoyer.

• Toute cette organisation spatiale sécurise les enfants, pose les règles de vie et facilite leur autonomie : « Tu veux aller faire pipi ? Eh bien, tu suis les flèches bleues ! »

## *Question sécurité*

• Prévoyez tout d'abord la présence de plusieurs adultes durant tout le déroulement de la fête.

• En cas d'incident, si un adulte doit s'absenter, quelqu'un doit pouvoir rester auprès des autres enfants.

• Si vous êtes dans un lieu public, ne laissez pas se disperser les enfants ou bien soyez plusieurs à prendre la responsabilité de petits groupes.

• Prévoyez un relais de surveillance.

• Établissez d'emblée les règles de sécurité. Signalez clairement les zones à risque et les espaces interdits : chambres, garages, cuisines, balcons et terrasses, escaliers, sols ou tapis glissants, placards, coffres.

• Fermez les fenêtres. Soyez prudent avec l'usage des balcons et terrasses (un concours de crachat, c'est idiot, mais, surtout, ça peut devenir dramatique !). Laissez ouvertes les portes vitrées ou mettez un gros nœud sur la vitre.

• Écartez tout risque matériel. Protégez les parties saillantes des meubles, les murets. Ne laissez pas traîner des objets dangereux : armes de collection, outils, objets pouvant servir de balle, briquets et allumettes, sacs en plastique, objets en équilibre, couverts pointus. Écartez les produits dangereux : produits d'entretien, médicaments.

• Protégez votre mobilier, votre table en mettant sous la nappe du molleton, ou dessus une toile cirée, ou de grands journaux. Sur le canapé, un grand drap ou un tissu non fragile évitera le teinturier ou les taches indélébiles.

• Prévoyez du papier de toilette dans les W.-C., un évier ou un lavabo, avec des serviettes propres, pour se laver les mains.

• Préparez une trousse de premiers soins comportant un désinfectant, des compresses et des pansements, et fermez à clé l'armoire à pharmacie.

• Notez sur la liste des invités, à côté de chaque nom, un numéro de téléphone à appeler en cas d'urgence, ainsi que le numéro du Samu et celui d'un médecin.

*Toutes ces suggestions ont pour ambition de vous rendre serein, disponible pour faire éventuellement face à une situation grave. C'est essentiellement une question de climat et de discrète attention. Un accident vient souvent d'un petit incident, qui entraîne des catastrophes en cascade parce qu'il y a de l'affolement ou trop d'excitation.*

## La décoration, une question de style

La décoration des lieux, c'est essentiel pour une fête réussie ! Votre enfant a envie d'époustoufler ses invités et de leur offrir, dès le premier regard, l'envie de se plonger dans une atmosphère extraordinaire. Tous les signes de gaieté dont votre imagination est fertile seront les bienvenus pour créer une ambiance harmonieuse, tout en établissant une intimité entre les invités.

### *Partir d'un thème*

• Cette option n'est pas obligatoire. Le choix de deux couleurs déclinées sur tous les supports – depuis l'invitation jusqu'aux serviettes de table en passant par la décoration du gâteau – est la plus simple des solutions. La déclinaison du nombre d'années fêtées peut en être une autre, mais il est également possible de choisir un thème correspondant aux centres d'intérêt de votre enfant.

• Utilisez le thème de la fête pour agrémenter les décors : motifs, tissus de couleur sur les murs, le canapé et la nappe... Accrochez le regard en installant des guirlandes, des banderoles ; entourez vos héros de mobiles, de personnages...

• Sans oublier la question, primordiale, de la décoration du goûter ! Tout ce qui concerne l'organisation de la table, la vaisselle et la présentation des mets sera traité au chapitre, « À boire et à manger » (page 103).

### *Quelques idées de thèmes*

*L'agriculture, l'élevage de grenouilles, l'environnement, l'histoire de France, l'infiniment grand, l'infiniment petit, la campagne, la conquête de l'espace, la conquête de l'Ouest, la croisière maritime, la cuisine et l'alimentation, la ferme, la fête de la musique, la fête du cinéma, la flore, la guerre des étoiles, la jungle, la justice, la magie, la mode, la mythologie, la nuit, la pêche, la pluie, la pollution, la préhistoire, la presse, la science-fiction, la tolérance, la vie dans un sous-marin, la vieillesse, la ville, le bois, le cirque, le Code de la route, le corps humain, le fantastique, le monde adulte, le monde du cinéma, le monde marin, le monde souterrain, le voyage, les cinq continents, les cinq sens, les animaux, les années 1930, 1960, 1970…, les arts dans le monde, les bandes dessinées, les courses (automobiles, hippiques…), les dessins animés, les droits de l'enfant, les droits de l'homme, les fables de La Fontaine, les grandes villes, les grands empires (égyptien, romain…), les grands explorateurs, les grands monuments, les grands musées, les grands sportifs, les héros de contes, les héros de romans, les insectes, les jeux de hasard, les jeux de société du monde, les jeux télévisés, les métiers, les monstres, les musiques de film, les oiseaux, les rêves, les sciences en fête, les stars du show biz, les transports, les vacances, la musique de variété, les volcans… Et bien sûr, les contes traditionnels, les albums pour enfants et les policiers qui leur sont destinés…*

## *Dès l'entrée*

• Annoncez la fête dès l'extérieur : la porte d'entrée ou le portail sont un point de repère. Les ballons sont l'habituel signe de ralliement d'un anniversaire d'enfant, le mot de passe incontournable ! Surtout, ne vous en privez pas ! Décorez votre entrée avec des grappes de ballons accrochés par un fil ou des rubans, du papier crépon, un dessin indiquant « C'est ici ! », un panneau ou une guirlande avec la phrase « Bienvenue à l'anniversaire de Charlotte » ou selon votre inspiration.

Et n'oubliez pas de tout retirer une fois la fête terminée : sans être rabat-joie, c'est une manière de lui dire : « Voilà, c'est fini et c'était vraiment bien ! » Et puis, c'est tellement tristounet, de vieilles guirlandes défraîchies et des ballons qui se dégonflent peu à peu en perdant leurs couleurs !

• Si vous habitez à la campagne, indiquez le chemin menant au lieu de la fête par des grappes de ballons et des flèches, puis, à l'arrivée, posez un mât de bienvenue qui signalera le point du rendez-vous. Pour le confectionner, prenez un bâton de 2 m environ (un grand bambou, par exemple) et décorez-le avec du papier crépon de couleur, un balai, un chapeau, des ballons. Plantez-le dans la terre ou, mieux, dans un pot rempli de terre ou de sable. Et, pareillement, n'oubliez pas de défaire rapidement votre installation ; le crépon après la pluie, c'est vraiment misérable !

## *Entrez donc !*

• Accrochez des guirlandes de couleur que vous aurez achetées ou aurez fabriquées vous-même. Sans oublier la fameuse banderole « Joyeux anniversaire » avec le prénom de l'enfant.

• Suspendez des mobiles en rapport avec le thème de la fête, suffisamment en hauteur et hors de portée des participants, et disposez toutes sortes d'objets joyeux sur les meubles, aux portes, aux fenêtres. C'est vraiment la fête !

• Merveilleux ballons ! Si on les frotte contre le mur ou un pull-over, ils restent accrochés au mur ou au plafond sous l'effet de l'électricité statique. Une petite astuce d'initié ? Glissez des confettis à l'intérieur à l'aide d'un entonnoir au moment où vous les gonflez. Et prévoyez un petit jeu pour la fin : s'amuser à crever les ballons, et oh, surprise ! tous les confettis retombent sur les invités. Pour gonfler facilement les ballons, étirez-les bien avant pour ne pas devenir rouge vif en tentant de souffler dedans. Autre solution : utiliser un gonfleur pour matelas pneumatique.

• Pensez que, avec la lumière, on peut faire des miracles et changer complètement l'atmosphère, à condition de ne pas rester tout le temps dans des lumières artificielles, clignotantes et agressives. Les enfants s'en chargeront bien quand ils seront plus grands et n'auront plus besoin de vous pour leurs anniversaires. Cela dit, une boum nécessite un peu d'intimité et de lumières éblouissantes !

### *Si vous êtes à l'extérieur*

• Prenez l'exemple des kermesses et des fêtes publiques : ce n'est pas la quantité qui compte, mais la répétition d'une même couleur et d'une même forme. Et si vous êtes soigneux, les mêmes guirlandes ou mobiles pourront servir plusieurs années, vous le faites bien pour les guirlandes du sapin de Noël !

• À l'extérieur, la décoration va surtout servir à délimiter l'espace de la fête. Utilisez les arbres pour accrocher ballons, guirlandes et mobiles. Les lampions et les lanternes donneront aussi une ambiance très villageoise.

## La présentation de la vaisselle et de la table

### *Quel type de repas pour quels convives ?*

Pour ce qui est de la décoration de la table de fête, plusieurs solutions sont possibles.

• Le premier critère est fonction du type de repas que vous avez prévu. Est-ce un goûter ? Un repas complet avec le gâteau au dessert ? Est-ce un brunch (ce croisement entre le breakfast et le lunch : le petit déjeuner et le buffet) ?

• Marquons juste une parenthèse pour le pique-nique. Simplement pour dire qu'il doit garder un certain style, faites de jolis emballages pour les sandwichs et les autres aliments. Les serviettes en papier de couleur, les gobelets assortis et les bougies, ça ne tient pas beaucoup de place dans un sac à dos ! Cela dit, rien ne vous oblige à acheter : de jolies serviettes ou de grands morceaux de tissu pris à la maison peuvent également convenir ! Un grand drap fera une nappe magnifique.

• Le deuxième critère est le nombre d'invités et leur âge ; plus ils sont nombreux, plus la solution du self-service est efficace : on défile devant des plats, quelqu'un vous aide à vous servir, et chacun va ensuite s'asseoir pour manger. L'avantage est de pouvoir gérer les quantités, de ne pas tout amener en même temps et de laisser chacun manger ce dont il a envie. Ainsi on évite les salades mélangées soigneusement préparées dont les enfants laissent plus de la moitié dans leurs assiettes après avoir fait le tri.

• Le coin des boissons peut être prévu à un autre endroit pour éviter les embouteillages !

• Le gâteau sera apporté, les bougies soufflées ; il sera partagé et distribué une fois tout le reste débarrassé !

## *La décoration*

• Méfiez-vous d'abord des tables de fortune particulièrement instables, des tréteaux qui s'écartèlent sous le poids et l'agitation, ce n'est pas terrible !

• Mettez le plateau à hauteur d'enfant et protégez les coins.

• Méfiez-vous des bougies qui fascinent toujours – voire même un peu trop ! – les enfants.

• Réglementez, et pourquoi pas sous la forme d'un petit jeu, la circulation.

• Prévoyez des poubelles. Pas des sacs gigantesques en première ligne qui donnent l'envie de tout jeter avant d'avoir commencé !

• Jouez sur les volumes, les couleurs, les matériaux : deux ou trois emballages solides posés sur la table pour faire différents niveaux, un grand plastique scotché par-dessus, et, sur le tout, un grand tissu, par exemple. Si vous avez choisi un thème, n'hésitez pas à le décliner. Au besoin, inspirez-vous des conseils que l'on trouve dans de nombreux magazines féminins ou de décoration. Faites-vous aussi plaisir : n'hésitez pas à mettre un joli bouquet, mais attention aux plantes toxiques !

• Un aquarium vide, de grands bocaux de conserves en verre, des boîtes de conserve aux bords non tranchants et débarrassées de leurs étiquettes font de jolis récipients pour ranger les couverts, les boissons, le pain, etc.

• Et, bien sûr, jouez sur la couleur. Deux suffisent pour créer une vraie harmonie.

# Des guirlandes et des mobiles

• Elles vont d'un bout à l'autre de la pièce, faisant jouer leurs couleurs joyeuses. Elles apportent leur touche de fantaisie sur une barrière, un volet, une porte ou les branches d'un arbre : ce sont les guirlandes.

• Ils tournent doucement au moindre mouvement, au simple souffle d'air, occupant l'espace avec légèreté et bruissement : ce sont les mobiles.

• Les unes et les autres demandent un peu d'habileté pour les réaliser, mais le résultat donnera véritablement aux lieux une allure de fête.

• Pour bien comprendre nos explications, munissez-vous d'une feuille de brouillon, d'une paire de ciseaux, d'une agrafeuse, d'un rouleau de Scotch et d'un tube de colle ; et faites un essai au fur et à mesure que vous lisez nos explications. Tout sera alors beaucoup plus simple à comprendre et à réaliser.

## *Guirlande accordéon*

Matériel nécessaire : du papier souple en deux couleurs, une paire de ciseaux, une agrafeuse.

***Réalisation***

• Coupez une première bande de papier d'environ 5 cm de large et la plus longue possible. Il faut prévoir le double de longueur de la guirlande désirée. Un coup d'agrafeuse vous permettra de mettre bout à bout des bandes de papier.

• Faites de même dans l'autre papier de couleur.

• Formez un carré avec le départ des deux bandes de papier, que vous poserez l'une sur l'autre en formant un angle droit. Fixez-les d'un coup d'agrafeuse. Posez l'ensemble bien à plat devant vous. Ramenez le grand bout dépassant, en le faisant passer par-dessus le carré, marquez le pli sur le bord de ce carré. Faites de même avec l'autre bande perpendiculaire. Poursuivez en marquant à chaque fois le pli avec le revers de l'ongle.

• En se croisant, les deux bandes vont former un accordéon.

• Lorsque vous arrivez en bout de bande, donnez un coup d'agrafeuse pour bloquer le tout, et suspendez !

• Vous pouvez aussi découper des formes simples au milieu de chaque carré ; la pièce découpée pourra à son tour être collée sur d'autres carrés en alternant les deux couleurs.

## *Guirlande en ribambelles*

Matériel nécessaire : du papier souple de différentes couleurs, une paire de ciseaux, un crayon à papier, une agrafeuse.

***Réalisation***

• Découpez une bande de papier d'une dizaine de centimètres de hauteur.

• Pliez-la sur elle-même en accordéon en formant des carrés de 10 cm de côté.

• Aplatissez bien le tout. Sur le premier carré tracez une forme simple touchant les deux bords verticaux. Attention, vous devez conserver au moins 2 cm sur chacun des côtés correspondant aux plis !

• Découpez la guirlande pliée sur toute son épaisseur. Si vous aviez oublié de garder un espace sur le pli, les formes se détacheraient complètement ; sinon, vous obtenez une ribambelle… Ce qui est la forme souhaitée !

• Dépliez la guirlande, c'est prêt !

• Si le papier n'est ni trop épais ni trop difficile à découper sur toute son épaisseur, les plus jeunes seront enchantés de créer eux-mêmes des ribambelles. À chaque fois que l'on déplie sa bande, le résultat a quelque chose de magique !

## *Guirlande avec mobiles*

Matériel nécessaire : du papier de différentes couleurs, une paire de ciseaux, du fil de pêche, une agrafeuse.

***Réalisation***

• Vous vous trouvez peut-être à proximité d'une imprimerie. Au besoin, les Pages jaunes de l'annuaire vous renseigneront. Appelez l'imprimeur, il a certainement des chutes de papiers de toutes formes, de toutes couleurs et de tous grammages qu'il sera ravi de vous offrir plutôt que de les jeter à la poubelle. On y trouve de vraies merveilles qui, avec deux ou trois coups de ciseaux ou d'agrafeuse, feront de très beaux décors pour vos fêtes et vos bricolages maison.

• Découpez dans ces chutes de papier et de carton des formes simples : une lune, une étoile, un soleil, un cœur, etc. Des moules à sablé pourront vous servir de gabarit.

• À l'aide de l'agrafeuse, ajoutez des rubans de différentes couleurs à chaque mobile.

• Découpez une longue bande de papier qui formera la guirlande.

• Passez un fil sous les agrafes au dos de chaque mobile.

• Accrochez les mobiles à la guirlande ou suspendez-les individuellement dans la salle de fête.

## *Fontaine multicolore*

Matériel nécessaire : du papier crépon de différentes couleurs, une paire de ciseaux, des gobelets en carton, du fil de pêche.

Imaginez un gobelet débordant de rubans de couleurs, que l'on peut suspendre comme un mobile, accroché sur un mur ou disposé sur une table. C'est tellement facile à réaliser pour obtenir un bel effet que vous aurez très vite envie d'en fabriquer plusieurs !

***Réalisation***

• Pour confectionner des rubans de différentes couleurs dans du papier crépon, c'est très facile : ne déroulez surtout pas le rouleau, mais découpez une bande de 2 cm dans chaque rouleau de couleurs différentes, comme si vous découpiez une tranche de pain ! Un coup de ciseaux, et maintenant vous pouvez dérouler et découper votre longue bande obtenue à la longueur souhaitée, 1 m suffira.

• Superposez toutes les bandes de papier, comme pour faire un fagot que vous liez par le milieu.

• Attrapez ce fagot par le bout de fil, vous obtenez de grandes franges, un peu comme celles d'un balai.

• Faites un petit trou dans le gobelet en carton. Glissez-y le fil, bloquez avec un nœud.

• Accrochez, posez ou suspendez le tout.

## *Le serpent sympathique*

Matériel nécessaire : du carton souple de couleur, un crayon à papier, une paire de ciseaux, des feutres de couleur, du fil de pêche.

***Réalisation***

• Découpez un carré dans le carton : plus il sera grand, plus la guirlande sera importante.

• Dessinez, en partant du centre vers l'extérieur du carré, une spirale qui formera le corps du serpent. Terminez par la tête, à laquelle vous rajouterez une bouche, un nez et des yeux.

• Dessinez les écailles multicolores avec les feutres, en partant juste après la tête et en suivant le sens de la spirale.
• Découpez l'ensemble en partant de l'extérieur selon le trait de la spirale.
• Faites un trou dans la queue et insérez le fil de pêche qui servira à accrocher votre guirlande. Bloquez avec un nœud.
• Voilà un compagnon sympathique qui réagira au moindre déplacement des enfants.

## *Les pantins mobiles*

Matériel nécessaire : des feuilles de carton souple de différentes couleurs, un crayon à papier, une paire de ciseaux, des feutres de couleur, une règle, un rapporteur, un bol ou un verre, une épingle, du fil de pêche.

***Réalisation***

• Utilisez les cartons de couleur pour fabriquer des personnages : dessinez, à l'aide du crayon, les parties qui les composent : la tête, le tronc et les bras, les jambes et les pieds. N'hésitez pas à vous servir d'objets pour styliser les formes : rapporteurs, équerres, mais aussi verres, bols…
• Découpez ces silhouettes et décorez-les à l'aide des feutres de couleur. Rajoutez des détails sur les vêtements : nœud-papillon, boutons, ceinture, motifs de tissu…
• Faites des trous à l'aide de l'épingle à l'endroit où vous allez faire passer le fil de pêche : le plus simple est de faire passer un seul fil, en partant du bas vers le haut, qui rassemblera les différentes parties. N'oubliez pas les nœuds de blocage : au-dessous du trou inférieur et au-dessus du trou supérieur.
• Gardez une bonne longueur de fil qui vous permettra de suspendre votre personnage.

• Vous obtiendrez un pantin mobile qui bougera au moindre déplacement d'air.

## *Clowns en stock*

Matériel nécessaire : des assiettes en carton ou en plastique à fond blanc, du carton léger de couleur ou du papier de couleur, des crayons ou des feutres, une paire de ciseaux, une perforeuse, une agrafeuse, de la colle ou du Scotch, du fil de pêche ou du ruban, un élastique fin.

***Réalisation***

• Dessinez sur les cartons ou papiers de couleur les détails qui formeront les visages de vos personnages : yeux, nez, bouche, sourcils, joues, cheveux, lunettes, nœud-papillon, cravate, col...

• Découpez-les.

• Collez-les sur l'assiette (colle ou Scotch, selon la matière de l'assiette).

• Faites un trou sur le bord de l'assiette, au-dessus de la tête, afin de pouvoir l'accrocher.

• Faites passer un fil de pêche ou un ruban.

***Variante***

• Superposez deux assiettes.

• Sur l'assiette supérieure, tracez un diamètre vertical.

• Pliez l'assiette en deux selon ce tracé.

• Collez la partie de gauche sur la partie droite.

• Dessinez un visage sur l'assiette supérieure, à plat devant vous.

• Repliez complètement la partie de gauche vers la gauche, de façon à ce qu'elle soit complètement à plat et qu'apparaissent les faces non utilisées.

• Dessinez un autre visage, ou le même avec une autre expression.

***Le petit plus***

• Sur les assiettes en carton, vous pouvez utiliser des feutres de couleur pour dessiner un visage.

• Vous pouvez offrir vos masques à vos invités, après la fête, en les détachant et en ajoutant un élastique fin.

• Vous pouvez accrocher ces joyeux personnages à une banderole.

## *Ronds en fête*

Matériel nécessaire : du carton souple ou du papier de soie de différentes couleurs, des crayons, une paire de ciseaux, un compas ou des bols de tailles différentes, une agrafeuse, des pailles à boisson, du fil de pêche.

***Réalisation***

• Dans différentes feuilles de papiers colorés, tracez et découpez des cercles de 10 cm de diamètre environ.

• Regroupez-les par trois, en jouant sur les couleurs.

• Accrochez trois fils de longueurs différentes aux extrémités et au milieu de chaque paille.

• Suspendez à chaque fil un rond en papier, à l'aide de l'aiguille.

• Pour suspendre chaque paille à l'horizontale, passez un fil à l'intérieur et faites un nœud au-dessus.

• Regroupez les pailles et les cercles suspendus à différentes hauteurs.

# À BOIRE ET À MANGER

## « Je vais te faire le plus beau gâteau du monde ! »

« Je voudrais un gâteau qui soit à la fois très beau et très bon.

– J'ai pensé que pour tes douze ans on pourrait faire un peu plus grand ; que penses-tu d'un buffet avec du sucré et du salé, ça fera moins bébé et vous ne pourrez pas me dire que, après ça, vous avez encore faim ! »

• C'est un moment important que celui où l'on se retrouve autour de la table, à manger et à boire ensemble : il y a là quelque chose de tribal ou de religieux. Une fête, c'est bien le plaisir des sens ! Et ce n'est vraiment pas une question d'âge…

• Pour que ce moment autour de la table soit une vraie fête, nous avons sélectionné pour vous les recettes IN-RA-TA-BLES du sucré, du salé et des boissons.

• Et nous vous confions nos trucs imparables pour une présentation colorée, joyeuse et appétissante !

## Les recettes salées

• On aurait tort de croire que les enfants n'apprécient que les mets sucrés : tout est une question de présentation. C'est pour cette raison que la solution du buffet mêlant les deux nous semble de loin la meilleure.

• Si l'on peut tout présenter en une seule fois pour éviter les allers-retours, on réservera cependant une place à part à l'indispensable gâteau avec ses bougies !

### *Barquettes au jambon*

Elles séduiront les plus petits, seront faciles à manger et votre enfant pourra participer à la préparation.

***Ingrédients pour 6 personnes***

3 tranches de pain de mie passées au grille-pain et coupées en triangles, une grosse tranche de jambon cuit (200 g), une boîte de fromage frais (Kiri, Saint-Moret, carré Gervais).

***Préparation***

• Coupez le jambon en dés.

• Mettez-le avec le fromage dans un mixeur et mélangez le tout.

• Étalez en couche épaisse sur chaque morceau de pain grillé.

• Disposez ensuite sur un plateau.

***Le petit truc***

Décorez d'une olive dénoyautée, d'une tranche de cornichon… En acceptant que certains enfants la retirent avant de déguster !

## *Tartines aux petits légumes*

Une tranche de pain de mie, un léger fond de mayonnaise ou de ketchup et, posée par-dessus, une couche fine de légumes crus ou légèrement cuits à la vapeur !

***Ingrédients pour 6 personnes***

3 tranches de pain de mie passées au grille-pain et coupées en triangles, mayonnaise, ketchup, légumes crus ou cuits râpés : carotte, chou-fleur, brocoli, céleri…

***Préparation***

• Coupez les tranches de pain de mie en diagonale.

• Étalez les sauces et disposez harmonieusement les triangles sur un plateau.

• Garnissez les tranches avec de petits légumes.

## *Hamburgers*

Vous pouvez acheter des hamburgers au « restaurant rapide » le plus proche, mais ils seront plus savoureux si vous les réalisez vous-même.

***Ingrédients pour 4 hamburgers***

4 pains ronds au sésame, 600 g de viande hachée, 1 jaune d'œuf, 1/2 oignon haché, 1/2 cuillerée à café de sel, poivre, tomates en rondelles, fromage à pâte cuite en tranches, feuilles de laitue, mayonnaise.

### *Le petit truc*

Préparez tous les ingrédients dans l'ordre sur une table longue et proposez à chaque enfant de composer son hamburger !

### *Préparation*

• Dans un saladier, mélangez la viande, le jaune d'œuf, l'oignon, le sel et le poivre. Divisez ce mélange en quatre et formez 4 biftecks ronds.

• Préchauffez le four et faites griller les hamburgers 5 à 10 minutes de chaque côté.

• Coupez les pains en deux et posez un bifteck sur chaque moitié. Ajoutez tomate, fromage, laitue et mayonnaise. Refermez les hamburgers avec les demi-pains restants.

## *Quiches aux légumes*

### *Ingrédients pour la pâte*

115 g de farine, 30 g de beurre ou de margarine ramolli, 2 ou 3 cuillerées à soupe d'eau.

### *Ingrédients pour la garniture*

100 g de gruyère râpé, 30 cl de crème fraîche liquide, 30 g de beurre ou de margarine, 1 pincée de sel, 2 ou 4 œufs, 3 tranches de lard fumé, légumes : épinards cuits, tomates, champignons, courgettes cuites, asperges cuites (environ 100 g).

### *Préparation de la pâte*

• Préchauffez le four à 200 °C.

• Mélangez la farine et le beurre ou la margarine coupé en morceaux. Émiettez le mélange jusqu'à obtenir une consistance granuleuse.

• Ajoutez l'eau petit à petit afin d'obtenir une boule de pâte lisse.

- Saupoudrez de farine le plan de travail et étalez la pâte de manière à obtenir une épaisseur de 0,5 cm.
- Beurrez le moule et disposez la galette dessus. Enlevez le surplus de pâte. Tapissez la pâte de papier aluminium et recouvrez de haricots secs. Enfournez pendant 15 minutes.
- Sortez la préparation du four et laissez-la refroidir. Puis retirez le papier aluminium avec les haricots.

***Préparation des garnitures***

- Choisissez vos légumes et coupez-les à votre convenance.
- Disposez-les sur plusieurs fonds de tartes.
- Mélangez 1 œuf et 15 cl de crème fraîche, sel et poivre.
- Versez ce mélange dans les moules et saupoudrez de fromage râpé.
- Enfournez 15 minutes environ.

***Quiche sans légumes***

Garnissez le fond de tarte de lardons grillés, puis mélangez 4 œufs, de la crème fraîche et du gruyère, salez et poivrez, puis versez le mélange sur la tarte et enfournez.

## *Pizza au pain de mie*

Moins compliquées que leurs grandes sœurs que l'on peut acheter surgelées ou à la camionnette du coin de la rue, ces mini-pizzas seront facilement préparées par des enfants avec votre aide. Et surtout, elles feront beaucoup d'effet !

***Ingrédients pour 1 pizza***

Pain de mie, purée de tomates, mozzarella, feuilles de basilic, huile d'olive.

***Préparation***

- Préchauffez le four à 100 °C.

• Prenez autant de tranches de pain de mie que de pizzas désirées.

• Étalez la purée de tomates.

• Parsemez de petits morceaux de mozzarella et versez une goutte d'huile d'olive.

• Enfournez les pizzas pendant quelques minutes.

• Sortez-les, laissez-les refroidir, puis ajoutez une feuille de basilic.

## *Sandwichs mortadelle et fromage*

### *Ingrédients pour 6 personnes*

3 épaisses tranches de mortadelle, 200 g de fromage à tartiner, 2 cuillerées à café de parmesan, 10 olives vertes dénoyautées, 10 olives noires dénoyautées.

### *Préparation*

• Hachez grossièrement les olives et ajoutez-les au parmesan. Mélangez bien.

• Placez une tranche de mortadelle sur un plat, garnissez de la moitié du mélange.

• Recouvrez de la deuxième tranche de mortadelle

• Tartinez le reste du mélange sur la deuxième tranche.

• Terminez en posant la troisième tranche.

• Mettez cette préparation au réfrigérateur pendant 2 à 3 heures.

• Coupez en parts avant de servir.

## *Salade de riz*

Tout le monde aime le riz ! Et si vous en faites un peu plus ou si les fauves vous en laissent, le prochain repas sera déjà prêt !

***Ingrédients pour 4 personnes***

150 g de riz, 100 g de champignons de Paris, 100 g de thon en boîte, 2 cuillerées à soupe de mayonnaise, des olives noires, des anchois.

***Préparation***

• Faites bouillir 1,5 l d'eau légèrement salée.

• Versez le riz. Laissez cuire 20 minutes en remuant de temps en temps.

• Égouttez le riz, laissez-le refroidir, puis mettez-le dans votre saladier.

• Nettoyez les champignons : coupez les pieds, enlevez la peau et lavez-les. Essuyez-les et coupez-les en fines lamelles.

• Ajoutez au riz le thon, les olives, les anchois, les champignons en lamelles, la mayonnaise et un peu de sel. Votre salade est prête !

***Le petit truc***

• Si vous voulez obtenir une jolie présentation, huilez un moule bien rond ou un saladier pas trop grand et versez-y la salade.

• Étalez bien avec le dos d'une cuillère. Couvrez d'une assiette qui entre dans le récipient.

• Mettez au réfrigérateur pendant 1 heure, avec un poids posé sur l'assiette (une boîte de conserve fera l'affaire).

• Sortez juste avant de servir et démoulez comme un gâteau.

## *Brioches fourrées*

Idéales pour un buffet, ces brioches remporteront un grand succès !

***Ingrédients pour 8 personnes***

8 petites brioches à chapeau, 1 pot de mousse de saumon, 1 pot de mousse de thon, 1 pot d'œufs de lump noirs.

***Préparation***

• Retirez le chapeau des brioches et videz l'intérieur.

• Remplissez 4 brioches avec de la mousse de saumon et 4 autres avec de la mousse de thon.

• Refermez les brioches avec leur chapeau.

• Décorez d'œufs de lump le dessus des chapeaux et la mousse qui dépasse des brioches.

## Recettes sucrées

• Pour décorer les gâteaux, on trouve dans le commerce toutes sortes de vermicelles, mimosas, grains de café, palets argentés, ou encore des bonbons décoratifs, comme des fraises, des Smarties, des pastilles de chocolat, des dragées… Mais aussi des sujets en pâte d'amandes, des ombrelles en papier… Il n'en faut pas beaucoup pour que l'effet soit réussi !

• Et surtout, misez sur les bougies ! Le moment où on les souffle est extraordinaire. Il est attendu avec impatience par tous les enfants qui le vivent dans une émotion partagée. Moment court, intense : juste avant de souffler les bougies, c'est l'attente, le suspense et le soulagement immédiat quand la dernière bougie s'est éteinte. Enfin, l'éclatement de la joie, les applaudissements, les rires et les chants. Qui a dit que les anniversaires ne correspondaient pas à un rituel ?

• Il existe plusieurs styles de bougies. À vous de choisir de les assortir en une ou plusieurs couleurs, de prendre des modèles originaux : chiffres, personnages, bougies magiques qui se rallument dès qu'on les croit éteintes…

• Vous allez, avec les recettes faciles qui suivent, vous sentir l'âme d'un pâtissier. Vous ne trouverez rien de compliqué ni de coûteux dans nos propositions.

Si le temps vous manque, il est toujours possible d'acheter dans un grand magasin ou une supérette un gâteau basique, type quatre-quarts, que vous allez ensuite « habiller » à votre goût. Mais finalement, un gâteau simple, ça ne prend pas beaucoup plus de temps, on peut toujours en faire deux plutôt qu'un (le second pouvant être pour la famille, le lendemain !) ou même le faire quelques jours à l'avance et le mettre au congélateur, en n'oubliant pas de le sortir 24 heures avant de le décorer.

## *Gâteau au chocolat*

### *Ingrédients pour 4 personnes*

200 g de chocolat noir de pâtissier, 50 g de beurre, 5 œufs, 120 g de Maïzena ou de farine, 150 g de sucre, 1 moule à gâteau, parfum (vanille, noix de coco, cannelle).

### *Préparation*

- Préchauffez le four à 210 °C.
- Mélangez le chocolat et 40 g de beurre sur feu doux jusqu'à obtenir une pâte lisse. Réservez.
- Séparez les blancs des jaunes d'œufs et mélangez un à un à la préparation beurre et chocolat.
- Ajoutez la Maïzena et le sucre petit à petit.
- Montez les blancs en neige et incorporez-les délicatement.
- Ajoutez le parfum.

### *Cuisson*

- Enfournez pendant 8 à 10 minutes. Quand la croûte se forme, éteignez le four et laissez encore cuire le gâteau quelques minutes. Vérifiez la cuisson en plantant un couteau, qui doit ressortir propre.
- Laissez refroidir, démoulez et décorez !

## *Tarte au chocolat*

***Ingrédients pour 4 personnes***

75 g de chocolat, 75 g de beurre, 120 g de farine, 3 œufs, 150 g de sucre, 1 moule à tarte, sucre vanillé.

***Préparation***

- Préchauffez le four à 210 °C.
- Faites fondre séparément le chocolat et le beurre.
- Dans une terrine, mélangez la farine, les jaunes d'œufs, puis le sucre et le sucre vanillé.
- Ajoutez le chocolat, le beurre, puis les blancs d'œufs battus en neige. Mélangez.
- Beurrez un moule à tarte.

***Cuisson***

- Enfournez 45 minutes à 1 heure en surveillant bien.
- Servez le gâteau froid décoré de vermicelles de couleurs ou de chocolat blanc râpé en copeaux à l'aide d'un économe.

## *Gâteau au yaourt*

Incontournable dans toutes les crèches et les centres de loisirs, il a l'avantage d'être réalisable par des enfants très jeunes. On peut remplacer l'huile par la moitié de crème fraîche ou de beurre fondu. Le pot de yaourt servira de mesure.

***Ingrédients pour 4 personnes***

1 yaourt nature, huile, sucre, farine, 4 œufs, 1/4 de paquet de levure, parfum.

***Préparation***

- Préchauffez le four à 210 °C.
- Mélangez le yaourt avec 1 pot d'huile, 2 pots de sucre, 3 pots de farine, 4 œufs et la levure.

• Ajoutez le parfum.
• Versez le tout dans un moule à cake.

***Cuisson***

• Enfournez pendant 35 à 40 minutes.
• Laissez refroidir et décorez.

## *Roulé à la confiture*

Ce gâteau offre une excellente solution de remplacement à ceux qui n'aiment pas le chocolat (pour ceux qui aiment le chocolat, vous pouvez tout de même réaliser une garniture en mélangeant 3 grosses tablettes fondues dans 1/2 verre de lait !). Et, contrairement aux idées reçues, il est très facile et rapide à réaliser.

***Ingrédients pour 4 personnes***

150 g de sucre, 3 œufs, 100 g de farine, 1/2 paquet de levure alsacienne, confiture de votre choix, papier sulfurisé.

***Préparation***

• Préchauffez le four à 180 °C.
• Dans une terrine, mélangez le sucre, les jaunes d'œufs, la farine et la levure.
• Ajoutez les blancs d'œufs battus en neige très ferme.
• Beurrez un moule plat et carré et versez la pâte.

***Cuisson***

• Mettez à four moyen 10 à 15 minutes.
• Démoulez sur une feuille de papier sulfurisé saupoudrée de sucre cristallisé.
• Étendez rapidement la confiture sur la pâte.
• Roulez aussitôt le gâteau.

***Le petit truc***

• Agissez vite quand vous étalez votre garniture pour pouvoir rouler le gâteau quand il est encore chaud.

## Les glaçages

Sous une couche de glaçage, le moindre des gâteaux prend des allures de fête. Finalement, le gâteau d'anniversaire ressemble à tous ceux qui participent à une fête : chacun brille sous ses plus beaux attraits !

### *Glaçage à l'eau*

Il faut très peu de colorant pour donner une belle couleur, un petit tube de quelques centimètres suffira bien. Attention, manipulez-le avec précaution : le colorant tache de manière indélébile les plans de cuisine et les vêtements, mais ça n'est absolument pas toxique !

***Ingrédients pour 6 personnes***

225 g de sucre glace, eau chaude, colorant alimentaire.

***Préparation***

• Versez le sucre glace dans une terrine de verre et ajoutez 1 cuillerée à soupe d'eau chaude.

• Mélangez, puis fouettez en ajoutant 1 ou 2 cuillerées d'eau chaude jusqu'à ce que le mélange soit assez épais pour napper une cuillère.

• Versez immédiatement sur le gâteau. Étalez et laissez sécher.

***Le petit truc***

Sur un glaçage blanc épais, il est possible d'écrire ou de dessiner avec la pointe d'un pinceau trempé dans du colorant.

## *Glaçage au chocolat*

***Ingrédients pour 6 personnes***

100 g de chocolat noir de pâtissier, 50 g de beurre, 2 jaunes d'œufs, 100 g de sucre glace.

***Préparation***

• Au bain-marie, faites fondre le chocolat en petits morceaux.

• Ajoutez le beurre et, hors du bain, mélangez pour obtenir une pâte lisse.

• Ajoutez les jaunes d'œufs et un peu de sucre glace. Battez.

• Ajoutez le sucre glace petit à petit jusqu'à ce que la préparation devienne homogène.

• Laissez refroidir.

• Étalez sur le gâteau avec une spatule.

***Le petit truc***

• Ajoutez sur le glaçage des bonbons colorés (mimosas, Smarties, vermicelles, palets argentés, grains de café) ou des personnages en pâte de fruits ou en pâte d'amandes.

• Vous pouvez aussi poser sur le gâteau un napperon joliment ajouré, le saupoudrer de sucre glace, puis le retirer délicatement. Le sucre aura joué le rôle de l'encre et le napperon celui du pochoir et le chocolat aura retenu le tout.

• On peut laisser couler le glaçage sur les bords du gâteau, à condition de prévoir un plat creux.

## Les gâteaux extraordinaires

Il existe dans le commerce des moules carrés, ronds, rectangulaires et d'autres en forme de cœur ou de sapin de Noël, mais en découpant des formes simples et en ajoutant du glaçage pour assembler les morceaux, il est possible d'être un vrai sculpteur de gâteaux. Dans ce cas, il est préférable que le gâteau basique soit un peu rassis pour le découper facilement et régulièrement.

### *Gâteau en forme de chiffre*

Il s'agit de son âge ou de son année de naissance !

***Préparation***

• Confectionnez un gâteau assez ferme et assez épais pour être découpé.

• Préparez sur un carton mince un gabarit sur lequel vous dessinerez le ou les chiffres. Découpez cette forme.

• Posez sur le gâteau et découpez-le.

• Décorez à votre convenance.

***Le petit truc***

• Vous pouvez réaliser un ou plusieurs gâteaux selon la forme du chiffre et la taille du gâteau. Par exemple, le chiffre 8 pourra être réalisé à l'aide de deux gros gâteaux ronds évidés au centre.

• Utilisez les morceaux de gâteaux restants : les deux ronds superposés formeront un autre 8.

## *Le petit train*

• Préparez un grand gâteau dans un moule à cake ou achetez-le déjà fait.

• Découpez autant de morceaux rectangulaires que de wagonnets souhaités (âge de l'enfant) et ajoutez-en un plus court pour la locomotive.

• Pour la décoration : faites les roues avec des pièces en chocolat ou des rouleaux de réglisse, la cheminée avec des biscuits (cigarette russe ou biscuit rond).

• Décorez avec des pastilles tout le long du train ; vous pouvez inscrire le nom de l'enfant sur les wagons.

• Ajoutez des rails en réglisse posés sur des gaufrettes.

## *Gâteau à étages*

• Confectionnez plusieurs gâteaux, ronds ou carrés, de taille décroissante. Vos poêlons débarrassés de leurs manches seront les moules idéaux.

• Superposez-les du plus grand au plus petit.

• Recouvrez-les d'un glaçage.

• Décorez à votre convenance.

• Au sommet, ajoutez des personnages en pâte d'amandes ou des bougies en forme de nombre. Vous pouvez également poser les bougies sur les étages formant le gâteau.

## *La maison de la sorcière*

En hommage à la maison de la sorcière de Hansel et Gretel, voici la maison à déguster… mais gare à la terrible sorcière !

***Préparation***

• Confectionnez un grand gâteau assez épais, carré ou rectangulaire.

• Découpez les deux angles supérieurs pour le toit.

• Posez le toit, recouvrez-le d'un glaçage.

• Décorez à votre convenance : posez des pastilles de couleur sur le toit, utilisez de la pâte d'amande pour réaliser portes et fenêtres, fleurissez de mimosas et de fruits confits pour les plantes.

***Le petit truc***

• Les décorations de couleur ressortent mieux sur les gâteaux au chocolat.

• Inutile de le faire trop gros, les accessoires couperont la faim avant que le gâteau lui-même soit entamé !

## Gourmandises sucrées

Ce ne sont pas des gâteaux sur lesquels vous allez planter vos bougies, mais ce sont des gourmandises que petits et grands apprécieront. Elles seront particulièrement faciles à transporter si vous organisez un pique-nique et ne nécessiteront pas forcément une assiette pour chaque convive.

### *La fougasse*

À faire la veille.

*Ingrédients pour 4 personnes*

7 g de levure de bière, 150 g de farine, 1 œuf, 1 pincée de sel, 50 g de sucre, 1 cuillerée à soupe de fleur d'oranger, le zeste de 1/2 citron, 1 dl d'huile d'olive.

*Préparation du levain*

• Faites dissoudre la levure dans un peu d'eau tiède avec 30 g de farine.

• Formez une boule et incisez légèrement le dessus en croix.

• Laissez reposer 1 heure au chaud.

*Préparation de la pâte*

• Mettez le reste de la farine dans une terrine.

• Faites une fontaine dans la farine, ajoutez l'œuf, le sel, le sucre, l'eau, la fleur d'oranger, le zeste haché du citron et l'huile d'olive. Mélangez puis ajoutez le levain. Travaillez bien la pâte et formez une boule que vous aplatirez légèrement.

• Déposez la pâte sur une plaque beurrée et farinée, faites un trou au milieu de façon à former une couronne, couvrez d'un linge et laissez reposer 1 heure au chaud.

• La pâte doit doubler de volume.

***Cuisson***

• Préchauffez le four à 210 °C.

• Badigeonnez la fougasse avec un jaune d'œuf.

• Décorez-la avec des fruits confits et du sucre concassé.

• Faites cuire ce gâteau environ 20 minutes au four assez chaud jusqu'à ce qu'il soit bien doré.

## *Les gaufres*

C'est ballot, mais il vous faudra un gaufrier pour les réaliser ! Au besoin, une maman de l'école ou une voisine peuvent vous le prêter. Si les enfants sont nombreux, c'est comme pour les crêpes : mieux vaut les préparer tranquillement à l'avance plutôt qu'être le « manard » qui les fait cuire moins vite qu'on ne les engouffre !

***Ingrédients pour 24 gaufres***

100 g de beurre, 1/2 l de lait, 3 œufs, 1 cuillerée à café de levure, 250 g de farine, 150 g de sucre, 1 pincée de sel.

***Préparation***

• Faites chauffer le beurre et le lait.

• Ajoutez les œufs un par un et mélangez avec une cuillère en bois.

• Ajoutez la levure.

• Dans un saladier, mettez la farine, le sucre et le sel.

• Versez doucement le lait, en mélangeant délicatement.

• Une fois le gaufrier chaud, versez la pâte et laissez cuire quelques minutes.

## *Biscuits glacés*

***Ingrédients pour 30 biscuits***

500 g de farine, 250 g de beurre, 2 œufs, 2 jaunes d'œufs, 125 g de sucre, 2 sachets de sucre vanillé, papier sulfurisé.

***Pour le glaçage***

2 blancs d'œufs, 400 g de sucre en poudre, colorants alimentaires.

***Préparation de la pâte***

• Mélangez dans un saladier la farine, le beurre ramolli, les œufs et les jaunes d'œufs, le sucre et le sucre vanillé. Laissez reposer 1/2 heure minimum.

• Étalez la pâte avec un rouleau de manière à obtenir une épaisseur de 1 cm.

• Découpez-la avec des emporte-pièces et placez les formes obtenues sur une plaque recouverte de papier sulfurisé.

***Décoration***

• Préchauffez le four à 200 °C.

• Montez les blancs en neige.

• Ajoutez le sucre et les colorants alimentaires, et autres ornements de votre choix.

***Cuisson***

• Enfournez pendant 15 minutes.

• Laissez refroidir sur une grille.

## *Biscuits sablés*

***Ingrédients pour 20 biscuits***

1 œuf, 1 pincée de sel, 125 g de sucre cristallisé, 100 g de sucre glace, 250 g de farine, 125 g de beurre, 1 pot de gelée de framboise.

***Préparation***

- Préchauffez le four à 180 °C.
- Battez, à l'aide d'un fouet électrique, l'œuf, le sucre et le sel.
- Ajoutez la farine et finissez de mélanger avec les doigts.
- Ajoutez le beurre coupé en morceaux en pétrissant la pâte.
- Formez une boule et laissez reposer 1 heure.
- Farinez un plan de travail et étalez la pâte sur 2 cm d'épaisseur à l'aide du rouleau à pâtisserie.
- Coupez les biscuits à l'emporte-pièce.

***Cuisson***

- Enfournez pendant 10 à 15 minutes.

***Le petit truc***

Saupoudrez de sucre glace un biscuit sur deux. Étalez la gelée (fondue sur feu doux) sur les biscuits sans sucre, puis fermez avec les biscuits sucrés.

## Les jeux à déguster

« On ne joue pas avec la nourriture ! » Et si, pour une fois, la fête était l'occasion de faire une entorse aux bons principes ? Les gâteaux qui suivent seront l'occasion de gourmandes et ludiques transgressions, le temps d'une fête.

### *Les quilles en chocolat*

*Ingrédients*

Biscuits roulés (cigarettes), bonbons colorés, guimauves ou pâtes de fruits, noisettes enrobées de chocolat.

*Préparation*

• Disposez des biscuits roulés verticalement comme les quilles d'un bowling.

• Placez dessus un bonbon pour simuler la tête de la quille.

• Utilisez les noisettes pour faire tomber les quilles.

### *Le loto des couleurs*

*Ingrédients*

Pâte d'amandes de différentes couleurs, rouleaux de réglisse, Smarties.

*Préparation*

• Avec la pâte d'amande, confectionnez des plaques de loto de différentes couleurs.

• Dessinez les cases avec les rouleaux de réglisse.

• Enfoncez des Smarties au centre de chaque case.
• Mettez les pastilles dans un sac en papier.
• Les enfants piochent les Smarties tour à tour, et doivent remplir les cases avec les bonbons de même couleur. Le premier qui remplit sa plaque a gagné !

***Le petit truc***

Avoir les mains propres avant de commencer le jeu.

## *Bon pour la mémoire*

***Ingrédients***

Sucre glace, eau, colorants alimentaires, petits-beurre, papier sulfurisé, sachets de congélation.

***Préparation***

• Préparez trois bols de glaçage de couleurs différentes avec le sucre glace, l'eau et les colorants.
• Versez chaque glaçage dans des sachets de congélation.
• Disposez les petits-beurre sur le papier sulfurisé.
• Coupez un angle de chaque sachet de glaçage pour en faire une poche à douille.
• Décorez les biscuits de motifs différents en constituant des paires identiques et laissez sécher.
• Vous pouvez retourner les biscuits et commencer à assembler les paires !

## *Le jeu de dames*

***Ingrédients***

Petits-beurre, sucre glace, eau, chocolat, marshmallows, piques à apéritif.

***Préparation***

• Confectionnez un damier avec les petits-beurre.

• Pour les cases noires, utilisez un glaçage au chocolat (fondu au bain-marie).

• Pour les cases blanches, utilisez un glaçage au sucre (eau et sucre glace).

• Laissez sécher.

• Les pions : des marshmallows de deux couleurs percés de piques à apéritif (une dame = 2 pions).

• À vous de jouer !

## *Les toupies*

***Ingrédients pour 6 personnes***

Tartelettes rondes aux fruits de toutes les couleurs, piques à apéritif, bonbons.

***Préparation***

• Choisissez des tartelettes aux fruits.

• Percez-les avec les piques à apéritif.

• Décorez avec les bonbons. Tournez, manèges !

## *Puzzles surprises*

***Ingrédients pour 6 personnes***

Pain de mie, jambon, tarama, guacamole, édam, ketchup, œufs de lump, crème de saumon.

***Préparation***

• Tartinez des tranches de pain de mie avec les ingrédients proposés.

• Découpez-les selon des formes géométriques qui s'emboîteront les unes dans les autres. Vous pouvez vous inspirer d'un patchwork en tissu ou d'un sol en carrelage ; plus la surface sera grande et les carrés petits, plus l'effet sera important.

• Le jeu consiste à reconstituer une part du puzzle en associant les mêmes goûts et les mêmes couleurs.

## À boire !

### *Verres de fête*

Les enfants apprécient les boissons simples, et les bouteilles de boissons gazeuses caféinées ne sont pas indispensables ! Préparez des jus de fruits, des sirops et des sodas, mais aussi des carafes d'eau : celles-ci resteront très appréciées tout au long de la fête. Prévoyez 1,5 l par personne. Épatez les plus grands par des cocktails aux couleurs étonnantes, du bleu, du rose ou du vert, présentés de façon soignée dans des verres aux contours givrés ou décorés.

• ***Les verres givrés :*** passez le bord du verre au jus de citron, retournez-le sur une soucoupe remplie de sucre cristallisé. Tournez en appuyant.

• ***Les givres de couleur :*** mettez dans une soucoupe du sirop (fruit rouge ou menthe). Trempez les bords du verre dans le sirop, puis dans une soucoupe remplie de sucre en poudre. Réfrigérez quelques minutes.

• ***Les verres décorés :*** battez un blanc d'œuf en neige très ferme. Avec un pinceau, dessinez au blanc d'œuf un décor sur le verre, saupoudrez de vermicelles de couleur.

## Les cocktails

• Bien évidemment, il n'est pas question d'alcool ! Les faux champagnes ne valent guère mieux : ils ne sont pas très bons et induisent l'idée qu'il n'existe pas de bonne fête sans alcool !

• Pour épater les enfants, vous pouvez jouer au roi du cocktail en les réalisant devant eux : ils seront bluffés !

### *L'astre lumineux*

***Ingrédients pour 4 personnes***

1/2 l de jus d'orange, 1/2 l de jus de pamplemousse, 4 cuillerées à soupe de grenadine, 1 orange, 1 citron.

***Préparation***

• Mélangez du jus d'orange et du jus de pamplemousse et mettez au réfrigérateur.

• Au moment de servir, versez la préparation dans les verres en plastique, ajoutez le sirop de grenadine.

• Coupez l'orange et le citron en rondelles et décorez chaque verre avec une de chaque.

### *Ice-cream soda*

***Ingrédients pour 6 personnes***

Sirop de fraise, 1 l de limonade, 1/2 l de glace à la vanille ou à la framboise.

*Préparation*

- Versez 1 cuillerée de sirop de fraise dans un verre.
- Ajoutez la limonade jusqu'à la moitié du verre.
- Ajoutez une boule de glace.

## *Nectar d'abricot*

*Ingrédients pour 2 personnes*

1 orange, 1 pêche, 1 abricot, 1 glaçon, 1 morceau de sucre.

*Préparation*

- Pressez le jus d'orange. Versez-le dans le mixeur.
- Dénoyautez la pêche et l'abricot, coupez-les en dés, mélangez.
- Mixez et ajoutez le morceau de sucre.
- Ajoutez le glaçon, mixez.
- Servez immédiatement.

## *Baby punch*

*Ingrédients pour 6 personnes*

Jus d'ananas, jus de pamplemousse, jus d'orange, eau gazeuse, sirop de sucre de canne, oranges.

*Préparation*

- Mélangez 1/4 de l de jus d'ananas, 1/4 de l de jus de pamplemousse, 1/4 de l de jus d'orange et 1/2 l d'eau gazeuse.
- Ajoutez 2 cuillerées à soupe de sirop de sucre de canne et des rondelles d'orange.

## *La forêt-noire*

*Ingrédients pour 6 personnes*

1 l de lait concentré non sucré, 250 g d'eau, 2 cuillerées à soupe de chocolat en poudre, 1 pincée de cannelle, amandes effilées.

***Préparation***

• Battez au mixeur le lait concentré avec l'eau, le chocolat en poudre et la cannelle.
• Mettez au freezer pendant 45 minutes.
• Décorez avec des amandes effilées et servez glacé.

## *Milk-shake framboise au yaourt*

***Ingrédients pour 1 verre***

50 g de framboises, 1 yaourt bulgare, 1 glaçon, 1 morceau de sucre.

***Préparation***

• Mixez les framboises avec le yaourt.
• Ajoutez le morceau de sucre et le glaçon.
• Mixez de nouveau.

## *Milk-shake panaché*

***Ingrédients pour 3 personnes***

1/2 l de lait, sirops de fruits rouges (framboise, fraise, cassis, grenadine), glaçons.

***Préparation***

• Battez le lait avec 1 cuillerée à soupe de sirop de fruits.
• Ajoutez les glaçons et mixez.

## *Milk-shake à la fraise*

***Ingrédients pour 3 personnes***

1/4 de l de lait très froid, 1 cuillerée à soupe de yaourt, 1 boule de glace à la fraise, des fraises.

*Préparation*

• Mélangez au mixeur le lait, le yaourt et la glace.
• Versez la préparation dans un verre.
• Lavez et équeutez les fraises. Faites une entaille sur chacune d'elles et posez-les sur le rebord du verre.

## *Milk-shake à la vanille*

*Ingrédients pour 3 personnes*

1/4 de l de lait très froid, 1 cuillerée à soupe de yaourt, 1 boule de glace à la vanille, vermicelles au chocolat, petites meringues, piques en bois

*Préparation*

• Mélangez au mixeur le lait, la glace et le yaourt.
• Saupoudrez avec les vermicelles.
• Embrochez les meringues sur les piques en bois, posez la brochette sur le verre et servez.

## *Sangria au thé*

*Ingrédients pour 6 personnes*

1 l de thé, abricots, framboises, melon, pêches, 2 citrons, 3 cuillerées à soupe de miel.

*Préparation*

• Préparez la veille un thé léger dans lequel vous ferez macérer les quartiers d'abricots, de framboises, les morceaux de melon et de pêches pendant une nuit.
• Pressez les citrons et ajoutez le jus à la préparation.
• Sucrez avec le miel.
• Servez glacé.

## *Variations autour du kir*

L'anniversaire va être l'occasion de célébrer le fameux mélange blanc-cassis du chanoine Kir en proposant aux enfants une version sans alcool ; et aux plus grands, qui le souhaitent, le célèbre mélange crème de cassis et vin blanc, ou son frère le communard : crème de cassis et vin rouge. Les parents qui viendront chercher leur enfant en fin d'après-midi apprécieront cet apéritif sans façon.

***Ingrédients pour 6 personnes***

6 cuillerées à soupe de sirop de cassis, 1,5 l de jus de raisin.

***Préparation***

- Dans chaque verre, versez 1 cuillerée à soupe de sirop de cassis.
- Ajoutez le jus de raisin.
- Servez glacé.

# ANNIVERSAIRE DES TOUT-PETITS
# (3-6 ANS)

## *Sécurité affective*

• Ce sont les premiers anniversaires où l'on invite des petits copains. C'est souvent pour les jeunes parents un premier essai. Les enjeux sont donc importants, ne serait-ce que parce que l'on organise une fête chez soi, avec toujours cette petite inquiétude d'être jugé comme un mauvais éducateur, un parent pas à la hauteur !

• Oubliez vite tout cela ; l'essentiel, c'est que la fête soit belle et qu'elle fasse vraiment plaisir à votre enfant. Elle ne sera pas très longue – puisque, entre 3 et 6 ans, on se fatigue assez vite –, ce qui ne l'empêchera pas d'être intense.

• Ce qu'il faut soigner le plus, c'est l'atmosphère, l'installation des lieux, il n'en faut pas beaucoup pour transformer l'espace : quelques jeux de lumière, de la musique douce, quelques jolis tissus suspendus... Et beaucoup de tendresse et de disponibilité, surtout avant, pour tout préparer. Soyez présent mais pas trop intervenant, donnez-leur du temps, intervenez avec justesse et délicatesse.

• Enfin, n'hésitez pas à embaucher un parent ou un copain pour vous aider, cela vous évitera d'essayer de tout faire en même temps : consoler, moucher un nez, raconter une histoire, arbitrer un jeu et allumer les bougies sur le gâteau ! Et si quelqu'un veut se charger uniquement de faire un reportage photo ou vidéo, ce ne sera pas plus mal... Mais discret l'artiste, on n'est pas au zoo ou à Vidéo gag !

## *À ces âges-là…*

• N'oublions pas que c'est l'âge où l'on a besoin de confrontation physique avec les autres, adultes comme enfants. La pensée devient pour eux intuitive, ils sont capables d'anticiper des résultats, d'établir des combinaisons logiques et peu complexes. Ce qu'ils aiment beaucoup, ce sont tous ces petits jeux de tâtonnements successifs, d'assemblages directs comme les lotos, les Memory et tous les jeux de triage. Les jeux de contacts, d'expression ou avec les cinq sens que nous vous proposons correspondent à cette demande.

• Comme ils commencent à maîtriser leur langage, ils apprécieront les comptines qui jouent sur les rythmes et les sons.

• Les jeux plus vifs, sportifs ou le traditionnel jeu de chat leur permettront de bien se dépenser et de s'affronter. Nous savons que les petits sont très sensibles aux avis des adultes et à leur besoin de sécurité. Leur sociabilité est en plein développement, mais ils ont encore des difficultés à la partager avec leurs compagnons. Les jeux que vous allez leur proposer vont servir de médiateurs à cette relation. Cet anniversaire sera donc un excellent support de communication entre eux.

• Enfin, il ne faudrait pas croire que ces chers petits sont des angelots adorables et innocents ; ce qui est étrange et monstrueux les fascine diablement ! Vous serez les premiers à rire de leur plaisir à se croire invisibles en se cachant derrière leurs mains, et nous vous proposons quelques jeux qui vont dans ce sens.

• Mais ce qui fonctionnera le mieux, ce sont ces installations, costumes et jeux qui leur permettent d'être dans la peau d'un autre ! Ah, le plaisir d'être un animal, un crocodile ou un dinosaure, ou même de jouer à se faire peur avec les histoires de sorcières ! Elles sont fantastiques, ces créatures-là, qui ne sont pas à cheval sur leurs principes, mais à califourchon sur leur balai ! Les enfants pourront ainsi exprimer leur perception du mal, de la violence, et tous leurs fantasmes… À condition que l'adulte signale bien quand le jeu commence et quand il finit : « Mais n'aie pas peur, mon grand, regarde sous le masque de la sorcière, c'est Emma qui se cache ; tu la reconnais, c'est la maman d'Alice et d'Anne ! »

Alors, en avant pour un grand anniversaire avec les tout-petits, c'est une expérience inoubliable !

Et n'oubliez pas le rouleau de papier essuie-tout…

### *Jeux d'intérieur pour les petits*

- *Leur particularité est de pouvoir être pratiqués à l'intérieur, mais aussi à l'extérieur. Ils ont pour fonction la cohésion du petit groupe, la convivialité d'un bon moment de jeux et de rires.*
- *Dans ce chapitre, nous avons multiplié les petits jeux pour que vous puissiez « faire votre marché » en retenant ceux qui vous semblent convenir le mieux . N'oubliez pas qu'avec les petits un jeu dure très peu de temps, un quart d'heure maximum ! Mais cela n'empêche aucunement de reprendre le même jeu une heure plus tard, surtout si vous l'avez précédemment arrêté à temps.*
- *Jeux de contacts, d'expression, des cinq sens, plus vifs et même sportifs… N'hésitez pas à varier les styles ! Autre solution : organisez tout l'anniversaire, jeux compris, autour d'un thème. Nous vous donnons des pistes pour décliner les animaux, la kermesse, la mascarade, les sorcières, les dinosaures et les magiciens. Sans oublier les comptines, dont les petits raffolent.*

## Jeux de contacts

Un moyen parmi d'autres de faire connaissance et d'apprendre à faire attention aux autres !

### *Empilage de mains*

*À partir de 2 joueurs*
Aucun matériel nécessaire.

***But du jeu***

Poser les mains le plus vite possible les unes sur les autres. Ce jeu vieux comme le monde se pratique à partir de 2 joueurs, mais tout nouvel arrivant peut s'intégrer sans problème à ce méli-mélo de menottes. Alors, que la fête commence !

***Déroulement de la partie***

- Le premier joueur pose sa main droite à plat sur une table ou sur toute autre surface plate.
- Le deuxième joueur pose sa main droite sur celle du premier joueur.
- Le troisième joueur également, et ainsi de suite.
- Quand toutes les mains droites sont posées, le premier joueur pose sa main gauche sur le tas de mains droites, le deuxième en fait autant, le troisième également…
- Lorsque toutes les mains sont empilées, le premier joueur retire sa main droite qui est sous le tas pour la poser au-dessus. Puis le deuxième fait de même, et chaque joueur, à tour de rôle, doit libérer sa main de dessous pour la poser au-dessus.

• Les participants doivent agir vite et éviter une belle pagaille qui reste cependant le plaisir du jeu…

## *Étranges personnages*

*De 4 à 10 joueurs*

Matériel nécessaire : de grandes feuilles de papier à dessin, des journaux, des magazines, une paire de ciseaux à bouts ronds (une paire par personne), de la colle, des feutres ou des crayons de couleur (facultatifs).

***But du jeu***

Composer de drôles de personnages à l'aide de morceaux de papier découpés.

***Déroulement de la partie***

• Les enfants découperont dans des magazines des éléments constituant des personnages et des animaux : lunettes, chapeaux, têtes d'animaux ou de personnes, moustaches, oreilles de chien…

• Mettez ces éléments au centre de la table.

• Chaque participant pioche un élément et le colle sur une feuille de dessin.

• L'assemblage se fait au fur et à mesure de la pioche.

***Le petit truc***

• On peut réaliser ce jeu uniquement avec des têtes, c'est très amusant ! Soit avec des têtes partagées en bandes horizontales : cheveux et front, yeux et nez, bouche et menton ; soit par élément : les cheveux, les oreilles, le nez, les yeux, la bouche…

• Les enfants ne sont pas obligés de coller immédiatement leur montage : ils peuvent faire plusieurs essais – ce qui sera sans doute amusant –, puis s'arrêter sur un choix, qu'ils pourront compléter en dessinant avec des feutres ou des crayons de couleur.

## *Pêle-mêle de puzzles*

*De 4 à 10 joueurs*

Matériel nécessaire : des magazines, une paire de ciseaux.

***But du jeu***

Reconstituer des personnages prédécoupés.

***Déroulement de la partie***

• Avant la fête, récupérez des photos de personnages célèbres, de la même taille et entiers des pieds à la tête. Prévoyez autant de personnages que d'invités.

• Coupez chaque personnage en cinq parties : tête, épaules, torse, jambes et pieds.

• Mélangez toutes les pièces et posez-les sur une table.

• Donnez à chaque enfant cinq pièces que vous aurez piochées au hasard.

• À votre signal, les enfants doivent faire des échanges pour reconstituer le plus rapidement possible leur personnage.

## *La maison des aveugles*

*À partir de 5 joueurs*

Matériel nécessaire : une grande feuille de papier, des feutres.

***But du jeu***

Les yeux bandés, réaliser un dessin à plusieurs.

***Déroulement de la partie***

• Punaisez une grande feuille de papier sur un mur, à 2 m des enfants.

• Ils devront dessiner une belle maison par petits morceaux, les yeux bandés.

• Le premier dessine les murs, le suivant le toit, le troisième la cheminée…

## Jeux d'expressions

Voici des jeux qui ne peuvent se dérouler que dans un vrai climat de confiance. Le meneur expliquera bien aux enfants qu'il s'agit d'un jeu et indiquera clairement le début et la fin de la partie.

Un petit truc : se munir d'un chapeau, le poser sur son crâne lorsque l'on présente le jeu et le retirer quand le jeu est terminé.

### *Attention, pas un mot !*

*À partir de 2 joueurs*
Aucun matériel nécessaire.

***But du jeu***

Répondre à des questions sans prononcer un seul mot !

***Déroulement de la partie***

• Préparez des questions. Choisissez des questions simples pour commencer : « Aimes-tu les pommes ? » ou bien « Es-tu content d'être ici ? » ou encore « Est-ce que c'est bien les 4 ans de Jade que l'on fête aujourd'hui ? ».

• Posez ensuite des questions plus complexes : « Si je te dis que nous sommes mercredi aujourd'hui, est-ce que c'est vrai ? » ou : « Si je te dis que ta robe est de la même couleur qu'une tomate, est-ce que tu me dis OUI ou NON ? »

• Choisissez un candidat et posez-lui les questions.

• Il ne peut répondre qu'en utilisant ses mains ou en hochant la tête.

• S'il se trompe, il doit passer son tour et désigner le joueur suivant.

## *Pigeon vole*

*De 6 à 12 joueurs*

Aucun matériel nécessaire.

***But du jeu***

Répondre rapidement à des questions sans se tromper !

***Déroulement de la partie***

• Le meneur de jeu fait face aux joueurs. Il prononce un mot associé au mot « vole » en levant l'index : « maison vole », « bicyclette vole », « cochon vole »...

• Si le sujet proposé vole effectivement, les joueurs doivent, eux aussi, lever l'index. À l'inverse, ils ne doivent pas réagir si le sujet ne vole pas.

• Un joueur est éliminé dès qu'il a fait trois erreurs. Le gagnant est le dernier joueur restant ou le meneur si tous les joueurs sont éliminés.

## *Le téléphone arabe*

*À partir de 5 joueurs*

Aucun matériel nécessaire.

***But du jeu***

La phrase chuchotée, répétée tel le bruit qui court, va-t-elle arriver indemne ou transformée en bout de chaîne ? Car c'est bien ce qui est drôle : prendre soin de faire passer le bon message et constater pourtant une certaine déformation. À moins que certains n'y prennent plaisir...

***Déroulement de la partie***

• Les joueurs sont assis côte à côte. Le premier de la chaîne chuchotte rapidement une phrase à l'oreille de son voisin.

• Le deuxième répète ce qu'il a cru entendre à l'oreille du suivant, en parlant le plus bas et le plus vite possible, et ainsi de suite.

• Quand le message parvient au dernier joueur, celui-ci doit l'énoncer à voix haute et le premier annonce le message initial. La déformation est souvent très drôle !

***Quelques phrases***

• On pourra se reporter aux comptines (voir page 160) ou utiliser des phrases simples mais un peu longues comme « Pour son anniversaire, Antoine a mis une chemise rouge, un pantalon bleu et un gros nœud jaune ».

• C'est un jeu très facile où il ne faut surtout pas se tromper !

• Le principal n'est pas tant de transmettre une phrase trop compliquée, mais que les enfants comprennent bien les enjeux et respectent vraiment les consignes. Alors, la transformation de la phrase fera vraiment rire tout le monde !

## *Drôles de grimaces*

*À partir de 5 joueurs*
Aucun matériel nécessaire.

***But du jeu***

Sur le modèle du jeu précedent, le téléphone arabe, reproduire des grimaces.

***Déroulement de la partie***

• Le jeu commence comme le précédent, mais il faut en plus faire des grimaces sans rire. Les joueurs forment un cercle.

• Et quand la phrase, la plus idiote possible, revient à l'expéditeur initial, celui-ci doit faire une grimace stupide qui doit faire le tour des joueurs. Tout le monde doit y passer et personne n'a le droit de rire !

• On peut proposer d'inventer ensemble d'épouvantables recettes de cuisine en mélangeant des ingrédients que les joueurs adorent ou détestent. Les grimaces viendront alors spontanément, et l'on ne s'étonnera pas de voir arriver très vite des histoires de pipi-caca. À vous de savoir, avant, si vous le tolérez ou pas !

***Variante***

• Les enfants sont assis en cercle. Le premier fait une grimace silencieuse au deuxième, qui doit la refaire au troisième, qui la refait au quatrième, etc.

• Comparez la grimace de départ à celle d'arrivée !

## *Pauvre petit chat malade*

*À partir de 4 joueurs*
Aucun matériel nécessaire.

***But du jeu***

Le chat doit faire rire par tous les moyens possibles son partenaire qui, lui, doit rester de marbre…

***Déroulement de la partie***

• Les joueurs sont assis en cercle par terre.

• Un joueur tiré au sort – le pauvre petit chat malade – se place au centre du cercle.

• À quatre pattes, le petit chat s'approche d'un participant en miaulant trois fois et en se frottant contre ses jambes, avec force grimaces.

• Celui-ci doit lui caresser trois fois le dos du félin sans rire ni sourire, et en lui disant à chaque fois : « Pauvre petit chat malade ! » Les joueurs à qui ne sont pas adressés les miaulements ont, en revanche, le droit de rire.

• Si le joueur arrive à garder son sérieux au bout de trois essais, le chat peut aller trouver quelqu'un d'autre.

• Le joueur qui ne peut se retenir de rire ou de sourire prend la place du petit chat.

## Jouer avec ses sens

Toucher, goûter, sentir, écouter, observer… Les tout-petits aiment beaucoup tous ces petits jeux qui font appel à leurs cinq sens. À nous de les adapter à leurs connaissances et à leur capacité d'attention. On pourra pour cela utiliser également les jeux de Kim proposés dans les anniversaires des enfants un peu plus grands (voir page 217).

### *Le pull-over garni*

*De 4 à 10 joueurs*

Matériel nécessaire : du fil et une aiguille, un pull-over par enfant, plusieurs paires de petits jouets (autant de paires que d'enfants), des friandises par paire.

***But du jeu***

Retrouver des couples d'objets à l'intérieur d'un pull-over seulement grâce au toucher.

***Déroulement de la partie***

• Fermez le col et le bas du pull en les cousant à gros points (on l'aura préparé avant !).

• Remplissez-le aux trois quarts avec des paires de petits cadeaux : sifflets identiques, colliers, toupies, petites voitures…

• L'enfant glisse ses bras dans le pull pour chercher les jouets et doit ressortir les objets par couple.

• Chacun pourra garder pour lui un trésor en récompense, à la fin de la partie.

## *Les sons mystérieux*

*De 4 à 10 joueurs*

Matériel nécessaire : un drap ou une couverture, divers objets pour produire des sons.

***But du jeu***

Deviner l'origine d'un son.

***Déroulement de la partie***

• Tendre un drap ou une couverture séparant les spectateurs de celui qui présente les bruits.

• Un enfant se cache derrière, fait toutes sortes de bruits à partir des « instruments » que l'on a prévus : frotter deux morceaux de bois, remplir un verre d'eau, gonfler un ballon, secouer une boîte remplie de perles…

• Ses amis doivent identifier ce qui produit ce bruit.

## *Le goûteur était masqué*

*De 4 à 10 joueurs*

Matériel nécessaire : un foulard, des fruits, des épices, des boissons, des petites cuillères.

***But du jeu***

Goûter et deviner la juste saveur… sans regarder !

***Déroulement de la partie***

• Bandez les yeux du goûteur à l'aide d'un foulard.

• Chaque enfant lui fait goûter à tour de rôle divers aliments : un morceau de banane, de tomate, de carotte, de pomme, de citron, d'orange, du sel, du sucre, du jus de fruit. Le joueur doit l'identifier.

***Le petit truc***

Ce jeu doit rester un plaisir, il n'est pas question de faire goûter à un enfant un aliment mauvais ou désagréable (moutarde, terre ou autre bêtise !). L'enfant sera fier de montrer aux autres ses capacités.

## *La pêche à la paille*

*À partir de 2 joueurs*

Matériel nécessaire : un gobelet en carton, autant de pailles que de participants, des morceaux de papier.

***But du jeu***

Montrer son adresse et sa concentration sans utiliser ses mains !

***Déroulement de la partie***

• Tous les joueurs sont rassemblés autour d'une table. Posez un verre en carton, une paille et dix petits morceaux de papier déchirés devant chaque enfant.

• Les enfants se posteront debout, les mains dans le dos, et devront mettre les dix papiers dans le verre, en les aspirant à l'aide de la paille.

• Le premier qui a réussi remporte la partie.

## *Les gants de géants*

*De 4 à 10 joueurs*

Matériel nécessaire : autant de paires de gants de ménage que de participants, autant de livres que de participants, du papier cadeau en quantité suffisante, du bolduc.

***But du jeu***

Avec des gants, emballer le plus rapidement possible des livres pour en faire des paquets !

***Déroulement de la partie***

• Confiez à chaque enfant une paire de gants, un livre, du papier cadeau découpé au bon format et une longueur de bolduc.

• Au top départ, les enfants devront emballer un livre le plus vite possible !

• Les cadeaux sont maintenant emballés, on peut donc se les offrir… sans prendre de gants !

## Jeux plus vifs

Comme les plus grands, les petits ont, eux aussi, besoin de se défouler ; les jeux qui suivent provoqueront sûrement des rires aux éclats !

### *Le championnat de patinage*

*À partir de 6 joueurs*

Matériel nécessaire : autant de paires d'assiettes en carton que de participants.

***But du jeu***

Réaliser un parcours le plus rapidement possible avec des assiettes en carton sous les pieds, comme à la patinoire !

***Déroulement de la partie***

Les pieds posés sur des assiettes en carton, les patineurs doivent effectuer le plus vite possible un parcours. Celui qui tombe ou qui pose un pied par terre recommence depuis le départ.

### *Les chaises musicales*

*À partir de 6 joueurs*

Matériel nécessaire : autant de chaises que de participants moins un, de la musique.

***But du jeu***

Trouver le plus vite possible une chaise sur laquelle s'asseoir dès que la musique s'arrête !

***Déroulement de la partie***

• Tout le monde connaît ce jeu dont le but est de tourner autour de chaises au son de la musique et de tenter de s'asseoir quand celle-ci s'arrête.

• Disposez en ligne, dos à dos, autant de chaises que de joueurs moins un.

• Mettez la musique en route.

• Les joueurs marchent en file indienne autour des chaises au son de la musique. Ils ne doivent ni se toucher ni même se frôler.

• Les enfants commencent à danser ou à courir autour de la double ligne de chaises.

• Arrêtez soudain la musique. Chacun doit se précipiter et tenter de s'asseoir sur l'une des chaises. Celui ou celle qui est encore debout est éliminé. On retire une chaise pour qu'il en manque toujours une.

• Le jeu se poursuit jusqu'à ce qu'il n'y ait plus qu'une chaise en jeu… avec le gagnant assis dessus.

***Le petit truc***

• Des coussins posés sur le sol peuvent remplacer les chaises souvent trop hautes pour les petits.

• On veillera à ce que ce jeu ne devienne pas trop excitant, pour éviter les incidents et les pleurs !

## *Le panier de fruits*

*À partir de 8 joueurs*

Matériel nécessaire : autant de chaises que de participants moins un.

***But du jeu***

Bien écouter le meneur, qui donne les consignes, sans pour autant se laisser voler sa place !

***Déroulement de la partie***

• Les joueurs sont assis en cercle, à l'exception de l'un d'entre eux, debout au milieu. Chacun porte un nom de fruit, citron, orange, banane, pomme, etc.

• Le joueur du milieu crie les noms de deux fruits. À ce signal, les joueurs appelés doivent échanger leurs places.

• Profitant de la confusion, le crieur bondit vers une chaise libre. Celui qui se retrouve sans place doit à son tour mener le jeu.

• Le meneur peut aussi s'exclamer : « Panier de fruits ! » Et dans ce cas, tous les joueurs changent de chaises.

## *Coco bien assis*

*À partir de 8 joueurs*
Matériel nécessaire : un foulard.

***But du jeu***

Reconnaître quelqu'un au son de sa voix, mais aussi savoir ne pas se faire reconnaître !

***Déroulement de la partie***

• Un joueur se fait bander les yeux par l'un de ses camarades. Les autres joueurs, assis en tailleur, forment un cercle autour de lui.

• Au signal, le joueur aux yeux bandés doit aller s'asseoir délicatement sur les genoux d'un des joueurs du cercle. Il doit lui poser la question : « Coco est bien assis ? » Le joueur interpellé doit lui répondre : « Oui, Coco est bien assis. » Il peut contrefaire sa voix pour ne pas être reconnu.

• La question peut être posée trois fois. Si le joueur questionné est reconnu, il devient lui-même Coco. Les joueurs formant le cercle changent alors de place.

## *Les mains marionnettes*

*À partir de 2 joueurs + un nombre indifférent de spectateurs*
Matériel nécessaire : un canapé, des gants, des chaussettes, des chaussures.

### *But du jeu*

Reconnaître à qui appartiennent ces petites mains marionnettes.

### *Déroulement de la partie*

• Les enfants se cachent derrière le canapé.
• Ils relèvent leurs manches et ne montrent que leurs mains, dépassant comme des marionnettes.
• Qui devinera le premier à qui appartient chaque main ?
• On peut aussi déguiser les mains avec des chaussures, des chaussettes, etc.

## Jeux sportifs

On n'y joue pas forcément à l'extérieur et on prépare la pommade antibosses ! Sinon, comme pour les précédents jeux, on évitera de les proposer juste avant l'arrivée des parents ; au risque de voir, comme ce fut le cas un jour pour nous, un gamin faire le tour de la table de la salle à manger poursuivi par sa mère !

### *Les quatre coins*

*5 joueurs*
Aucun matériel nécessaire.

***But du jeu***

S'attribuer un coin sans se le faire voler.

***Déroulement de la partie***

• Quatre enfants se postent aux quatre coins d'un carré délimité.
• Le cinquième, la sentinelle, s'installe au centre du carré.
• Les 4 joueurs s'échangent leur coin en courant le plus vite possible, tandis que la sentinelle tente de s'en approprier un.
• Si elle y parvient, le jeu recommence avec une nouvelle sentinelle !

## *La course aux bonbons*

*De 4 à 10 joueurs et plus*

Matériel nécessaire : des bonbons rassemblés dans un petit paquet.

***But du jeu***

Récupérer le plus grand nombre de bonbons.

***Déroulement de la partie***

• Cachez les bonbons sur le lieu de la fête.

• Celui qui en retrouve le plus grand nombre a gagné la partie. L'enfant dont on fête l'anniversaire pourra décider si le gagnant peut les garder pour lui ou s'il doit les distribuer.

## *La chasse aux couleurs*

*À partir de 3 joueurs*

Matériel nécessaire : des crayons de couleur.

***But du jeu***

Trouver des objets ou des éléments correspondants à la couleur du crayon que l'on tient dans la main.

***Déroulement de la partie***

• Distribuez à chaque enfant un crayon de couleur différente.

• Les enfants partent à la recherche d'un objet de la couleur de leur crayon.

• Marquez les points, redistribuez les crayons et recommencez aussi longtemps que les enfants s'en amusent.

## *La chasse au goûter*

*À partir de 4 joueurs*

Matériel nécessaire : des briquettes de jus de fruits, des petits paquets de gâteaux, des petits sachets de bonbons.

***But du jeu***

Retrouver le goûter !

***Déroulement de la partie***

• Cachez autant de petits paquets de gâteaux, de petits sachets de bonbons et de briquettes de jus de fruits qu'il y a d'enfants.

• En 5 à 10 minutes, ils devront vous rapporter ces trésors et se les partageront ensuite équitablement.

• On soignera la présentation de chaque petit paquet et l'on précisera bien que celui qui trouve ne s'en approprie pas le contenu !

## *Les collectionneurs d'images*

*À partir de 5 joueurs*

Matériel nécessaire : des séries d'images (cartes de jeux de loto ou de Memory), des crayons.

***But du jeu***

Aller à la chasse aux images.

***Déroulement de la partie***

• Sélectionnez dix images différentes. Montrez-les aux enfants.

• Passez à une autre activité pendant qu'un autre adulte dissimule les images.

• Reprenez le jeu : top ! Ils ont 10 minutes, montre en main, pour vous rapporter leur collection complète.

## *Tu brûles !*

*À partir de 5 joueurs*

Matériel nécessaire : un petit objet facilement identifiable.

***But du jeu***

Trouver un objet caché à l'aide d'indications codées énoncées par les autres joueurs.

***Déroulement de la partie***

• Faites sortir l'un des joueurs. Les autres cachent un objet, qui aura été auparavant montré au joueur.

• Le chercheur, que l'on fait rentrer dans la pièce, commence son investigation. Quand il est sur le point de trouver la cachette, les autres joueurs crient : « Tu brûles ! » S'il n'y est pas du tout, ils crient : « Tu gèles ! » S'il est sur la bonne voie, ils annoncent : « C'est tiède ! » ou « Ça se réchauffe ! »

• Autre possibilité, si les participants sont peu nombreux : une personne cache un objet et tous les joueurs le cherchent.

• Si, au contraire, le nombre de joueurs est important, ils seront divisés en deux équipes. Une équipe sort tandis que l'autre trouve une cachette pour l'objet.

## Les comptines

• Ces petites formules faciles à mémoriser n'ont aucun sens logique, mais elles sont adorables ! C'est Pierre Roy qui, en 1926, inventa ce joli nom de « comptine » lorsque posant à un enfant la question : « Connais-tu de petites chansons qui te servent à compter quand on joue ? », celui-ci lui proposa ce mot. Certains les appellent autrement : formulettes d'élimination, refrains, kyrielles, rengaines, disette, raconteroûle ou amusiotte !

Une chose est sûre, les petits en raffolent et l'on peut les utiliser pour savoir qui le premier fera telle ou telle chose, ou simplement pour le plaisir des mots et des sons qui rebondissent et que l'on retient sans rime ni raison.

• Les joueurs forment un cercle et l'un d'eux, sans se déplacer, fait le geste de compter en touchant chaque joueur, le temps de prononcer une syllabe.

• Le joueur est désigné soit par sélection, soit par élimination. Dans ce second cas, la comptine est répétée autant de fois qu'il y a de joueurs moins un.

• Exemple : celui qui compte doit poser la main sur le joueur suivant après chaque tiret.

Am – stram – gram – pic – et – pic – et – co – lé – gram – bourre – et – bourre – et – ra – ta – tam – am – stram – gram.

Une pie – tant pis !
Deux pies – tant mieux !
Trois pies – c'est mon ami !

Quatre pies – il est parti !
Cinq pies – il ne reviendra…
Six pies – jamais !

Un, deux, trois – de bois ;
Quatre, cinq, six – de buis ;
Sept, huit, neuf – de bœuf ;
Dix, onze, douze – de bouse ;
Va-t'en à Toulouse !

Rognon, rognon,
La queue du cochon,
Pour un,
Pour deux,
Pour trois,
Pour quatre,
Pour cinq,
Pour six,
Pour sept,
Pour huit,
Pour neuf,
De bœuf !

Pain un, pain deux, pain trois, pain quatre, pain cinq, pain six,
pincette.

Une aile, deux ailes, trois ailes, quatre ailes, cinq ailes, six ailes,
c'est elle.

Si c'est moi,
C'est pas toi ;
Ce sera toi,
La prochaine fois.

Zig, zag, zoug,
Ziguons, ziguer,
Zigomar.
Quand serons-nous sages ?
Jamais, jamais, jamais !
Quand serons-nous diables ?
Toujours, toujours, toujours !
La terre nourrit tout,
Les fous avec les folles ;
La terre nourrit tout,
Les folles avec les fous.

## Vive les animaux !

C'est toujours bien de choisir un thème (surtout avec les petits). Cela permet de donner une unité de style et d'univers à l'anniversaire. Avec les animaux, ça fonctionne toujours très bien et l'on n'a vraiment que l'embarras du choix. Plusieurs solutions : choisir un seul animal (cochon, papillon, coccinelle, mouton…) ou une catégorie (dinosaures, en montagne, à la ferme, dans les zoos…) et décliner ensuite le graphisme du pelage pour le choix des couleurs des décorations et des jeux.

### *La danse des crocodiles*

*À partir de 3 joueurs*

Matériel nécessaire : un rouleau de Scotch de couleur, quelques coussins.

***But du jeu***

Franchir un pont sans tomber dans la mare aux crocodiles.

***Déroulement de la partie***

• Dessinez une longue ligne droite sur le sol avec le Scotch de couleur : elle symbolisera le pont.

• Disposez des coussins de part et d'autre de cette ligne : ce seront les crocodiles.

• Chacun à leur tour, les enfants marcheront sur le pont en mettant un pied devant l'autre, et surtout sans perdre l'équilibre. Sinon, gare aux crocos !

***Variante***

Les plus téméraires pourront tenter de réaliser cet exploit avec un ou deux coussins sur la tête !

## *La course des animaux*

*À partir de 4 joueurs*
Aucun matériel nécessaire.

***But du jeu***

Faire la course mais avec des contraintes !

***Déroulement de la partie***

- Au premier tour, les enfants font la course en sautant comme des kangourous.
- Au deuxième, en sautant accroupis comme des grenouilles.
- Au troisième, en galopant comme des chevaux.
- Et ainsi de suite jusqu'à épuisement !

***Variante***

Trouvez d'autres contraintes : à cloche-pied, accrochés deux par deux, en portant un verre d'eau…

## *Minuit dans la bergerie*

*À partir de 6 joueurs*
Aucun matériel nécessaire.

***But du jeu***

Les moutons doivent entrer dans la bergerie sans que le loup ne les attrape.

***Déroulement de la partie***

- Délimitez les contours de la bergerie.

• Les moutons et le loup se promènent hors de la bergerie.

• Les moutons demandent au loup : « Loup, quelle heure est-il ? » Le loup répond l'heure de son choix.

• La promenade reprend. Sauf si le loup répond : « Il est minuit ! », alors tous les moutons doivent courir vers la bergerie. Ceux qui sont touchés par le loup deviennent loups à leur tour.

• Le jeu se poursuit jusqu'à ce que tous les moutons deviennent loups.

## *Cacophonie*

*À partir de 6 joueurs*
Aucun matériel nécessaire.

***But du jeu***

Identifier un son dans le brouhaha.

***Déroulement de la partie***

• Chuchotez le nom d'un animal à chaque enfant en prenant soin que tous les animaux soient représentés au moins deux fois (sélectionnez des animaux avec des cris variés : chien, chat, cochon, canard, cheval…).

• Comptez jusqu'à trois. Au signal, les enfants doivent imiter le cri de leur animal tous ensemble et retrouver, dans ce brouhaha, celui qui pousse le même cri qu'eux.

• Corsez l'affaire en choisissant des cris plus difficiles à imiter (lapin, baleine…).

## *Les renards et les écureuils*

*À partir de 6 joueurs*
Matériel nécessaire : une balle (en mousse de préférence), un coussin.

***But du jeu***

Le renard (le coussin) doit attraper l'écureuil (la balle).

***Déroulement de la partie***

• Les enfants sont assis en cercle.

• La balle (l'écureuil) passe de main en main sans être jetée. On fait ensuite passer de main en main le coussin (le renard).

• Chaque fois qu'un enfant se retrouve avec dans les mains la balle et le coussin, il reçoit une pénalité, car le renard a rattrapé l'écureuil.

## *Les singes et les noix de coco*

*À partir de 2 joueurs*

Matériel nécessaire : une sucette par enfant, des chaussettes, une corbeille à papier.

***But du jeu***

Être le meilleur au lancer.

***Déroulement de la partie***

• Roulez en boule des paires de chaussettes : elles symboliseront les noix de coco.

• Mettez autant de sucettes qu'il y a d'enfants dans une corbeille à papier placée à bonne distance.

• À tour de rôle, les « singes » doivent mettre une noix de coco dans la corbeille. Celui qui a réussi peut récupérer une sucette.

## Une kermesse pour les tout-petits

Souvent, dans les kermesses de l'école ou du quartier, les plus petits ne trouvent pas leur place parce que les éléments ne sont pas à leur hauteur. L'organisation d'un bel anniversaire va permettre d'en proposer une rien que pour eux !

### *Concours de bulles*

*À partir de 2 joueurs*

Matériel nécessaire : autant de « machines à bulles » que de participants, du liquide vaisselle mélangé à de l'eau, un anneau de 30 cm de diamètre (que l'on peut fabriquer soi-même avec du fil de fer torsadé entortillé de laine).

***But du jeu***

Réaliser de belles bulles de savon.

***Déroulement de la partie***

Est-il vraiment besoin d'expliquer comment faire ?

### *La pêche à la ligne*

*À partir de 4 joueurs*

Matériel nécessaire : un tuteur en bambou plutôt qu'un manche à balai, trop lourd, de la ficelle à rôti, du fil de fer, du papier d'emballage, du bolduc, des cadeaux.

***But du jeu***

Pêcher un trésor à l'aide d'une canne à pêche.

***Déroulement de la partie***

• Préparez une canne express, avec un long tuteur, de la ficelle et du fil de fer.

• Confectionnez les paquets cadeaux. Fermez avec le bolduc prenant soin de faire de grandes boucles.

• Pour éviter d'emmêler les lignes, les enfants pêcheront deux par deux ou trois par trois.

***Le petit truc***

• Pour corser le jeu, juchez les plus grands sur un tabouret.

• Même si ne vous gardez pas complètement l'idée de la kermesse, la pêche à la ligne est un classique incontournable pour les plus jeunes !

• Comme dans le jeu de la chasse au goûter (page 158), le goûter peut être décliné, lui aussi, sous la forme d'une pêche.

## *Pomme badaboum*

*À partir de 8 joueurs*

Matériel nécessaire : une cuillère à soupe et une pomme de terre par équipe.

***But du jeu***

Courir sans faire tomber la pomme de terre que l'on tient dans une cuillère à bout de bras.

***Déroulement de la partie***

• Constituer deux équipes, décider d'un parcours circulaire d'égale longueur pour chaque équipe.

• Au top donné par le meneur de jeu, le premier joueur de chaque équipe s'élance, tenant à bout de bras une cuillère à soupe contenant une pomme de terre. Le but est d'effectuer le parcours le plus vite possible, puis de passer le relais à son successeur.

• L'équipe qui termine en premier remporte la partie.

## *Jeu de massacre*

*À partir de 2 joueurs*

Matériel nécessaire : des boîtes de conserve, des gobelets en plastique, des pots de yaourt vides, des boîtes en carton, etc., des balles en mousse ou des vieux bas, des chaussettes, des gants.

***But du jeu***

Massacrer une pyramide d'objets.

***Déroulement de la partie***

• Empilez de manière à former une pyramide des gobelets en plastique, des pots de yaourt vides ou des boîtes en carton : cinq à la base, puis quatre, puis trois, puis deux, puis un.

• Fabriquez des balles molles avec de vieux bas bourrés de papier journal, des chaussettes ou des gants roulés en boules. Ou, encore mieux, utilisez de vraies balles en mousse !

• À tour de rôle, chaque joueur se place à une distance déterminée et essaie de faire dégringoler la pyramide avec le minimum de balles.

***Variante***

Chaque enfant reçoit le même nombre de balles, cinq par exemple, et on totalise les objets renversés à la suite des cinq lancers. Bien sûr, il faut reconstruire la pyramide pour chaque joueur.

***Le petit truc***

Monter la pyramide devant un mur nu et, de préférence, à l'extérieur.

## *Les pochettes-surprises*

*À partir de 4 joueurs*

Matériel nécessaire : des pochettes fabriquées par vous-même, de la ficelle, une paire de ciseaux, de la corde à linge, autant de balles en mousse que de participants.

### *But du jeu*

Sélectionner une pochette en lançant une balle pour s'approprier la pochette.

### *Fabrication des pochettes*

• Prenez une grande feuille de papier format A3 (une feuille d'échantillon d'un catalogue de papier peint fera tout à fait l'affaire !).

• Formez un cône. Maintenez-le en position par quelques coups d'agrafeuse.

• Glissez dedans un peu de papier en boule pour maintenir la forme, ajoutez deux ou trois bonbons et un petit jouet.

• Refermez le haut du cône : un petit coup d'agrafeuse et c'est prêt.

### *Déroulement de la partie*

• Accrochez la corde à linge entre deux arbres et suspendez les pochettes suffisamment éloignées les unes des autres à l'aide de la ficelle.

• Les enfants seront placés en file indienne, par équipes s'ils sont nombreux.

• Donnez une balle à chacun.

• Chacun à son tour doit lancer la balle pour tenter de toucher la pochette de son choix.

• Celui qui touche la pochette-surprise l'emporte, celui qui la rate reprend la file et recommence.

## Mascarades

• Si les petits ont souvent peur des masques – surtout quand il s'agit de les porter –, ils adorent les déguisements.

• La solution du coffre à déguisements est la meilleure et la plus facile à mettre en place : on y dépose des vêtements de toutes sortes, des morceaux de tissu et des accessoires. Les enfants piochent et se construisent un personnage au gré de leur imagination.

• Autre solution : quelques morceaux de tissu, de carton, de la colle et une paire de ciseaux pour les adultes qui fabriqueront à la demande des déguisements rapides en coupant cape de chevalier, jupe de princesse, chapeau de magicien, etc.

• Pour un atelier plus sophistiqué, voici quelques propositions de déguisements nécessitant du matériel et de la préparation.

### *Le clown*

Matériel nécessaire : autant de sacs plastiques avec une poignée que de participants, une agrafeuse, du papier crépon, de la laine, du papier cartonné, des feutres, une paire de ciseaux, un élastique fin, une boîte de maquillage, etc.

***Déroulement de la partie***

• Le costume : pour fabriquer le pantalon, faites deux trous au fond des sacs par lesquels les enfants passeront les jambes.

Les poignées des sacs serviront de bretelles. Nouez des bandes de papier crépon au bas de chaque jambe, en faisant de grosses boucles que vous ferez dépasser du plastique. Réalisez des boutons en découpant deux gros ronds dans du carton que vous agraferez à l'emplacement des bretelles. Agrafez des fleurs en carton sur le pantalon. Faites un gros nœud-papillon en papier crépon que vous fixerez autour du cou.

• Le chapeau : formez des cônes avec le papier cartonné et ajustez-les à la taille de la tête des enfants.

• La perruque : enroulez la laine autour d'un livre sur une vingtaine de tours. Faites glisser un long bras de laine entre les tours et le côté opposé à la reliure. Formez une boucle, puis un nœud pour le bloquer. Retirez le livre. Faites de cette manière deux pompons identiques et accrochez-les de chaque côté du chapeau.

• Pour le maquillage, il suffit de quelques touches de couleur, du rouge sur le nez, et le tour est joué !

• Pour compléter la panoplie, vous pouvez ajouter des vêtements dépareillés (chaussettes de couleurs et de tailles différentes, tee-shirts trop grands, etc.).

***Le petit truc***

De grands tee-shirts blancs font d'excellentes bases pour des costumes vite enfilés, vite retirés.

## *Le chef indien*

Matériel nécessaire : de grandes plumes (vraies ou factices, découpées dans un bristol), du carton ondulé, une paire de ciseaux, des feutres, de la colle, une agrafeuse.

***Déroulement de la partie***

• La coiffe : découpez une longue bande dans le carton ondulé (entre 80 cm et 1 m), plus large au centre qu'aux extrémités. Décorez-la. Coupez une autre bande de 3 cm de large et de la longueur du tour de la tête de l'enfant, plus 5 cm pour pouvoir la fixer avec l'agrafeuse. La première bande sera fixée à cette couronne et dépassera largement dans le dos.

• Glissez les plumes dans les trous de la tranche du carton.

• Connaissez-vous le langage des plumes ?

Une plume rouge : a été blessé au combat.
Une plume avec une tache noire : a attrapé un ennemi.
Une plume fendue en deux : a été blessé plusieurs fois.

***À savoir***

« Oui » se dit en plaçant son index sur la bouche et « non » en plaçant sa main sur le cœur.

## *Les masques des petits loups*

Si certains enfants ne veulent pas les porter, ce n'est pas grave ! Ils peuvent les garder sur le front ou les accrocher au mur pour faire une jolie décoration.

Matériel nécessaire : des plumes, des feuilles de carton, une paire de ciseaux, des crayons, de la colle liquide, de la peinture, des pinceaux, une agrafeuse, du fil élastique.

***Déroulement de la partie***

• Sur une feuille cartonnée, les enfants dessinent le contour de la main droite avec leur main gauche, puis inversement. Les deux mains doivent être positionnées symétriquement, comme pour représenter les ailes ouvertes d'un oiseau.

• À l'intérieur des deux mains, déterminez l'emplacement des yeux. Pour découper le trou des yeux sans abîmer la feuille, il suffit de plier légèrement la feuille en deux, sans trop appuyer pour ne pas laisser de trace. Ce pli permet d'atteindre le centre de la feuille et de découper tranquillement avec une paire de ciseaux la forme des yeux.

• Ensuite, recouvrez le masque de plumes que vous agrafez ou collez par la tige.

• Décorez le masque pour obtenir un perroquet rose et vert des îles, un aigle noir ou une colombe blanche.

• Quand le masque est sec, accrochez les élastiques, maintenus par des agrafes. On peut aussi fixer le loup sur une baguette que les enfants tiendront comme une face-à-main de l'ancien temps.

***Le petit truc***

Mettez juste un point de colle, car le masque doit sécher rapidement, quitte à utiliser le sèche-cheveux pour accélérer le processus. Et point trop d'eau dans la peinture pour éviter le décollement des plumes.

## *Les masques fruités*

Matériel nécessaire : des assiettes en carton, de la peinture et des pinceaux, des feuilles de carton de couleur, une paire de ciseaux, un cutter, du ruban ou des élastiques, une agrafeuse, de la colle.

***Déroulement de la partie***

• Qui veut être un fruit et lequel ? Orange, pomme verte, bonne poire ? Et pourquoi pas ananas, pastèque ou kiwi ?

• Chaque enfant prend une assiette en carton et la peint de la couleur de son fruit : rouge pour la pastèque ou la fraise, jaune pour l'ananas ou le citron, vert pour la poire ou la pomme, etc.

• Imaginez que le fruit est coupé en deux et ajoutez des détails (pépins, noyaux). Un vrai fruit sous les yeux ou une photographie peuvent aider.

• Découpez dans du carton coloré des formes tels le plumeau de l'ananas, la queue de la pomme, la feuille de la cerise, que vous rajouterez en les collant ou les agrafant à l'assiette.

• Lorsque tout est sec, découpez deux ronds au cutter, à hauteur des yeux (son usage est réservé aux adultes !).

• Agrafez l'élastique ou la ficelle qui maintiendra le masque sur le visage de l'enfant.

### *Variante*

Vous pouvez proposer d'autres thèmes aux enfants : légumes, fleurs, arbres, animaux…

## La fête des sorcières

Avec leurs horribles nez crochus, leurs grands chapeaux et leurs balais entre les jambes, les sorcières n'arrêtent pas de revenir nous faire peur pour de rire ! Et la nouvelle mode d'Halloween n'arrange pas les choses ! Alors, pourquoi ne pas en faire le thème du prochain anniversaire de votre enfant, vous verrez, ce n'est vraiment pas sorcier !

### *Invitations de Carabosse*

Matériel nécessaire : des feuilles cartonnées de couleur, une paire de ciseaux, des feutres.

- Pliez une feuille en deux de façon à faire une carte d'invitation qui pourra tenir debout posée sur une table avec le pli à l'horizontale.
- Dessinez une sorcière sur la première page.
- Coloriez-la pour la rendre horriblement effrayante !
- Découpez les contours de la sorcière mais pas jusqu'à la pliure.

### *La décoration maléfique*

- Suspendez des mobiles effrayants : des chauves-souris découpées dans du papier noir et des araignées avec une petite pelote de laine noire et des pattes en fil de fer.

• Tendez de grandes ficelles argentées entre les portes et les fenêtres pour simuler les toiles d'araignée.

• Soignez les éclairages, posez les lampes près du sol, remplacez quelques ampoules ordinaires par des ampoules rouges.

## *Le déguisement de sorcière*

Matériel nécessaire : une feuille noire cartonnée de format raisin, une paire de ciseaux, une agrafeuse, du tissu noir.

• Un grand tissu de couleur sombre fera office de cape.

• Pour fabriquer un chapeau en carton noir, dessinez et découpez un cercle dont le rayon sera la hauteur du chapeau. Découpez le rayon, superposez les deux parties de façon à former un cône adapté à la taille de la tête et agrafez-les.

• Et si vous dénichez quelque part un vrai balai avec ses rameaux, n'hésitez pas ! Mais vous avez peut-être une sorcière bien-aimée dans vos relations…

## *Le maquillage terrible*

Matériel nécessaire : une boîte de maquillage de bonne qualité réservée à cet effet.

• Maquillez les sorcières avec des couleurs sombres : bordeaux, noir, etc.

• Dessinez le contour des yeux et de la bouche.

### *Le petit truc*

• Il nous paraît maladroit de transformer complètement un petit bout de chou en épouvantable sorcière, même si vous avez tous les accessoires et un vrai sens du maquillage.

• Avec des enfants, le maquillage doit rester quelque chose de joyeux et de léger. Ce sera très drôle de les voir se prendre pour de terribles sorcières uniquement avec un déguisement et un peu de noir sur les joues, surtout si vous jouez le jeu en leur faisant croire que vous avez vraiment peur !

• Et puis rien ne vous empêche de demander à un adulte de jouer avec talent et un savant maquillage le rôle de la sorcière, à condition que celle-ci vienne se dévêtir et se démaquiller devant les enfants pour bien montrer où est la réalité.

## *Le goûter dégoûtant !*

Matériel nécessaire : des amandes effilées, des raisins secs, de la pâte d'amandes, des bonbons.

• Vous pouvez décorer les gâteaux en fabriquant des mouches : un raisin sec sera le corps et des amandes effilées formeront les ailes.

• Vous pouvez aussi fabriquer des araignées en ajoutant autour d'un gâteau des pattes en pâte d'amandes et des yeux en bonbons.

## *Sans les mains, chapeau !*

*À partir de 6 joueurs*
Matériel nécessaire : un chapeau de sorcière.

***But du jeu***

Passer un objet à quelqu'un sans utiliser les mains.

***Déroulement de la partie***

• Les sorcières sont assises en cercle. L'une d'elles porte un chapeau trop grand.

• Elle doit passer le chapeau sur la tête de sa voisine sans s'aider de ses mains. Attention, si le chapeau tombe, elle a un gage ! (Voir idées de gages, page 354.)

# La fête des dinosaures

Nous, on vous dit dinosaure, pour situer le cadre… en sachant bien que nos chers petits sont bien plus calés que nous dans la connaissance de ces terribles lézards. Rappelons qu'ils peuvent avoir toutes les tailles et être herbivores ou carnivores. Quant à leurs noms, retenons ceux de Allosaure, Brachiosaure, Cétiosaure, Diplodocus, Éoraptor, Gallodactyle, Hypsilophodon, Iguanodon, Lexovisaure, Mégalosaure, Ouranosaure, Ptérodactyle, Quetzalcoatlus, Stégosaure, Tricératops, Ultrasaure et Ynagchuanosaure.

## *Les invitations dinosaures*

Matériel nécessaire : des feuilles cartonnées, des feutres, une paire de ciseaux, de la colle.

***Déroulement de la partie***

• Découpez dans du carton une carte de 8 × 10 cm.

• Pliez la carte en son milieu (sur le côté de 8 cm) pour qu'elle puisse tenir debout.

• Dessinez un dinosaure (ou un de ses collègues !) de 7 cm de hauteur et collez-le sur la face avant de la carte. Le dessin doit dépasser de la carte.

• Décorez le reste de la carte avec des couleurs.

## *Le goûter jurassique*

Ils sont bien petits, nos bambins, devant ces grands dinosaures, alors voyons les choses en grand ! Le gâteau géant aura la silhouette de la bête : plusieurs gâteaux coupés sur leur épaisseur, posés à plat sur un grand carton, redécoupés à la forme et dissimulés sous un glaçage verdâtre (voir pages 117-118). De grands verres en carton décorés aux silhouettes de la flore de l'époque jurassique glissées à l'intérieur et fixées au bord des gobelets de taille ordinaire, avec une paille ! Bref, il faut bien rassasier ces petits dinosaures !

## *Le dinosaure en morceaux*

*À partir de 3 joueurs*

Matériel nécessaire : des feuilles de papier A4, des feutres, du Scotch, une paire de ciseaux.

***But du jeu***

Reconstituer à plusieurs un puzzle géant.

***Déroulement de la partie***

• Assemblez un grand nombre de feuilles de papier avec du Scotch.

• Dessinez un immense dinosaure au feutre noir.

• Séparez les feuilles.

• Demandez à vos invités de colorier chacun le morceau du dinosaure dessiné sur leur feuille.

• À présent, tous les enfants doivent reconstituer à nouveau la bête préhistorique !

***Le petit truc***

• Si vous ne vous sentez pas des talents d'illustrateur, la photocopieuse sera d'un grand secours. Cherchez en librairie ou en bibliothèque des illustrations ou des gravures représentant l'un des dinosaures préférés de votre enfant et agrandissez-le au maximum, et voilà une image gigantesque de dinosaure qui va faire sensation.

• Un dernier conseil : les architectes utilisent des photocopieuses qui permettent de reproduire des plans de grande dimension. Pour obtenir des dinosaures, c'est impeccable !

## *À la chasse aux diplodocus*

*À partir de 6 joueurs*

Matériel nécessaire : des balles en mousse.

### *But du jeu*

Attraper des diplodocus en les touchant avec des balles en mousse.

### *Déroulement de la partie*

• Délimitez un terrain dont les diplodocus ne peuvent pas sortir. Les chasseurs peuvent circuler partout.

• Donnez une balle en mousse à chaque chasseur (2 chasseurs pour 6 joueurs).

• Les chasseurs lancent la balle sur les dinosaures pour les éliminer en les touchant. Les chasseurs peuvent se lancer la balle entre eux.

• Les diplodocus ne peuvent se défendre qu'avec leurs avant-bras et leurs mains. S'ils sont touchés à un autre endroit, ils deviennent aussi des chasseurs.

• Le dernier diplodocus est le vainqueur.

### *Le petit truc*

Un moyen facile de déguiser vos petits en diplodocus : la silhouette d'une tête de l'animal découpée dans du carton solide peint en vert tendre, fixée d'un coup d'agrafeuse sur une boucle de carton adaptée au tour de la tête.

## On sort

Un anniversaire, c'est fatigant, surtout pour les petits ! Notamment quand les différentes activités proposées leur demandent un effort d'attention. Alors, au bout d'un moment, juste avant le goûter par exemple, n'hésitez pas à emmener tout le monde dehors, le temps de faire de petits jeux où ils se courent après. Les petits les aiment beaucoup et connaissent souvent les règles mieux que vous ! Alors, on sort ?

### *La chandelle*

*À partir de 6 joueurs*

Matériel nécessaire : un mouchoir ou un foulard.

***But du jeu***

Petite course-poursuite autour d'un cercle formé de joueurs assis.

***Déroulement de la partie***

• Les enfants s'assoient en cercle.

• L'un d'eux, désigné comme souris, marche à l'extérieur du cercle. Il tient entre ses mains un mouchoir noué qu'il doit discrètement déposer derrière le dos d'un de ses camarades. Celui-ci devient alors chat.

• Dès qu'il s'en aperçoit, le chat poursuit la souris qui doit essayer de prendre la place vacante.

• Si le chat attrape la souris, il devient souris à son tour.

• S'il n'y parvient pas, il se tient debout au centre du cercle, comme une chandelle. Dans ce cas, la souris quitte sa place et le jeu continue.

• La souris a la possibilité de lancer le mouchoir derrière la chandelle pour que celle-ci se libère et reprenne sa place.

***Le petit truc***

Le jeu s'accompagne souvent du chant : « Je porte, je porte la clé de saint Georges, quand j'l'aurai assez portée, je la laisserai tomber, au pied d'un rocher, etc. » Demandez à vos enfants, ils la connaissent sans aucun doute…

## *À la ronde du muguet*

*De 4 à 12 joueurs*
Aucun matériel nécessaire

***But du jeu***

Une ronde où perd le premier qui ne peut s'empêcher de rire.

***Déroulement de la partie***

• Les enfants, debout, forment une ronde en se donnant la main.

• Ils entonnent la chanson :
*« À la ronde du muguet,*
*Sans rire et sans parler*
*Le premier qui rira*
*Ira au piquet*
*Croisez les bras. »*

• Les enfants s'arrêtent de chanter et croisent les bras dès que l'ordre est donné dans la chanson.

• Le premier qui parle ou qui rit sort de la ronde, qui continue jusqu'à ce qu'il ne reste plus qu'un seul joueur, le vainqueur.

• Selon les régions, il existe des variantes de la chanson.

***Le petit truc***

N'hésitez pas, quelques jours avant la fête, à vous renseigner auprès de votre enfant pour connaître les rondes et les chansons qu'il a apprises à l'école, avec la maîtresse ou dans la cour de récréation.

## *Bonjour, ma cousine*

*De 6 à 12 joueurs*
Aucun matériel nécessaire.

***But du jeu***

Ronde avec mimes et déplacements.

***Déroulement de la partie***

• Sur la chanson :
*« Bonjour, ma cousine,*
*Bonjour, mon cousin germain,*
*On m'a dit que vous m'aimiez :*
*Est-ce bien la vérité ?*
*Je n'm'en soucie guère,*
*Je n'm'en soucie guère,*
*Passez par ici et moi par là,*
*Au revoir ma cousine,*
*On s'reverra ! »*

• Les joueurs forment un cercle sans se donner la main. Ils se mettent en face d'un partenaire.

• Ils chantent en mimant :
– ils se serrent la main ;
– ils hochent la tête, se menacent en pointant l'index ;
– ils se détournent l'un de l'autre ;
– ils se disent au revoir en se serrant la main, tirent leur partenaire derrière eux.

• Le jeu continue tant que les enfants y prennent plaisir !

## *Loup, y es-tu ?*

*À partir de 5 joueurs*
Aucun matériel nécessaire.

### *But du jeu*

Le loup doit tenter d'attraper ses proies.

### *Déroulement de la partie*

• Un joueur désigné comme loup se cache à proximité des autres joueurs.

• Les autres joueurs entament une ronde ou une promenade en chantant la chanson :

« *Prom'nons-nous dans les bois*
*Pendant que le loup n'y est pas*
*Si le loup y était,*
*Il nous mangerait,*
*Mais comme il n'y est pas*
*Il n'nous mangera pas !*
*Loup, y es-tu ?*
*Que fais-tu ?*
*M'entends-tu ?* »

• Le loup répond :
– la première fois : « Je mets ma chemise. » ;
– la deuxième fois : « Je mets mon pantalon. » ;
– la troisième fois : « Je mets mes chaussettes. » ;
– etc. puis, il ajoute d'autres réponses : « Je mets ma cravate, mes chaussures, mes lunettes, etc. »

• Quand le loup se sent prêt, il crie : « J'ouvre la porte ! », et se précipite vers le groupe pour tenter d'attraper le plus de joueurs possible.

### *Le petit truc*

• Décidez à l'avance le temps dont dispose le loup pour attraper ses proies.

• Pour revenir au calme, une fois à la maison, n'hésitez pas à lire à vos petits les aventures de Delphine et Marinette dans les *Contes du chat perché* de Marcel Aymé, particulièrement l'épisode du loup !

## Chats et compagnie

Les jeux de chat sont incontournables pour les enfants : on peut y jouer à peu près partout, ils sont idéaux pour se réchauffer et les variantes sont nombreuses. Attention : précisez bien la règle avant chaque partie, quitte à demander aux enfants d'apporter de nouvelles consignes.

### *Le chat et la souris*

*À partir de 5 joueurs*
Aucun matériel nécessaire.

***But du jeu***

Le chat doit attraper les souris en les touchant avec la main.

***Déroulement de la partie***

- Désignez un chat.
- Le chat tente d'attraper les souris en les touchant avec la main.
- La souris attrapée devient un chat, qui doit à son tour attraper une autre souris, mais elle n'a pas le droit de toucher le joueur qui vient de la toucher.

## *Le chat perché*

*À partir de 5 joueurs*
Aucun matériel nécessaire.

***But du jeu***

Le chat doit attraper les souris qui ne sont pas perchées.

***Déroulement de la partie***

• Désignez un chat.
• Le chat annonce le perchoir sur lequel les souris sont autorisées à se protéger : « Chat perché sur… un arbre, un banc, du rouge, le gravier, l'herbe… »
• Les souris courent sur le perchoir, tandis que le chat tente de les attraper.
• Si toutes les souris sont perchées, le chat peut crier : « La maison brûle ! » et les souris doivent immédiatement trouver un autre perchoir.
• La souris attrapée prend le rôle du chat.

## *Touche-touche maladie*

*À partir de 5 joueurs*
Aucun matériel nécessaire.

***But du jeu***

Le but est pour le chat d'attraper un maximum de souris.

***Déroulement de la partie***

• On désigne un premier chat.
• Celui-ci va toucher une souris pour la transformer en chat. Lui-même redevient alors souris.
• Le nouveau chat doit garder la main en permanence sur la partie blessée. C'est lui qui, à son tour, va tenter de blesser les autres souris de la même façon.
• Dès que toutes les souris sont blessées, la partie est terminée.

## *Le chat sorcier*

*À partir de 5 joueurs*
Aucun matériel nécessaire.

***But du jeu***

Les souris pétrifiées par le chat doivent être délivrées.

***Déroulement de la partie***

• Les souris touchées par le chat restent pétrifiées sur place.

• Les autres souris tentent de les délivrer de ce sortilège en les touchant à leur tour. Gare au chat qui les en empêche !

***Variante***

Les souris pétrifiées écartent les jambes et sont délivrées si une souris passe au-dessous d'elles.

## *Le chat à l'ombre*

*À partir de 5 joueurs*
Aucun matériel nécessaire.

***But du jeu***

Le chat doit attraper les souris en marchant sur leur ombre.

***Déroulement de la partie***

• Le chat court après les joueurs et tente de marcher sur leur ombre.

• Celui dont l'ombre a été touchée devient chat à son tour.

***Le petit truc***

Pour éviter les malentendus, il est judicieux de désigner un arbitre.

## *Le chat double*

*À partir de 5 joueurs*
Aucun matériel nécessaire.

***But du jeu***

Un chat formé à partir de 2 joueurs tente d'encercler une souris.

***Déroulement de la partie***

• Le chat est composé de 2 joueurs qui évoluent en se tenant par la main.
• Ce chat double doit tenter d'attraper un autre joueur en l'encerclant.
• Celui qui est attrapé choisit un joueur pour être son partenaire, tandis que les deux autres se séparent.

## *Chat et souris en cercle*

*À partir de 5 joueurs*
Aucun matériel nécessaire.

***But du jeu***

Le chat doit attraper une souris en la suivant à la trace.

***Déroulement de la partie***

• Les joueurs forment un cercle.
• Celui qui prend le rôle de la souris sort du cercle.
• Les joueurs se donnent la main et lèvent les bras.
• La souris fait le tour du cercle, tape dans le dos d'un de ses camarades pour le désigner comme chat.
• Le chat sort de la ronde pour courir après la souris.

• La souris choisit alors son parcours, passe à travers le cercle plusieurs fois, et le chat doit suivre exactement le même itinéraire.

• Le chat doit attraper la souris, qui devient chat à son tour. Une nouvelle souris est désignée et la course reprend quand la souris a tapé dans le dos du chat.

## *Le chat qui dort*

*À partir de 5 joueurs*
Aucun matériel nécessaire.

### *But du jeu*

Le chat se réveille brusquement pour attraper les souris et les faire prisonnières.

### *Déroulement de la partie*

• Un petit espace est défini comme le trou de la souris et un autre espace comme la cage.

• Un joueur désigné comme chat dort, accroupi, les bras croisés sur les genoux, la tête sur les bras.

• Les souris dansent et chantent autour de lui.

• Brusquement, le chat se réveille, pousse un grand « Miaou ! » et se jette sur les souris.

• Les souris se précipitent vers leur trou.

• Les souris touchées restent dans la cage et poussent des cris.

• Le jeu continue jusqu'à ce que toutes les souris soient faites prisonnières.

### *Le petit truc*

Les enfants adoreront pratiquer ce jeu en affrontant toute une jungle d'animaux : le lion et les gazelles, l'ours et les biches, le renard et les poules, le tigre et les antilopes…

## *Sauterelles et grenouilles*

*À partir de 8 joueurs*
Aucun matériel nécessaire.

### *But du jeu*

S'attraper en empruntant différentes démarches d'animaux.

### *Déroulement de la partie*

• Dans ce jeu très amusant, les enfants, outre le plaisir de jouer à attraper leur proie, auront celui de prendre une démarche d'animal.

• Tracez au sol un grand cercle dans lequel les sauterelles évolueront en sautant à cloche-pied.

• Les sauterelles n'ont pas le droit de sortir du cercle.

• Désignez une grenouille qui se déplace accroupie en sautant.

• La grenouille poursuit les sauterelles.

• Les sauterelles attrapées deviennent grenouilles à leur tour.

• Le jeu se poursuit jusqu'à ce qu'il ne reste plus aucune sauterelle.

## Sans être vu

Les tout-petits commencent à peine à comprendre qu'ils ne sont pas invisibles aux autres lorsqu'ils se cachent les yeux. C'est pour cette raison que les jeux d'apparition et de disparition leur plaisent beaucoup.

### *Un, deux, trois, soleil !*

*De 5 à 15 joueurs*
Aucun matériel nécessaire.

***But du jeu***

Les joueurs doivent avancer jusqu'au mur sans être vus en train de bouger.

***Déroulement de la partie***

• Un joueur se place face à un mur et tourne le dos à ses camarades.

• Les autres joueurs sont en ligne à une distance raisonnable du mur.

• Le joueur tape trois fois sur le mur en disant : « Un, deux, trois, soleil ! » puis se retourne brusquement.

• Pendant qu'il a le dos tourné, les autres joueurs avancent. Dès que le meneur s'est retourné, ils doivent rester parfaitement immobiles. Celui qui est vu en train de bouger revient à la ligne de départ.

• Le premier joueur qui atteint le mur devient à son tour le meneur.

## *Cache-cache au but*

*De 6 à 20 joueurs*
Aucun matériel nécessaire.

***But du jeu***

Partie de cache-cache agrémentée d'une petite course-poursuite.

***Déroulement de la partie***

• Les joueurs désignent un joueur chercheur. Celui-ci choisit un but, l'endroit qu'il faudra aller toucher : un mur, un arbre, un poteau.

• Au signal donné, il compte jusqu'à 100 pendant que les autres joueurs se cachent.

• À 100, il part à la recherche des joueurs. Dès qu'il en voit un, il cite son prénom et tente de l'attraper avant qu'il n'ait touché le but.

• Les autres joueurs peuvent également essayer de toucher le but pendant que le joueur chercheur est occupé.

• Tant que le chercheur n'attrape pas d'autres joueurs, il garde son rôle.

## *Les sardines*

*À partir de 5 joueurs*
Aucun matériel nécessaire.

***But du jeu***

C'est une partie de cache-cache inversé où les joueurs finissent par se cacher tous au même endroit.

***Déroulement de la partie***

• Un seul joueur va se cacher.

• Après avoir ensemble compté jusqu'à 100, tous les autres joueurs partent à sa recherche.

• Chaque fois qu'un joueur repère sa cachette, il le rejoint discrètement et se cache avec lui.

• Tous se retrouvent serrés comme des sardines !

• Le dernier qui les rejoint se fait accueillir au cri de « Sardine ! ».

• C'est à son tour d'aller se cacher.

***Attention***

On sera très vigilant sur les lieux de cachette dangereux que peut trouver un enfant : congélateur, frigo en état de marche ou non, etc.

# ANNIVERSAIRE DES MOYENS
# (6-9 ANS)

• Et voici le temps de l'importance des copains. Une chose est certaine, pour savoir qui inviter, combien inviter… ce n'est pas vous qui aurez forcément le dernier mot ! Vous serez sans doute étonné de la disparité qu'il peut y avoir entre plusieurs enfants du même âge ; il faut dire qu'ils sont en pleine croissance et pas toujours faciles.

• Alors, n'hésitez pas à être un peu ferme, ne vous laissez pas marcher sur les pieds, vous êtes chez vous. Précisez les règles du jeu doucement mais fermement : « Je suis très content que mon fils t'ait invité. Cela veut dire qu'il te considère comme un bon camarade, mais ici tu es chez moi et tu ne fais pas ce que tu veux. O.K. ? » Soyez affectueux, mais pas démonstratif ; posez des actes.

• À cet âge, ils se dépensent beaucoup, ils aiment les activités collectives, voire la compétition. Les activités à l'extérieur, les courses poursuite, les occasions de rire et même tous les jeux d'expressions, tout cela leur plaira beaucoup. Attention, vous serez l'arbitre, celui qui reprécise les règles, vérifie qu'il n'y a pas d'exclusion et pas d'accident parce qu'on a du mal à maîtriser son énergie ou sa fatigue.

• Parce qu'ils sont plus adroits, qu'ils sont capables de considérer la réalité concrète sous différents aspects par anticipation, reconstitution ou modification des données qu'ils possèdent, vous devez vraiment compter sur eux pour être l'élément moteur de la préparation de leur anniversaire. Votre rôle sera régulateur : soyez rationnel, profitez de leurs goûts affirmés, de leur envie de bricolage pour préparer les lieux, etc. Cela les rassurera et les rendra vraiment heureux avant, pendant et après : « C'est vraiment un super-anniversaire que tu m'as aidé à fêter ! » Ils comprendront que le vrai cadeau, c'est de leur avoir montré ce dont ils sont capables, avec votre aide.

• Puisque c'est l'âge où l'on aime prendre des responsabilités, n'hésitez pas à confier de petites tâches à chaque enfant, ils apprécieront cette confiance et cette reconnaissance.

• Et parce qu'un anniversaire ce n'est pas que de l'action à tous crins, une partie de cartes, de dominos ou de dés permettra un vrai moment de calme et de convivialité.

• Une dernière chose : pour le goûter, attendez que la fête soit bien entamée et prenez garde, à cet âge, on dévore !

• Alors, en avant pour l'anniversaire avec les moyens, et n'ayez pas peur de vous relever les manches, de vous donner tous les atouts et d'être aux points stratégiques pour que tout fonctionne bien.

• Les chers petits peuvent donner un coup de main pour aider à ranger avant de partir et prévoyez un peu de temps pour vous reposer après la fête !

## À deux mains

Les jeux de mains ne sont plus des jeux de vilains, ce sont des jeux de contact, de réflexe et de rapidité d'analyse d'une situation. À partir de 6 ans, les enfants apprécient de les pratiquer avec leurs camarades et tout autant avec des adultes : jeux de mains, jeux d'affrontement où le plus grand n'est pas toujours le plus fort !

### *Chi-fou-mi*

*2 joueurs*

Aucun matériel nécessaire.

***But du jeu***

Jeu de hasard et de rapidité, dans lequel il s'agit de marquer des points sur son adversaire en se confrontant à l'aide de trois gestes différents.

***Déroulement de la partie***

• Les 2 joueurs sont face à face, les mains dans le dos.

• Ils comptent ensemble jusqu'à 3 et brandissent leur main droite dans l'une des trois positions déterminées. L'élément le plus fort marque 1 point. Le gagnant est celui qui totalise 3 points en premier.

• La main tendue représente la feuille de papier. Le poing symbolise le caillou. L'index et le majeur formant un V symbolisent la paire de ciseaux.

• Le papier l'emporte sur le caillou, puisqu'il le recouvre.

• Le caillou l'emporte sur les ciseaux, puisqu'il les casse.

• Les ciseaux l'emportent sur la feuille de papier puisqu'ils la coupent.

• Si les 2 joueurs montrent le même élément, aucun point n'est marqué.

***Le petit truc***

• Ce jeu très ancien vient du Japon, il est également connu sous le nom de « Caillou, papier, ciseaux », trois mots que l'on peut énoncer à la place de : « Et 1, et 2, et 3 ! »

• Plusieurs joueurs peuvent s'affronter simultanément, chaque gagnant prenant le gagnant d'un autre duo.

## *Main chaude aveugle*

*De 6 à 12 joueurs*

Aucun matériel nécessaire.

***But du jeu***

Deviner sans le voir celui qui vous gratouille ou qui vous chatouille…

***Déroulement de la partie***

• Le premier joueur désigné cache son visage sur les genoux d'un autre joueur assis devant lui, de façon à ne pas voir ceux qui l'entourent.

• Puis il place ses deux mains ouvertes derrière son dos. Les autres joueurs viennent tour à tour toucher l'intérieur de ses mains.

• Le premier joueur doit reconnaître celui qui l'a chatouillé. S'il tombe juste, le joueur reconnu doit prendre sa place.

***Le petit truc***

• Ce jeu vient des Grecs, qui le nommaient *collabismos*, « le soufflet ». Au temps de la marine à voile, c'était l'un des divertissements préférés des matelots. Ce n'est pas une raison pour y jouer violemment ! On peut, bien au contraire, varier les contacts de main à main : caresse, gratouillements, chiquenaude, etc.

## *La pelote de laine*

*À partir de 6 joueurs*
Aucun matériel nécessaire.

***But du jeu***

Démêler ses mains comme une pelote de laine…

***Déroulement de la partie***

• Les joueurs se placent en cercle, debout, les yeux fermés.

• Chaque joueur tend une main vers le centre et attrape la main d'un joueur au hasard.

• Puis il tend l'autre main et la donne à une personne différente.

• La pelote de laine est constituée. On ouvre les yeux. Maintenant, il va falloir la démêler sans lâcher les mains.

• L'idéal est de reconstituer un cercle fermé, même si certains joueurs se tournent le dos.

## Les mots s'amusent

### *Air, terre, mer*

*À partir de 3 joueurs*

Matériel nécessaire : une craie ou un bout de ficelle.

***But du jeu***

Les participants ne doivent pas se laisser tromper par les consignes du meneur.

***Déroulement de la partie***

• Tracez un trait à la craie sur le sol ou posez un bout de ficelle comme ligne de démarcation.

• Les joueurs se placent côte à côte derrière cette ligne, en faisant face au meneur de jeu.

• Ce dernier annonce successivement à voix haute les mots « mer », « terre » ou « air » dans l'ordre de son choix.

• À chaque élément annoncé correspond un déplacement :

– « Mer » : les joueurs sautent à pieds joints de l'autre côté de la ligne.

– « Terre » : les joueurs reprennent leur position de départ.

– « Air » : les joueurs sautent sur place.

• Le but du meneur est d'embrouiller les joueurs de manière qu'ils se trompent. Il reprendra ainsi plusieurs fois de suite la même consigne, puis alternera rapidement des ordres différents.

• À chaque erreur, on marque 1 point. Au bout de 5 points, soit le jeu s'arrête, soit le perdant a un gage (voir page 354). Il arrive également que le meneur se trompe ! Il cède alors sa place à celui qui vient de le lui faire remarquer.

## *Vole, marche ou nage ?*

*À partir de 3 joueurs*
Aucun matériel nécessaire.

### *But du jeu*

Les participants ne doivent pas se laisser tromper par le meneur de jeu.

### *Déroulement de la partie*

• À partir du jeu précédent, il est possible d'introduire une variante qui fait appel à davantage de connaissances.

• Au lieu d'annoncer les noms des trois éléments air, terre et mer, le meneur propose divers noms d'animaux, les joueurs doivent se déplacer en fonction de l'élément dans lequel vit cet animal.

• Comme la plupart des animaux appartiennent au moins à deux de ces trois catégories, on garde la plus significative. Et l'on annonce que rentrent dans la catégorie « air » tous les animaux qui volent, et dans la catégorie « mer » tous ceux qui vivent dans l'eau.

### *Quelques animaux*

| **Air** | **Terre** | **Mer** |
|---|---|---|
| Abeille | Autruche | Anguille |
| Aigle | Bélier | Baleine |
| Caille | Bouc | Colin |
| Canard | Chameau | Loup |

| | | |
|---|---|---|
| Cigogne | Chat | Morue |
| Corbeau | Cheval | Requin |
| Hanneton | Couleuvre | Sardine |
| Hirondelle | Lapin | Saumon |
| Papillon… | Loup… | Thon… |

## *Le corbillon*

*De 4 à 12 joueurs*
Aucun matériel nécessaire.

***But du jeu***

Savoir mémoriser et inventer pour continuer à rimer sans être éliminé !

***Déroulement de la partie***

• Les joueurs sont assis en cercle. L'un d'eux questionne son voisin de droite, en rassemblant ses deux mains pour simuler la forme d'une petite corbeille : « Dans mon corbillon, qu'y met-on ? »

• Celui-ci doit répondre par un mot qui se termine en « -on » : bonbon, chiffon, récitation, marron, saucisson, chapon…

• Le jeu se poursuit avec le même geste et même la question au joueur suivant qui répondra, lui aussi, par un nouveau mot en « -on », et ainsi de suite.

• Celui qui hésite trop longtemps, se trompe ou répète un mot déjà cité est éliminé.

• Le gagnant est le dernier qui reste en jeu.

***Le petit truc***

Les joueurs décideront avant de commencer si les noms propres sont acceptés ou non.

***Y pense-t-on ?***

La liste des mots en « -on » semble sans fond, en voici quelques échantillons pour vous mettre en condition : abandon, bouton, caleçon, dindon, édredon, façon, Gaston, héron, impression, jonc, krypton, location, maison, non, opinion, pardon, question, rançon, santon, tire-bouchon, union, vision, wagon, xénon, Yvon et Zébulon !

***Variantes***

• La phrase de départ change : « Saperlipopette ! Dans ma casquette, que faut-il que je mette ? », et l'on pourra répondre : des allumettes, une bicyclette, la reine Marie-Antoinette, un water-closet et du papier de toilette, une disquette ou une fête…

• Autres exemples : « Et pour mon âge, que ranger dans ma cage ? », et l'on trouvera sans ambages d'autres adages pour partir en voyage sur une plage. « Et pour mon anniversaire que voulez-vous faire ? », les réponses seront plus faciles puisque l'on aura droit à plusieurs mots tralalalalère, le dernier seulement rimant en frère, pour un tour de la terre, une leçon de savoir-faire, un autre partenaire, un autre jeu parce que celui-là, on s'y perd !

## *Je te passe mon mouchoir*

*De 4 à 12 joueurs*
Matériel nécessaire : un mouchoir.

***But du jeu***

Les joueurs doivent utiliser leur mémoire.

***Déroulement de la partie***

• Le premier joueur dit à son voisin de gauche : « Je te passe mon mouchoir. »

• Le deuxième joueur demande à son voisin de gauche : « Pourquoi me passe-t-il son mouchoir ? »

• Le troisième joueur répond par une phrase qui reprend la question et se termine par une rime en « -oir » : « Il te passe son mouchoir parce qu'il l'échange contre un entonnoir. »

• Et le questionnement se poursuit avec le joueur suivant : « Pourquoi l'échange-t-il contre un entonnoir ? » – Il l'échange contre un entonnoir parce qu'il veut le vendre à la foire », etc.

***Le petit truc***

• Voilà un jeu qui doit être lancé par un adulte de manière très précise, en faisant répéter à tous les joueurs les phrases de lancement, que l'on répète chaque fois qu'un joueur se trompe ou ne trouve pas de réponse immédiate.

• Une fois la règle bien comprise, le meneur peut faire le tour des joueurs comme pour le jeu du corbillon en disant : « Dans mon tiroir, que peut-on voir ? » Et ce pourrait être un accoudoir, un couloir, un crachoir, un épluchoir, un hachoir, un manoir, des mémoires, un nichoir, un peignoir, un plongeoir, un pourboire, un séchoir, un tamanoir, une armoire, une baignoire, une bouilloire, une écumoire, la gloire, une mâchoire, une mangeoire, une nageoire, une pataugeoire et d'autres rimes d'un soir, comme l'urinoir… qui fait toujours rire jaune ou noir !

## *Dernière nouvelle*

*À partir de 5 joueurs*

Matériel nécessaire : un quotidien ou un magazine d'informations.

***But du jeu***

Retenir une histoire détaillée et pouvoir la répéter en y ajoutant sa touche personnelle.

***Déroulement de la partie***

• Le premier joueur chuchote à son voisin de droite une nouvelle qu'il a trouvée dans un journal et préalablement recopiée sur un bout de papier. Il peut également inventer une petite histoire. La nouvelle doit être courte et comporter des détails précis.

• L'histoire est répétée de joueur en joueur, chacun ajoutant une information supplémentaire.

• Le dernier joueur du cercle, son tour venu, se lève et annonce la nouvelle telle qu'il l'a comprise. Le premier joueur se lève ensuite et la lit telle qu'il l'avait écrite. Il est amusant et instructif de constater à quel point les deux peuvent différer.

***Exemples***

• « J'ai vu sortir d'impressionnantes flammes par la fenêtre », explique un voisin de la rue voisine.

• Le billet gagnant du Loto a été acheté dans le bureau de tabac du quartier Malherbe.

• L'État fera appel à des prisonniers pour nettoyer les plages d'Aquitaine.

• Il était une fois une reine qui cousait l'hiver près de sa fenêtre alors que dehors il neigeait…

## *L'autre jour…*

*À partir de 4 joueurs*
Aucun matériel nécessaire.

***But du jeu***

Savoir poser les bonnes questions pour trouver la bonne réponse !

***Déroulement de la partie***

• Tirez au sort le joueur qui sera interrogé.

• Ce dernier choisit mentalement une personne, un animal ou un objet qu'il a vu le jour précédent et dit, par exemple : « L'autre jour, j'ai vu un animal… »

• Chaque joueur, l'un après l'autre, va lui poser une question pour deviner de quel animal il s'agit. Lui ne peut répondre que par oui ou par non. L'animal ne doit pas être cité dans la formulation de la question.

• Le premier à trouver la bonne réponse remplace le joueur interrogé et choisit un autre thème.

## *Ni oui ni non*

*À partir de 2 joueurs*
Aucun matériel nécessaire.

***But du jeu***

Arriver à répondre à des questions, sans employer ni le « oui », ni le « non ».

***Déroulement de la partie***

• Il faut beaucoup d'habileté pour déjouer les pièges tendus par son adversaire, qui essaiera à tout prix d'obtenir les réponses fatidiques.

• Le meneur de jeu doit poser les questions les plus diverses en passant du coq à l'âne.

• Le joueur interrogé ne doit répondre ni par « oui » ni par « non ». S'il se trompe, il est éliminé et on passe à un autre.

• Pour augmenter la difficulté, on peut ajouter d'autres couples de mots interdits : blanc et noir, or et argent, grand et petit, anniversaire et gâteaux, etc.

• Ce jeu demande beaucoup d'attention, d'imagination et aucune hésitation. Le silence et les gestes ne sont pas acceptés comme réponses.

## *Le mot interdit*

*À partir de 2 joueurs*
Aucun matériel nécessaire.

### *But du jeu*

Ne pas prononcer le mot que les autres joueurs ont choisi de vous faire dire sans le connaître.

### *Déroulement de la partie*

• Un joueur sort de la pièce. Les autres choisissent un mot, de préférence un nom commun, un adjectif ou un verbe, dont on peut préciser la catégorie (un objet, un élément naturel, quelque chose qui se trouve dans la pièce, etc.).

• Quand le joueur revient, les autres ont 5 minutes pour le questionner et lui faire prononcer le mot interdit, sans le prononcer eux-mêmes.

• Le joueur interrogé doit deviner le mot et a droit à trois propositions. S'il tombe juste, il marque 5 points ; s'il n'a pas deviné mais ne l'a pas prononcé durant les 5 minutes de jeu, il marque 1 point seulement. S'il l'a prononcé pendant que les autres le questionnaient, il a perdu !

## *Lui et elle*

*De 5 à 10 joueurs*
Aucun matériel nécessaire.

### *But du jeu*

Trouver deux objets souvent associés, l'un étant masculin et l'autre féminin.

### *Déroulement de la partie*

• Un joueur sort. Ses camarades choisissent deux objets au hasard.

• Le joueur revient et pose des questions pour définir qui sont lui et elle.

***Exemples***

– Où trouve-t-on généralement lui et elle ?
– Sur une étagère ou dans une trousse.
– Quel est le caractère de lui et elle ?
– Lui est plus piquant qu'elle.
– Quelles sont les matières qui les composent ?
– La corne, le bois, le poil de sanglier, le plastique.
– Réponse : le peigne et la brosse.

***Le petit truc***

• Le jeu est amusant si on le prépare avec un petit groupe d'enfants en leur fournissant une première liste d'objets. On pourra alors chercher avec eux des réponses à double sens aux questions.

• Le jeu ainsi préparé sera proposé à des joueurs nouveaux, et, petit à petit, on introduira de nouveaux couples inconnus des joueurs.

• Quelques propositions : la brosse à dents et le dentifrice, la montre et le poignet, le tournevis et la vis, le clou et le marteau, la bouteille et le verre, la chaussure et le pied, etc.

## *Au marché de Padi Pado*

*De 4 à 12 joueurs*
Aucun matériel nécessaire.

***But du jeu***

Répondre à des questions tout en cherchant à élucider pourquoi certains mots ne sont pas acceptés.

### *Déroulement de la partie*

• Les joueurs doivent répondre à la question : « Devine ce que j'ai rapporté pour ton anniversaire du marché de Padi Pado ! »

• Il faut présenter le jeu sans donner d'autres explications et demander tour à tour à chaque joueur de faire une proposition de denrée rapportée.

• Selon la réponse, le meneur réplique : « Tu viens bien du marché de Padi Pado ! » ou « Désolé, tu ne viens pas du marché de Padi Pado ! ».

• Les joueurs essaient plusieurs fois, jusqu'à ce qu'ils aient trouvé le truc, mais sans le révéler !

• Ceux qui rapporteront de la crème, de la salade, des blettes, des crabes, des crevettes, des fleurs, des navets, des pastèques, des patates, des truffes, du beurre, du blé, du café, du détergent, du gruyère, du ketchup, du rhum, du sel, du sucre, du thé, du thym… auront gagné, car les mots employés ne comprennent ni la lettre *i* ni la lettre *o* (« pas d'i, pas d'o »).

• Ceux qui rapporteront des radis, des épinards, des carottes, des tomates, des poireaux, des salsifis, des brioches, des croissants, du pain, du raisin, des pommes, de l'huile, du vinaigre, de la moutarde, des oignons, de l'ail, du romarin, du persil, du basilic, du thon, des sardines, du camembert, des œufs, des noix, des aubergines, des poivrons, du poivre, de la moutarde, des capucines, des savons, de la lessive… auront perdu !

### *Le petit truc*

Au début, on peut ne considérer que le son *i* et le son *o*, puisqu'il faut savoir bien écrire pour les repérer dans *moutarde*, *raisin* ou *savon*. Mais alors pas question de *jambonneau*, d'*eau*, de *veau* ou de *lys*.

## *Le cadavre exquis*

*À partir de 3 joueurs*

Matériel nécessaire : une feuille de papier et un crayon par joueur.

***But du jeu***

Créer ensemble une histoire sans queue ni tête.

***Déroulement de la partie***

• Chaque joueur, muni d'une feuille et d'un crayon, doit répondre à la question : « Qui ? » Chacun écrit, sans le dire, un nom propre ou un nom commun. Par exemple : « Un chat » ou « Félix ».

• Chacun replie sa feuille sur la surface écrite et la passe à son voisin de droite.

• Sans déplier, chaque joueur répond maintenant à la question : « Que fait-il ? » Chacun décrit alors une action, par exemple « éternue », sans savoir quel est le sujet de l'action. Chacun plie à nouveau sa feuille et la passe à son voisin.

• À chaque étape viennent d'autres réponses aux questions : « Où ? Avec qui ? Quand ? Comment ? Pourquoi ? »

• À la dernière réponse, chacun déplie sa feuille et lit le résultat. Et c'est ainsi que l'on trouve des phrases aussi étonnantes que celles qu'inventèrent les grands amateurs de ce jeu : les écrivains surréalistes qui faisaient alors de l'écriture automatique. Et ce jeu, qui s'appelait à l'origine « Les petits papiers », a pris le nom de la première phrase qu'ils ont ainsi composée : « Le cadavre exquis boira le vin nouveau. »

## *Le petit baccalauréat*

*De 2 à 15 joueurs*

Matériel nécessaire : une feuille de papier et un crayon par joueur, un dictionnaire.

***But du jeu***

Trouver des mots qui commencent par une lettre choisie au hasard dans le dictionnaire.

***Déroulement de la partie***

• Chaque joueur trace sur sa feuille un tableau comportant cinq colonnes. Chacune comporte un thème : ville, homme/femme célèbre, pays, animal et plante.

• L'un des joueurs tire une lettre au sort à l'aide du dictionnaire. Cette lettre va correspondre à l'initiale des mots à trouver pour chaque thème.

***Exemple***

Si la lettre tirée au sort est D, on pourra trouver ces mots :

| **Ville** | **Homme célèbre** | **Pays** | **Animal** | **Plante** |
|---|---|---|---|---|
| Dijon | Doc Gynéco | Danemark | Dinde | Dahlia |
| Douvres | Dion Céline | Djibouti | Dauphin | Dattier |
| Dublin | Di Caprio Léonardo | | Dinosaure | Digitale |

• On peut soit choisir de mettre le maximum de mots dans un temps donné, soit de ne mettre qu'un seul mot par colonne et le premier qui a rempli sa ligne dit « Stop ! » et tous les autres joueurs arrêtent leur recherche.

• Ne sont comptabilisés que les mots n'ayant été trouvés par aucun autre joueur.

***Le petit truc***

• On peut, pour les plus jeunes notamment, utiliser d'autres catégories plus faciles, comme : objet, couleur, aliment, prénom, matière…

• On peut également demander à tous les joueurs de chercher ensemble après avoir reproduit le tableau sur une grande feuille. Chacun a alors le droit d'ouvrir au moins une fois le dictionnaire. On utilisera pour cela le dictionnaire correspondant à leur tranche d'âge.

• Pour les pauvres joueurs qui tomberaient sur les lettres K, Q, W, Y ou Z, voici une liste de mots à retenir, après avoir vérifié leur sens dans un dictionnaire.

| **Ville** | **Homme célèbre** | **Pays** | **Animal** | **Plante** |
|---|---|---|---|---|
| Kaboul | Kennedy | Koweit | Kangourou | Kaki |
| Quiberon | Quasimodo | Québec | Quetzal | Qinoa |
| Washington | Wagner | | Wapiti | Witloof |
| Yalta | Young Neil | Yémen | Yack | Yucca |
| Zanzibar | Zorro | Zambie | Zébu | |
| Zinnia | | | | |

# Jeux de Kim

Kim est l'un des personnages d'un roman de Rudyard Kipling décrivant les aventures d'un jeune orphelin anglais vivant en Inde. Kim rencontre des personnages qui lui permettent d'acquérir, puis de développer son sens de l'observation, son attention et sa mémoire. Les jeux qui suivent s'inspirent de cette histoire.

## *Kim du toucher*

*De 2 à 15 joueurs*

Matériel nécessaire : des objets choisis au préalable, un grand morceau de tissu ou un torchon.

### *But du jeu*

Identifier un objet usuel en le palpant à travers un tissu qui le recouvre ou en glissant la main sous le tissu.

### *Déroulement de la partie*

• Choisissez des objets et recouvrez-les d'un torchon. Par exemple : une pomme de pin, un galet, une petite branche, une coquille d'escargot, des feuilles, de petits fruits, une fleur, le contenu d'une trousse d'écolier, d'une boîte de couture, de petits éléments d'une caisse à outils, d'une boîte de jeux…

• En palpant l'objet à travers le tissu, chaque joueur doit l'identifier.

• Les joueurs peuvent aussi mettre les mains dans le dos. Il s'agit, alors, d'identifier une suite d'éléments que l'on dépose, l'un après l'autre, dans leurs mains. En jouant sur la taille, la température, la matière, etc. Par exemple : un peu de sable humide, de la semoule, des glaçons, des pièces de monnaie tenues au chaud dans sa propre main, une bogue de châtaigne, une boule de papier froissé, des confettis…

## *Kim de l'ouïe*

*De 2 à 15 joueurs*

Matériel nécessaire : des objets choisis au préalable, un paravent ou un rideau.

***But du jeu***

Identifier des bruits ou des sons.

***Déroulement de la partie***

• Vous aurez préparé derrière un paravent ou un rideau tiré toutes sortes d'objets produisant du bruit et des sons, qu'il faudra identifier.

• Par exemple : verser de l'eau, froisser une feuille de papier kraft, casser une noix, planter un clou, gratter une allumette, remuer des clés, claquer des mains, ouvrir et fermer une boîte avec un couvercle en plastique, décapsuler une cannette de boisson gazeuse, croquer une pomme…

## *Kim du goût*

*De 2 à 15 joueurs*

Matériel nécessaire : des ramequins, des aliments, une petite cuillère par personne, un foulard.

***But du jeu***

Goûter et identifier ce que l'on ingurgite, les yeux fermés !

***Déroulement de la partie***

• Préparez des ramequins contenant un échantillon de chaque aliment, accompagnés de petites cuillères individuelles.

• Un foulard sur les yeux, chacun va goûter un peu de chaque aliment en tentant de l'identifier.

• On peut commencer le jeu en se pinçant le nez et en fermant les yeux pour prouver comme le goût est lié à l'odorat et à la vue. Par exemple : différentes confitures et miels parfumés, farine, café, thés parfumés, jus de citron, d'oranges, de pomme, d'ananas, etc. On peut également jouer sur la température des aliments (Coca très chaud, café glacé, lait tiède).

## *Kim de l'odorat*

*De 2 à 15 joueurs*

Matériel nécessaire : des petites boîtes cylindriques de pellicules photo (récupérées chez n'importe quel photographe).

***But du jeu***

Identifier des odeurs différentes.

***Déroulement de la partie***

• Un adulte se chargera de percer des trous dans les couvercles des boîtes.

• Le jeu pourra alors commencer en demandant aux joueurs d'identifier les différentes odeurs venant des objets que l'on aura déposés dans chaque boîte fermée.

• Par exemple : du café en poudre, différentes épices, de l'eau de Javel diluée, de l'eau de fleur d'oranger, de l'herbe fraîchement coupée, un morceau d'écorce de citron, du papier brûlé…

## *Kim du fond de tiroir*

***À partir de 4 joueurs***

Matériel nécessaire : le contenu d'un tiroir préparé pour l'occasion.

***But du jeu***

Identifier et retenir de mémoire le maximum d'objets contenus dans un tiroir.

***Déroulement de la partie***

• Il y a certainement chez vous un ou plusieurs tiroirs dans lesquels vous mettez ces petites choses qui peuvent toujours servir : vieilles clés, bouts de ficelles, crayons, paquet de mouchoirs, cartes postales, capsules, bouchons…

• Videz complètement ce tiroir. Gardez une quinzaine d'objets que vous redisposez sur le fond sans qu'ils se superposent.

• Ouvrez le tiroir devant les joueurs pendant 1 minute et demandez-leur de réciter le maximum d'objets, une fois le tiroir refermé.

## Le meneur a dit

Le meneur, c'est celui qui propose, lance le jeu et le mène jusqu'à son issue. C'est souvent un adulte, surtout lorsque le jeu n'est pas connu ou nécessite des explications. Souvent, l'adulte lance la première partie, puis un enfant prend le relais. Quelquefois un enfant peut être le meneur, s'il le souhaite et connaît le jeu.

### *Jacques a dit…*

*À partir de 5 joueurs*
Aucun matériel nécessaire.

***But du jeu***

Le meneur tente de tromper sa petite troupe, qui devra faire preuve d'attention pour déjouer ses pièges.

***Déroulement de la partie***

• L'un des joueurs prend le rôle du meneur. Les autres joueurs sont face à lui. Celui-ci leur ordonne de faire des gestes simples.

• Les joueurs n'obéissent que si l'ordre est précédé de la formule « Jacques a dit… ».

• « Jacques a dit : "sautez à pieds joints". Demi-tour à droite. Mains sur la tête. Jacques a dit : "penchez-vous en avant". »

• Tout joueur qui exécute un ordre non précédé de ces mots, ou qui, au contraire, n'obéit pas à un ordre donné selon la règle, est éliminé.

• Pour compliquer le jeu, le meneur peut donner une série rapide d'ordres réguliers, puis néglige de dire « Jacques a dit… », ce qui a pour effet d'éliminer plusieurs joueurs à la fois. Le dernier enfant encore en jeu gagne la partie.

***Le petit truc***

Le prénom de l'enfant fêté peut remplacer celui de Jacques.

## *À mon commandement…*

*De 5 à 15 joueurs*

Matériel nécessaire : une chaise par joueur et une pour le meneur.

***But du jeu***

Ne pas se laisser tromper par le meneur.

***Déroulement de la partie***

• La formule « À mon commandement… » remplace celle du jeu précédent. Tous les joueurs sont assis face au meneur, également assis.

• Cette fois, le meneur ne donne que deux ordres aux autres joueurs : « Assis ! » ou « Debout ! ».

• Au meneur d'induire les joueurs en erreur en exécutant les mouvements opposés à ceux qu'il ordonne.

• Un arbitre est souvent nécessaire, car il n'est pas rare que le meneur se trompe autant que les joueurs !

## *Fais comme ceci, fais comme cela !*

*De 5 à 15 joueurs*

Aucun matériel nécessaire.

***But du jeu***

Réagir rapidement aux ordres du meneur sans se laisser perturber par la vitesse du jeu.

***Déroulement de la partie***

• Le meneur fait un geste qu'il accompagne de la formule : « Fais comme ceci ! » ou « Fais comme cela ! »

• S'il dit : « Fais comme ceci ! », les joueurs doivent l'imiter, mais s'il dit : « Fais comme cela ! », ils restent immobiles.

• On s'apercevra très vite que les gestes les plus ordinaires sont ceux que l'on exécutera le plus facilement : regarder d'un côté, renifler, tendre le doigt gauche vers la fenêtre, etc.

## *Le chef d'orchestre*

*À partir de 8 joueurs*

Aucun matériel nécessaire.

***But du jeu***

Découvrir qui est le chef d'orchestre en observant attentivement les gestes des participants.

***Déroulement de la partie***

• Les participants sont assis en cercle.

• L'un d'eux sort du cercle.

• Pendant ce temps, les joueurs choisissent leur chef d'orchestre. Celui-ci commence à faire un geste qui sera imité par les autres : jouer d'un instrument de musique (violon, tambour, trompette...), ou bien des gestes rythmés (frapper dans les mains, par terre, sur les genoux, ou encore se gratter le nez, grimacer...).

• Le joueur revient et doit deviner qui est le chef d'orchestre. Il a droit à trois essais. S'il se trompe, il sort à nouveau de la pièce et l'on désigne un autre chef.

## *Le loup affamé*

*À partir de 8 joueurs*
Aucun matériel nécessaire.

***But du jeu***

Découvrir par le seul fait de l'observation qui est le loup affamé.

***Déroulement de la partie***

• Une personne désignée comme chasseur sort de la pièce.
• Les enfants sont assis en cercle et choisissent un loup.
• Le loup choisit un geste discret, par exemple, un clin d'œil, pour manger les personnes. Il regarde discrètement un joueur droit dans les yeux et fait son geste. La personne avalée s'écroule sur place.
• Si, au bout de 3 joueurs « tués » le chasseur n'a pas trouvé le loup, une nouvelle partie commence avec de nouveaux rôles.

## Silence, on bouge !

On aurait tort de croire que les jeux qui exigent le silence sont des jeux calmes : ils sont de ceux qui dégagent le plus de tensions et d'excitation. Alors, autant le savoir !

### *Tic-tac*

*À partir de 8 joueurs*
Matériel nécessaire : deux bandeaux, un gros réveil bruyant.

***But du jeu***

Sans faire de bruit, se rapprocher d'un objet bruyant pour l'attraper avant son adversaire.

***Déroulement de la partie***

- Deux joueurs ont les yeux bandés. Les autres ne sont, pour l'instant, que des spectateurs silencieux, mais leur tour viendra !
- Les 2 joueurs se tiennent à genoux face à face chacun dans un angle de la pièce.
- On place sur le sol de la pièce, à égale distance de l'un et l'autre, le réveil au tic-tac bruyant. Le gagnant est le premier qui réussit à attraper l'objet.

## *Le roi du Silence*

*À partir de 6 joueurs*

Matériel nécessaire : un bandeau, un trousseau de clés, une chaise figurant le trône.

***But du jeu***

S'emparer du trésor, mais attention, au moindre bruit, le roi vous élimine.

***Déroulement de la partie***

- « Que l'on apporte un trône au roi du Silence ! » Les joueurs se regroupent d'un côté de la pièce que l'on vient de débarrasser à l'exception d'un siège qui va servir à honorer le joueur que le sort a désigné comme roi ou reine du Silence.
- On lui bande les yeux, puis on place derrière lui son trésor, constitué d'un trousseau de clefs bruyant.
- Les joueurs essaient, à tour de rôle, de s'approcher le plus discrètement possible du roi pour lui dérober son trésor.
- Si le roi du Silence entend le moindre bruit, il pointe son doigt en direction du coupable. Le joueur doit alors regagner sa place.
- Si, au bout de 5 minutes, aucun des joueurs n'a réussi à voler le trésor du roi, celui-ci gagne la partie.

## *En bon ordre*

*À partir de 5 joueurs*

Matériel nécessaire : du papier journal.

***But du jeu***

Se ranger en bon ordre le plus vite possible.

***Déroulement de la partie***

- Les enfants se placent en cercle, chacun se tient debout sur une feuille de papier journal.

• Selon les indications du meneur de jeu, ils devront se ranger par ordre de taille, d'âge, d'initiale de leur prénom... Mais ils n'ont le droit de se déplacer qu'en marchant sur des feuilles de papier journal.

• Ils n'ont le droit d'échanger des informations qu'à voix basse.

• Lorsque tout le monde est en bon ordre, le meneur choisit un autre critère et on recommence.

## *L'abeille, le moineau et le chasseur*

*À partir de 10 joueurs*
Aucun matériel nécessaire.

***But du jeu***

Ne pas se faire attraper, c'est gagner la partie !

***Déroulement de la partie***

• Le sort a désigné les chasseurs, les abeilles et les moineaux à parts égales. Une bande de papier crépon de couleur attachée autour de la taille, de la cheville ou du bras permet de distinguer chaque groupe.

• Les joueurs sont dispersés dans la pièce et marchent en silence en tous sens en comptant jusqu'à 5.

• Commence alors la poursuite : le chasseur veut capturer le moineau, lequel veut attraper l'abeille, laquelle veut piquer le chasseur. Chaque joueur attrapé par trois tapes dans le dos est immobilisé sur place jusqu'à la fin de la partie.

• Les trois « agresseurs agressés » se poursuivent en circulant parmi les autres joueurs jusqu'à ce que chacun ait été attrapé. Le dernier joueur restant permet à son équipe de remporter la partie.

***Le petit truc***

Le jeu mérite d'être bien expliqué pour avoir du succès. Les joueurs doivent comprendre qu'ils peuvent à la fois attraper et être attrapés.

## *Alerte à la sonnerie !*

*À partir de 6 joueurs*

Matériel nécessaire : un ou plusieurs réveils.

***But du jeu***

Découvrir un objet caché.

***Déroulement de la partie***

• Préparer le réveil pour qu'il sonne dans les 10 minutes.

• Les enfants auront ce temps pour découvrir où ce réveil est caché, avant qu'il ne se mette à sonner !

***Variante***

• Cachez plusieurs réveils prêts à sonner.

• De petits minuteurs comme ceux qui servent en cuisine feront aussi l'affaire.

## Courir, parcourir, rire

Comme pour les anniversaires des petits et des grands, un moment de défoulement à l'extérieur est indispensable pour que l'anniversaire des moyens se termine avec autant de calme qu'il a commencé. Les jeux qui suivent transformeront le moment en extérieur en nouvelle occasion de rire.

### *Pi le hibou*

*À partir de 4 joueurs*
Aucun matériel nécessaire.

***But du jeu***

Une partie de cache-cache plus difficile qu'on ne le croit !

***Déroulement de la partie***

• Un joueur, désigné comme étant le hibou, ferme les yeux et compte de façon décroissante : « Pi 16, pi 15, pi 14, … » jusqu'à zéro. Pendant ce temps, les enfants se cachent.

• À zéro, il se retourne et nomme tous ceux qu'il voit. Ceux-ci sont éliminés.

• Le hibou recommence à compter à partir de « Pi 15… », l'opération se renouvelle en laissant chaque fois de moins en moins de temps aux joueurs pour se cacher.

• Le gagnant est celui qui reste.

***Le petit truc***

Ce jeu se pratique sur un terrain riche en cachettes.

## *Le parcours des garçons de café*

*À partir de 4 joueurs (nombre de joueurs pair)*

Matériel nécessaire : des biscuits, des assiettes en carton, des verres en carton.

***But du jeu***

Il s'agit d'être très adroit pour courir sans renverser les consommations !

***Déroulement de la partie***

• Définissez d'abord une ligne de départ et un parcours aller-retour de même longueur pour chaque participant.

• Les joueurs reçoivent chacun une assiette remplie d'un même nombre de biscuits et un verre en carton rempli d'eau.

• Tous les garçons de café partent alors en même temps et doivent suivre leur parcours en courant sans renverser leurs consommations.

• Celui qui en aura le moins renversé aura gagné la partie.

## *Les livreurs de patates*

***À partir de 8 joueurs***

Matériel nécessaire : un sac de pommes de terre, 2 seaux, 2 grandes cuillères en plastique.

***But du jeu***

Ramener le plus grand nombre de pommes de terre.

***Déroulement de la partie***

• Formez deux équipes.

• Choisissez une ligne de départ et un parcours aller-retour de même distance pour chaque équipe.

• Définissez un temps de parcours.

• Les joueurs doivent effectuer le parcours le plus vite possible en transportant la pomme de terre dans la cuillère tenue fermement entre les dents.

• Dès qu'un joueur a effectué le parcours, il pose sa pomme de terre dans le seau.

• Le suivant le relaie, et ainsi de suite.

• Chaque fois qu'une pomme de terre tombe, le joueur doit la ramasser puis revenir au point de départ et recommencer.

• Au bout du temps imparti, il suffit de compter les pommes de terre dans le seau pour savoir quelle équipe a gagné la partie.

## *Le parcours des crabes*

*À partir de 8 joueurs (deux par deux)*
Aucun matériel nécessaire.

***But du jeu***

Suivre un parcours… digne de celui du combattant !

***Déroulement de la partie***

• Définissez un parcours.

• Deux par deux, les joueurs se mettent dos à dos et accrochent leurs bras de façon à ne pas pouvoir se détacher.

• Marchant latéralement comme des crabes, ils doivent effectuer ce parcours le plus rapidement possible.

• S'ils se détachent, ils doivent recommencer le parcours au début.

## *Le tir à la corde*

*À partir de 6 joueurs*

Matériel nécessaire : une corde de 5 ou 6 m de long, une boîte en plastique, un rouleau de scotch de couleur.

***But du jeu***

L'union faisant la force, qui l'emportera des deux équipes ?

***Déroulement de la partie***

• Marquez le milieu de la corde en faisant un pli et faites une marque avec un bout de scotch de couleur.

• Comptez 1 m à partir du milieu et faites de chaque côté trois nœuds espacés de 80 cm environ.

• Marquez le centre du terrain de jeu en plantant la boîte en plastique dans la terre et posez la corde au sol de façon à faire coïncider le milieu de la corde et le milieu du terrain.

• Deux équipes de 3 joueurs vont se poser à côté de la corde, placer leurs mains devant les nœuds, et s'affronter en tirant de toutes leurs forces au signal.

• Le but est d'obliger l'équipe adverse à franchir la marque plantée au sol ou de la déstabiliser jusqu'à la faire tomber !

## *Saute-mouton*

*À partir de 6 joueurs*

Aucun matériel nécessaire.

***But du jeu***

Tour à tour les joueurs sautent par-dessus leurs camarades courbés comme des moutons.

***Déroulement de la partie***

• Quelques joueurs se placent en ligne, courbés, les mains sur les genoux, le menton rentré dans la poitrine.

• Un joueur prend son élan et saute par-dessus les enfants courbés en s'appuyant sur leur dos avec les deux mains.

• En bout de ligne, il prend lui aussi la pose.

• Les joueurs sautent ainsi tour à tour.

• Quand tous les joueurs sont courbés, le premier de la ligne prend le relais et saute à son tour, et ainsi de suite.

## *Terre, mer, rive*

*À partir de 6 joueurs*

Matériel nécessaire : une craie.

### *But du jeu*

Jeu de rapidité dans lequel les joueurs doivent passer d'une zone à une autre sans se tromper.

### *Déroulement de la partie*

• Un meneur trace sur le sol deux lignes parallèles distantes de 50 cm pour distinguer trois zones : la mer, la rive, la terre. Puis il dessine un peu plus loin un grand cercle figurant le ciel.

• Le meneur crie l'un des mots : mer, terre ou rive. Les joueurs doivent aussitôt sauter dans la zone correspondante.

• Les joueurs qui se trompent doivent se rendre dans la zone ciel.

• De temps à autre, le meneur de jeu peut crier « De ciel à terre » et tous les joueurs réintègrent le jeu.

### *Le petit truc*

Pour corser le jeu, on peut former des équipes de 2 joueurs liés à la cheville par un foulard.

## *L'épervier*

*À partir de 10 joueurs*
Aucun matériel nécessaire.

***But du jeu***

L'épervier doit attraper le plus de lapins possible.

***Déroulement de la partie***

• Délimitez un terrain d'environ 30 m de long sur 20 m de large.

• Les joueurs choisissent un épervier.

• On délimite deux zones de repos à chaque bout du terrain : c'est le camp des lapins.

• L'épervier se positionne seul face aux lapins qui sont en face de lui, en ligne, les uns à côté des autres.

• Au signal de l'épervier : « L'épervier part en chasse ! », les lapins doivent traverser le terrain pour rejoindre le camp d'en face.

• Au passage, l'épervier attrape des lapins, en les touchant. Ceux-ci deviennent des aides de l'épervier et lui donnent la main. Seuls les deux joueurs en bout de chaîne ont le droit de capture.

• Les lapins peuvent passer sous la chaîne, tenter de la briser en douceur. Tant que la chaîne est coupée, l'épervier et ses aides ne peuvent faire de prisonniers.

• Les joueurs sortis d'un camp ne peuvent revenir en arrière et sont obligés de se rendre dans le camp d'en face.

• Le gagnant est le dernier lapin, qui deviendra épervier à son tour.

## *Courir et sauter*

*À partir de 4 joueurs*
Matériel nécessaire : 5 cordes à sauter par équipe.

### *But du jeu*

Voici une course de relais où les joueurs devront non seulement courir mais aussi sauter à la corde !

### *Déroulement de la partie*

• Déterminez le nombre d'équipes.

• Définissez autant de parcours de longueur équivalente que d'équipes. Tous les 5 m, déposez une corde à sauter.

• Au signal, le premier joueur de chaque équipe court, prend la première corde, saute une fois, repose la corde, court jusqu'à la deuxième corde, saute deux fois, et ainsi de suite jusqu'à la cinquième corde. Arrivé à la cinquième corde, il saute cinq fois, repose la corde, court jusqu'au bout du terrain et refait exactement le même trajet en sens inverse. À la ligne de départ, le joueur suivant prend la relève.

• L'équipe qui a terminé en premier est déclarée gagnante.

### *Le petit truc*

Pour le chemin du retour, vous pouvez choisir de faire les mêmes actions qu'à l'aller (courir et sauter à la corde) ou bien de revenir seulement en courant. Le choix dépendra de l'âge et de l'énergie des participants !

## *La tomate*

*À partir de 8 joueurs*

Matériel nécessaire : 2 ballons de baudruche bien gonflés et d'autres en réserve.

### *But du jeu*

Les participants devront faire passer le ballon qu'ils tiennent entre leurs genoux à leurs coéquipiers, sans l'aide des mains.

***Déroulement de la partie***

- Formez 2 équipes, déterminez 2 parcours en ligne droite.
- Gonflez 2 ballons.
- Chaque équipe se met en ligne, les joueurs les uns derrière les autres.
- Le premier joueur de chaque équipe tient le ballon entre ses genoux.
- Au signal de départ, le premier joueur de chaque équipe doit passer le ballon au joueur suivant sans l'aide de ses mains, sans le faire tomber ni sortir de la ligne du parcours formée par ses camarades.
- Si le ballon tombe ou éclate, l'équipe recommence au départ.

***Le petit truc***

Le jeu est plus difficile et plus drôle avec des ballons bien gonflés qui éclatent facilement. Prévoyez des ballons de rechange !

## Et pourquoi pas les cartes ?

Bien évidemment l'anniversaire serait peu festif s'il n'était que l'occasion d'une partie de cartes, aussi animée soit elle, mais il serait aussi dommage de ne pas préserver un temps plus calme pour d'autres jeux, comme les cartes. C'est facile à mettre en route et on peut y jouer presque n'importe où, alors n'hésitez pas à prévoir un jeu de cartes au cas où !

### *Mistigri*

*À partir de 3 joueurs*

Matériel nécessaire : un jeu de 32 cartes (pour 3 joueurs) ou de 52 cartes (pour 4 joueurs et plus).

***But du jeu***

Jouer de finesse pour se débarrasser d'une carte bien gênante !

***Déroulement de la partie***

• Si quelquefois le nom de Mistigri désigne un chat, il est ici attribué à une carte dont il faut se débarrasser : le valet de pique. Il faut préalablement retirer le valet de trèfle du jeu et le placer au centre de la table.

• Toutes les cartes sont distribuées une par une. Dans un premier temps, chaque joueur assemble ses cartes par paires de couleur et de valeur identiques (valet de cœur et valet de carreau, par exemple) et les pose sur la table.

• Puis le donneur présente ses cartes en éventail, face cachée, à son voisin de gauche, qui en choisit une au hasard. Si cette carte permet de réaliser une paire, celui-ci sort la paire de son jeu.

• Puis, à son tour, celui qui vient de recevoir une carte fait choisir une carte à son voisin. Le joueur qui hérite du valet de pique ne peut le marier à celui de trèfle puisqu'il est hors du jeu. Il doit donc faire le maximum pour qu'un de ses partenaires en hérite s'il veut garder une chance de gagner.

• Les paires vont se constituer tout au long du jeu et le dernier qui se retrouve avec le Mistigri en main a perdu la partie.

## *La bataille*

*2 joueurs*

Matériel nécessaire : un jeu de 32 ou de 52 cartes.

### *But du jeu*

Être par chance celui qui ramassera toutes les cartes !

### *Déroulement de la partie*

• La valeur des cartes est simple à retenir : les quatre couleurs sont équivalentes et l'ordre est décroissant : as, roi, dame, valet, 10, 9, 8…

• Les cartes face cachée sont distribuées entre les deux adversaires. Un joueur prend la première carte de son tas et la retourne sur la table. L'autre joueur fait de même.

• Celui qui a posé la carte la plus forte ramasse le pli et le glisse sous son tas de cartes. La partie se fait à l'aveugle : les joueurs ne regardent pas leurs cartes avant de la poser sur la table.

• Lorsque les joueurs retournent deux cartes de même valeur, il y a bataille. Chacun couvre alors sa carte par une autre carte face cachée, puis par une troisième carte retournée. La carte la plus forte des deux tas donne le pli à celui qui l'a posée.

• Le jeu s'arrête à l'épuisement des cartes.

***Variante : la bataille couverte***

• Les joueurs tiennent leur jeu en éventail et choisissent leurs cartes.

• Les 2 joueurs posent leurs cartes simultanément. Les plis qui sont gagnés sont placés face contre table devant le joueur.

• Ce n'est que lorsque le joueur s'est entièrement défait de son éventail qu'il peut prendre le tas de plis remportés pour former un nouvel éventail.

• Avec cette variante, la bataille est bien plus stratégique.

## *Le menteur*

*De 2 à 6 joueurs*

Matériel nécessaire : un jeu de 52 cartes.

***But du jeu***

Bluffer suffisamment et correctement pour se débarrasser de toutes ses cartes.

***Déroulement de la partie***

• Un donneur distribue les cartes une par une, de manière que tous les participants aient un nombre de cartes identique. Il n'est pas indispensable d'utiliser toutes les cartes du jeu.

• Le voisin de gauche du donneur sélectionne une des cartes de son jeu, qu'il pose au centre de la table face cachée. Puis il annonce une couleur : carreau, trèfle, cœur ou pique. Personne autour de la table ne sait s'il dit la vérité.

• Les autres joueurs, dans le sens des aiguilles d'une montre, posent à leur tour une de leurs cartes en annonçant la même couleur.

• À n'importe quel moment de la partie, un joueur peut traiter de menteur celui qui dépose une carte. La carte est alors retournée. Si la carte est d'une couleur différente de celle annoncée par le premier joueur, le menteur ramasse toutes les cartes posées sur la table. En revanche, si la couleur est bonne, c'est l'accusateur qui prend le tas de cartes.

• Le joueur ayant ramassé les cartes pose une nouvelle carte et annonce une couleur.

• La partie se termine lorsque l'un des joueurs n'a plus aucune carte en main.

***Variante***

La partie peut se faire à l'aveugle (les joueurs ne connaissant pas la carte qu'ils annoncent), le principe premier étant de se débarrasser rapidement d'un maximum de cartes. Dans un tel jeu, tout est – presque – possible : la vitesse de jeu, le *bluff* et la possibilité de plaquer plusieurs cartes. Sauf que ce dernier coup est sanctionné si un autre joueur s'en aperçoit. Et le fautif se retrouve avec un lot de cartes, dont celles qu'il a tenté de faire passer discrètement !

## Des dés et des dominos

Les jeux de dés et de dominos devraient faire partie du patrimoine culturel de toutes les familles, puisque tout le monde peut y jouer. Et, comme pour tous les jeux présentés ici, la proposition doit tomber à propos, et surtout on ne doit pas hésiter à ne faire qu'une seule partie. Pourquoi ? Pour que le plaisir ne se transforme pas en corvée et que l'on ait toujours envie d'y revenir.

### *Le vingt-et-un*

*À partir de 2 joueurs*

Matériel nécessaire : 1 dé à jouer, un cornet (facultatif), des jetons, du papier, des crayons.

***But du jeu***

Obtenir un total de 21 points ou s'en approcher le plus possible, en lançant le dé à plusieurs reprises.

***Déroulement de la partie***

• Les jetons – qui peuvent être des rondelles de plastique de couleur, mais aussi des bonbons, des images, des haricots secs – sont répartis entre tous les joueurs.

• Chaque joueur lance le dé plusieurs fois, note son résultat, l'ajoute aux points déjà marqués jusqu'à ce qu'il décide d'arrêter. Soit il obtient 21 points, soit il s'en approche. Une fois arrêté, il ne peut plus revenir sur sa décision et ne pourra pas reprendre la partie. Ainsi, un joueur qui s'arrête à 19 points doit s'en tenir à ce total, quels que soient les résultats des autres joueurs.

• Tout joueur qui dépasse 21 doit aussitôt verser un jeton dans le pot. Le joueur qui marque 21 ou, à défaut, qui s'en approche le plus, s'empare du pot et touche en plus un jeton de chaque autre joueur. En cas d'égalité, les adversaires lancent le dé pour se départager.

## *Les as*

*À partir de 3 joueurs*

Matériel nécessaire : 5 dés à jouer, un cornet (facultatif), des jetons.

***But du jeu***

Si, par chance, vous posez le dernier As, vous remportez la mise.

***Déroulement de la partie***

• Chaque joueur place un jeton dans le pot. Pour savoir qui va commencer, chaque joueur lance 2 dés. Celui qui obtient le nombre le plus élevé commence le jeu (attention, les As valent 7 points). En cas d'égalité des points, les concurrents lancent de nouveau les dés pour se départager.

• Le premier joueur lance ses 5 dés. Il place chaque As sorti au centre de la table, passe les 2 à son voisin de gauche et les 5 à son voisin de droite, jusqu'à ce qu'il n'ait plus de dés en mains.

• Puis c'est le tour du joueur placé à sa gauche de lancer les dés qu'il a reçus et de distribuer de la même façon les As, les 2 et les 5.

• Le jeu continue avec le joueur de gauche. Les joueurs qui n'ont plus de dés passent leur tour mais restent dans le jeu, car ils peuvent toujours en recevoir de leur voisin de gauche ou de droite.

• Le gagnant est le joueur qui met le dernier As au centre de la table. Il récupère alors le pot… et il le partage si ce sont des bonbons !

## *En chaîne*

*De 2 à 5 joueurs*

Matériel nécessaire : un jeu de dominos de double six (28 pièces).

***But du jeu***

Utiliser tous ses dominos.

***Déroulement de la partie***

• Étalez les dominos face cachée sur la table.

• Les joueurs en prennent chacun un nombre égal, en laissant quelques pièces dans le talon (7 pièces chacun pour 2 ou 3 joueurs, 6 pour 4, 5 pour 5).

• Les joueurs retournent un domino au hasard. Le joueur qui a le nombre de points le plus élevé commence et pose le domino de son choix.

• Le joueur placé à sa droite ajoute un domino en accolant deux faces de même chiffre, et ainsi de suite.

• Les doublets sont posés perpendiculairement aux autres pièces.

• Lorsqu'un joueur n'a plus de pièces, il peut :

– passer son tour : on dit qu'il boude ;

– piocher dans le talon jusqu'à ce qu'il puisse en trouver une qui convienne. Si le talon arrive à épuisement, le joueur ne peut que bouder. On décidera en début de partie laquelle de ces deux possibilités est autorisée.

• Le gagnant est le premier à s'être débarrassé de toutes ses pièces.

## Option jeux rigolos

Finalement, nos enfants ont peu d'occasions de mettre en place des jeux faits vraiment pour rire ; l'anniversaire en sera l'occasion. À condition qu'il ne s'agisse en aucun cas de brimades, de petits jeux idiots où le principe est de se mettre à tous contre un pour se moquer de lui ! C'est une question de bon esprit, dont l'adulte sera le garant. Pas question de cautionner les « Non, Madame, on s'amuse ! » que proclame souvent la victime par peur rejetée hors du groupe !

### *Qui s'y frotte, s'y pique !*

*À partir de 3 joueurs*

Matériel nécessaire : des insectes en plastique, une boîte en carton.

***But du jeu***

Reconnaître des formes grâce au toucher.

***Déroulement de la partie***

• Prenez une boîte en carton assez grande, par exemple une boîte à chaussures.

• Sur un des côtés, faites deux trous assez grands pour y passer les mains.

• Mettez toutes sortes d'insectes – en plastique ! – dans la boîte.

• Un joueur choisi au hasard dans l'assistance met ses deux mains dans la boîte et doit deviner de quel insecte il s'agit.

***Le petit truc***

• Ne dites surtout pas aux enfants ce qu'il y a dans la boîte !

• On pourra également se reporter aux jeux de Kim aux pages 217-220.

## *La barbe à papa*

*À partir de 2 joueurs*

Matériel nécessaire : des ballons de baudruche, une bombe de mousse à raser, un marqueur, un rasoir.

***But du jeu***

Raser habilement un ballon sans qu'il explose !

***Déroulement de la partie***

• Gonflez des ballons de baudruche.

• Dessinez les yeux, le nez et la bouche.

• Les barbiers enduisent les mentons de mousse à raser.

• Le gagnant est celui qui aura entièrement rasé son ballon sans le faire éclater !

***Le petit truc***

• C'est un jeu qui mérite que vous fassiez un essai quelques jours avant pour le tester.

• C'est drôle, à l'extérieur, avec de quoi se laver à portée de la main !

• On peut remplacer la mousse à raser par de la chantilly en bombe.

## *Le crayon dans la bouteille*

*À partir de 2 joueurs*

Matériel nécessaire : une bouteille vide au goulot étroit, une ficelle de 1 m de long, un crayon.

***But du jeu***

Mettre le crayon dans la bouteille… sans les mains !

***Déroulement de la partie***

• Nouez le crayon au bout de la ficelle.

• Nouez l'autre bout autour de la tête (pas du cou !).

• Posez la bouteille par terre.

• Debout, essayez de faire entrer le crayon dans la bouteille.

## *Mikado des montagnes*

*À partir de 4 joueurs*

Matériel nécessaire : 2 ou 3 paquets de sucre glace ou de sucre en poudre, 1 œuf dur, autant de petites cuillères que de participants.

***But du jeu***

Enlever une cuillère à café de sucre sans faire tomber l'œuf.

***Déroulement de la partie***

• Faites durcir un œuf.

• Posez dans une assiette une montagne de sucre en poudre et plantez un œuf dur au sommet.

• À l'aide d'une petite cuillère, chacun des participants retire délicatement une cuillère de sucre.

• Celui qui fait rouler l'œuf dans le sucre est éliminé.

## *La pêche orientale*

*À partir de 4 joueurs*

Matériel nécessaire : 2 paquets de riz cru, autant de paires de baguettes chinoises que de participants, des friandises.

***But du jeu***

Pêcher avec des baguettes chinoises !

***Déroulement de la partie***

• Videz les 2 paquets de riz dans un grand saladier.

• Dissimulez des bonbons et des friandises.

• Chaque joueur va tenter, à l'aide de ses baguettes, d'attraper l'une des confiseries.

• Les confiseries pêchées sont mises en attente sur une assiette et, à la fin du jeu, le butin est partagé équitablement !

***Le petit truc***

• Protégez le sol ou la table avec une feuille de papier journal que vous glisserez sous le saladier.

• Choisissez des bonbons emballés faciles à pêcher et évitez les bonbons collants en gélatine.

## *La momie égyptienne*

*À partir de 4 joueurs*

Matériel nécessaire : une ficelle, plusieurs rouleaux de papier hygiénique.

***But du jeu***

Remporter une course avant d'être complètement momifié !

***Déroulement de la partie***

• Constituez 2 équipes.

• Chacune choisit sa momie égyptienne et l'enroule de papier hygiénique. Le joueur se tient debout, jambes serrées et bras contre le corps ; ses camarades l'entortillent de haut en bas.

• Définissez le lieu de la course, la ligne de départ et la ligne d'arrivée, que vous marquerez à l'aide de la ficelle.

• Les équipes emmènent leur momie sur le lieu de la course.

• Au signal du meneur de jeu, les momies partent en sautant et font la course jusqu'à la ligne d'arrivée.

## *Les acrobates*

*À partir de 4 joueurs*

Matériel nécessaire : des boîtes en carton (pour chaussures ou produits alimentaires).

***But du jeu***

Empiler des boîtes le plus rapidement possible sans les faire tomber.

***Déroulement de la partie***

• Récupérez des boîtes de taille et de poids différents.

• Faites des équipes composées d'un acrobate et de son assistant.

• Les acrobates assis ou agenouillés tiennent une grande boîte en carton à plat sur leurs paumes ouvertes.

• Les assistants doivent empiler des boîtes le plus vite possible sur cette première boîte.

• Les acrobates se relèvent sans faire tomber les boîtes. Enfin, ils essaient !

• Le vainqueur est celui qui réussit à porter debout le plus grand nombre de boîtes.

• Vous pouvez continuer le jeu en inversant les rôles ou en changeant les équipes.

***Le petit truc***

Si vous avez pris soin de rigidifier les boîtes avec du ruban adhésif large, si vous avez eu le goût de les peindre avec des couleurs vives, le jeu aura beaucoup plus d'allure et les boîtes pourront servir plusieurs fois.

## *La toupie acrobatique*

*À partir de 4 joueurs*

Matériel nécessaire : autant d'assiettes (en carton, en plastique ou de jonglerie) que de participants, des bâtons fins.

***But du jeu***

Jeu d'adresse avec des assiettes.

***Déroulement de la partie***

• Choisissez un espace loin des objets fragiles.

• Il s'agit simplement de faire tourner une assiette de jonglerie en plastique au bout d'un bâton.

• Cherchez le coup de main : seul le poignet doit tourner.

• Chronométrez les tours pour que chacun puisse participer.

***Le petit truc***

Les ateliers ou les stages de cirque sont de plus en plus nombreux et les enfants s'y révèlent souvent très habiles. Si votre enfant ou ses invités connaissent ce domaine, n'hésitez pas à mettre leur talent et leur compétence au service de cet anniversaire.

## *Le billard soufflé*

*À partir de 4 joueurs*

Matériel nécessaire : autant de pailles que de participants, des balles de ping-pong, des feutres, des objets pour baliser.

***But du jeu***

Jouer au billard en soufflant dans des pailles.

***Déroulement de la partie***

• Dessinez un signe de reconnaissance sur chaque balle : couleur, dessin… Chaque joueur identifie sa balle et va souffler pour la faire avancer.

• Définissez un parcours et balisez-le avec des objets.

• Les joueurs souffleront à tour de rôle dans les pailles pour faire avancer les balles, une balle pouvant pousser l'autre.

***Le petit truc***

• Ce jeu peut être organisé sur un tapis, un drap, un lit, une table.

• Prévoyez la fin du parcours : la balle doit tomber dans une casserole, ou sortir la première du parcours…

• Sur ce principe, il est possible d'organiser un minigolf dans la maison à partir des accessoires de cuisine. On aura soigneusement testé le parcours auparavant en famille !

## Passez-moi l'expression !

• Le mot « jeu » vient du latin *jocus*, qui signifie « badinage », comme une idée de légèreté et de plaisir. Et lorsque l'on dit : « Laissez-moi un peu de jeu… », ce mot prend le sens de « marge », de « liberté ». Insouciance et liberté, ne sont-ce pas là les bonheurs des jeux de l'enfance ? Jouer, c'est primordial pour les enfants qui entrent ainsi dans un monde imaginaire qu'ils font vivre.

• C'est pour cette raison que les jeux d'expression et de mime, proches de ceux du théâtre, leur offrent des joies multiples : créer une autre réalité, entrer dans la peau d'un autre personnage, rendre tangible un lieu ; en bref, jouer à faire « comme si c'était vrai » en ne prenant que des risques minimes partagés par l'acteur et le spectateur.

• D'autres livres proposent des sketches, des saynètes ou des pièces à monter qui demandent beaucoup plus de temps et de travail. Dans le cadre d'un anniversaire, nous avons choisi des jeux qui offrent plutôt aux enfants des espaces d'expression individuelle dans lesquels ils seront tour à tour des acteurs et des spectateurs agissant en toute liberté.

• Alors, maintenant, si on jouait à faire semblant ?

### *Mimes à thèmes*

*À partir de 4 joueurs*

Matériel nécessaire : du papier, des crayons, une paire de ciseaux.

***But du jeu***

Le public doit deviner quel est le métier (ou l'animal, l'objet, etc.) mimé.

***Déroulement de la partie***

- Ce jeu de mime est simple et facile.
- Écrire sur une feuille de papier un thème : métier, zoo, mer, montagne…
- Un joueur choisit un métier (un animal…) et le mime devant le public.
- Celui-ci, en le regardant, doit deviner le métier (l'animal…).
- Le joueur qui a deviné propose un autre mime.

## *Les ambassadeurs*

*À partir de 6 joueurs*

Matériel nécessaire : du papier, des crayons.

***But du jeu***

C'est un jeu de relais dans lequel les ambassadeurs doivent faire deviner des mots en les mimant à leur équipe.

***Déroulement de la partie***

- Les joueurs se séparent en 2 équipes aux 2 bouts de la pièce pour ne pas s'entendre. Un joueur, qui ne fait partie d'aucune des équipes, a auparavant préparé une liste d'actions précises, de gestes familiers, de métiers simples, de personnages ou d'animaux qu'il doit faire deviner par le mime.
- Chaque équipe envoie à tour de rôle un ambassadeur près du meneur de jeu, qui lui chuchote à l'oreille la situation à mimer. Ceux-ci rejoignent aussitôt leurs coéquipiers pour leur faire deviner le mot en le mimant. Chacun peut faire une proposition, mais discrètement pour que l'autre équipe n'entende pas !

• Le joueur de l'équipe qui trouve la situation se précipite aussitôt vers le meneur de jeu, qui lui confie un autre mime à exécuter devant ses camarades.

• L'équipe gagnante est la première à deviner la dernière situation de la liste.

***Exemples de mimes***

Le corbeau et le renard, je viens de crever un pneu et je répare ma roue, je suis spectateur d'un débat politique, je suis peintre en bâtiment, je réalise un tableau, j'ai fixé un rendez-vous à quelqu'un que j'aime et que j'attends, je veux me baigner mais l'eau est très froide, je me lave les cheveux, je me promène avec mon chien, je recouds un bouton, je téléphone sur mon portable et j'entends très mal…

***Le petit truc***

Il est important de préciser qu'il ne s'agit pas d'un jeu de vitesse car, à vouloir aller trop vite, les joueurs n'ont pas le temps de bien mimer et de se faire comprendre de leurs camarades ; il n'est pas question de commencer à crier des propositions dès que le joueur commence à peine son mime ; un signal visuel annonce le début et la fin du mime. Les joueurs peuvent alors faire leurs propositions.

## *Charades mimées*

*De 3 à 10 joueurs*
Aucun matériel nécessaire.

***But du jeu***

Faire deviner la réponse à une charade en la mimant.

***Déroulement de la partie***

• Celui qui mène le jeu a préparé des mots qu'il souffle dans l'oreille du premier joueur. Il est prudent de commencer par des charades faciles puisqu'il va falloir mimer chaque syllabe.

• Le joueur se place devant ses camarades et commence par faire le premier geste avec sa main. Puis il mime la syllabe, et ainsi de suite jusqu'à « mon tout ».

• Les autres joueurs doivent deviner de quoi il est question.

***Exemples***

Quelques mots faciles à transformer en charades mimées : Café-eau-lait, Bas-lent-soir, Or-ange, Fesse-teint, Car-nez, Pain-eau-chaud-col-a, As-pirate-heure, Pas-rat-sol, Scie-reine...

## *Caractère*

*À partir de 6 joueurs*
Aucun matériel nécessaire.

***But du jeu***

Chaque joueur doit mimer un trait de caractère.

***Déroulement de la partie***

• Un joueur quitte la pièce. Les autres décident ensemble d'un trait de caractère : paresseux, joyeux, colérique, etc.

• Le joueur revient et indique une action à mimer : laver du linge, grimper dans un arbre, conduire une voiture, courir, etc.

• Les autres enfants miment cette action avec le trait de caractère choisi.

• En les observant, le joueur doit deviner quel est ce trait de caractère.

## *Le mime transmis*

*À partir de 4 joueurs*
Aucun matériel nécessaire.

***But du jeu***

Mime en relais.

### *Déroulement de la partie*

• Ce jeu demande beaucoup de concentration, de la précision de la part de celui qui mime et de l'observation de la part de celui qui le reproduit. Et pour tous, de l'imagination.

• La moitié des joueurs sort de la salle, et ceux qui restent décident d'un mime collectif ou individuel.

• Les joueurs sortis vont rentrer l'un après l'autre pour regarder le mime présenté. Chacun à tour de rôle va tenter de reproduire auprès du camarade qui le suit la situation qu'il croit avoir comprise. Le dernier joueur qui rentre doit, après son mime, expliquer l'action.

### *Le petit truc*

• Le jeu est intéressant si l'on choisit un mime simple et facilement compréhensible. Le but du jeu étant d'apprécier le plaisir du mime et non pas de reproduire à toute vitesse des gestes auxquels on ne comprend rien.

• Il faut prendre du temps pour bien installer son mime, on a toujours tendance à aller trop vite.

### *Exemples de mimes*

Je me réveille et je me lève, je mange une orange, je suis spectateur d'un match de tennis, je suis photographe, je suis coiffeur, je suis un pêcheur, je saute à la perche, je lave les vitres, je prends une douche…

## *Les mariages*

*À partir de 6 joueurs*

Matériel nécessaire : une feuille de papier, une paire de ciseaux, un crayon.

### *But du jeu*

Tout en mimant, observer et comprendre les autres mimes pour trouver son jumeau.

***Déroulement de la partie***

• Inscrivez sur des morceaux de papier, en double exemplaire, des noms d'animaux, de métiers… faciles à mimer. Prévoyez autant de papiers que de joueurs. Pliez les papiers.

• Chaque joueur pioche un bout de papier et lit silencieusement le mime qu'il a à réaliser.

• Quand tous les joueurs ont lu, chacun mime ce qu'on lui demande. Il s'agit donc à la fois d'observer les autres joueurs et d'exécuter son propre mime. Les couples qui se reconnaissent se regroupent.

## *Les couples mimes*

*À partir de 6 joueurs (nombre de joueurs pair) + 1 meneur de jeu*

Matériel nécessaire : une feuille de papier, une paire de ciseaux, un crayon.

***But du jeu***

Identifier son partenaire en observant le mime des autres joueurs.

***Déroulement de la partie***

• Notez une liste d'actions ou de situations complémentaires faciles à mimer : le footballeur et l'arbitre, le gendarme et le voleur, le marchand de barbe à papa et son client…

• Chaque couple est ensuite inscrit deux fois sur des morceaux de papier qui portent respectivement le numéro 1 et le numéro 2.

• Distribuez les papiers aux joueurs.

• Les joueurs passent à tour de rôle. On commence toujours par un joueur avec un numéro 1, celui qui croit être son partenaire vient le rejoindre en tentant de compléter le mime. Les couples sont quelquefois inattendus !

## *Le sculpteur*

*De 2 à 10 joueurs*
Aucun matériel nécessaire.

***But du jeu***

Modeler des statues expressives.

***Déroulement de la partie***

• Les joueurs se mettent par couples. L'un est le sculpteur et l'autre va se laisser modeler.

• Sans parler, le sculpteur va donner une position, indiquer un mouvement à son partenaire. Il peut se reculer pour admirer son chef-d'œuvre.

• À partir de là, plusieurs prolongements sont possibles :

– les sculpteurs décident de se regrouper, toujours en silence, pour réaliser ensemble un tableau ;

– chaque statue va très lentement prendre vie et s'avancer ;

– le sculpteur joue le rôle d'un miroir en face de sa propre statue, celle-ci pourra alors se réveiller et devenir à son tour sculpteur. La nouvelle sculpture devra donc partir de l'attitude de la précédente.

## *En avant, marche !*

*De 2 à 10 joueurs*
Aucun matériel nécessaire.

***But du jeu***

Exprimer ses talents de comédien tout en suivant les indications du meneur de jeu.

***Déroulement de la partie***

• Un des joueurs est désigné comme meneur de jeu, lui seul aura le droit de prendre la parole pour donner des indications. Les autres joueurs se mettent en file indienne derrière lui, pendant qu'il progresse à travers la salle.

• Le meneur de jeu va indiquer différentes façons de marcher : craintif, distrait, face au vent, fatigué, joyeux, nerveux, sous la pluie, sportif, sur des rochers, sur du sable, triomphant, sur une poutre, dans la foule, sur un tapis roulant et à différents âges de la vie. Les situations peuvent se combiner les unes aux autres.

## *Dans un nouvel espace*

*De 2 à 10 joueurs*
Aucun matériel nécessaire.

***But du jeu***

Déployer ses talents d'expressivité pour faire vivre un personnage imaginaire.

***Déroulement de la partie***

• Le jeu se déroule sur le même principe que le précédent, mais, cette fois-ci on imaginera que l'on se trouve dans différents lieux.

• Chaque joueur doit réagir selon le lieu où il se trouve : une clairière au petit matin, une cathédrale un peu sombre traversée par quelques rais de lumière, une grotte froide et inquiétante, un grand lit moelleux entouré de coussins, une plaine déserte où souffle le vent, une cave remplie de vieux cartons sales, une bulle, une plage en plein soleil, un grand magasin au moment des soldes.

## *Voyage interplanétaire*

*De 2 à 10 joueurs*
Aucun matériel nécessaire.

***But du jeu***

C'est au meneur d'exploiter ses talents de conteur pour amener les joueurs à se transformer en personnages extraordinaires !

***Déroulement de la partie***

• Le meneur de jeu embarque les joueurs pour un voyage vers de nouvelles planètes. Il prend le temps de bien raconter une histoire pour aider les joueurs à entrer dans cet univers. Le plus difficile pour ceux-là est de ne pas faire de commentaires, mais les rires sont permis !

• Le meneur de jeu emporte les joueurs dans son vaisseau interplanétaire. Le déplacement se fait donc en groupe, mais chaque fois qu'il s'arrête, il annonce une nouvelle planète avec des habitants dotés d'étranges pouvoirs. Les joueurs se dépêchent de les imiter pour pouvoir entrer en contact avec eux.

• Exemples d'habitants de planètes : les enfants à ressorts, les glacials, les mollassons, les peureux, les réchauffés, les sent-mauvais, les super-énergiques, les tout-raides, les tout-tristes, les voleurs de pommes…

## *La minute de chacun*

*À partir de 2 joueurs + un nombre indifférent de spectateurs assis*

Matériel nécessaire : une montre.

***But du jeu***

Évaluer la durée de 1 minute sans instrument de mesure.

***Déroulement de la partie***

• Les joueurs s'assoient sur une ligne et font face aux spectateurs.

• À partir d'un signal donné, les joueurs doivent évaluer la durée de 1 minute et se lever silencieusement après ce laps de temps.

• Le gagnant est celui qui en est le plus proche. Un chronomètre ou un minuteur de ménage permettra d'arbitrer la compétition.

• Il est très étonnant de voir comme d'un joueur à l'autre la notion de temps est fluctuante. Certains seront debout au bout de 30 secondes quand d'autres dépasseront allégrement les 2 minutes.

• Bien sûr, les spectateurs doivent surtout ne rien manifester jusqu'à ce que le dernier joueur se soit levé.

## *Le portrait dialogué*

*De 5 à 10 joueurs*

Aucun matériel nécessaire.

***But du jeu***

Les spectateurs doivent deviner de qui parlent ces deux personnages en pleine discussion…

***Déroulement de la partie***

• Deux acteurs sont désignés. Ils choisissent un personnage que tout le groupe est censé connaître.

• Les deux acteurs discutent ensemble comme s'ils venaient de rencontrer ce personnage.

• Les autres joueurs doivent deviner quel est ce personnage.

• Si un joueur pense l'avoir découvert, il lève la main et glisse son nom à l'oreille d'un des acteurs.

• Si la réponse est juste, le gagnant prend la place de l'acteur et le jeu continue ainsi avec le choix d'un nouveau personnage à découvrir.

***Le petit truc***

Les joueurs doivent doser leurs informations pour qu'elles ne soient ni trop faciles ni trop difficiles ! L'intérêt est que le jeu dure le temps qu'il faut pour accrocher les spectateurs. Et surtout ne pas laisser échapper le nom du personnage par inadvertance !

## *Les sorciers*

*De 5 à 30 joueurs*
Aucun matériel nécessaire.

### *But du jeu*

Les sorciers cherchent à pétrifier les joueurs, mais ceux-ci peuvent être délivrés par une accolade.

### *Déroulement de la partie*

• Tous les joueurs forment un cercle, les yeux fermés, le meneur de jeu est le seul à garder les yeux ouverts. Celui-ci circule autour et passe doucement la main dans le dos de ceux qu'il désigne comme sorciers. On compte à peu près 1 sorcier pour 5 joueurs.

• Au signal du meneur de jeu, les joueurs ouvrent les yeux et se promènent tranquillement. Les sorciers doivent les toucher pour les pétrifier.

• Les joueurs touchés s'immobilisent et l'on va reconnaître les sorciers. Il est donc temps pour les joueurs encore libres de délivrer ceux qui sont pétrifiés. Comment ? Par une accolade !

• Pour reprendre une nouvelle partie, les joueurs ferment les yeux et le meneur choisit de nouveaux sorciers.

• Accoler, cela veut dire mettre les bras autour du cou. Donc, donner l'accolade, c'est embrasser. Et embrasser, cela veut dire prendre dans ses bras. Et, par extension, donner un baiser ! Alors accolades, embrassades, baisers ou petits bisous sur la joue, le tout est de le faire avec tendresse ! C'est un jeu qu'il ne faut pas hésiter à proposer, l'atmosphère qui suivra sera très tendre… et cela fera du bien à tout le monde ! Le tout, c'est d'oser. Alors foncez : c'est peut-être ça, le vrai cadeau d'anniversaire, un moment fort de tendresse partagée.

## C'est de la magie !

Pour épater les copains, rien de tel qu'un tour de magie que les enfants peuvent réaliser eux-mêmes. Les tours suivants nécessitent un matériel très simple, le plus souvent des objets du quotidien : dés à jouer, fourchettes, pièces de monnaie, allumettes… Cependant, pour agrémenter le tout, rien ne vous empêche de préparer une petite mise en scène : une baguette magique, une table de magicien et une jolie décoration.

### *Fabriquez une baguette magique*

Matériel nécessaire : du papier à dessin, une règle, une paire de ciseaux, un crayon, une cuillère en bois, de la colle, du bolduc, des étoiles adhésives.

• Découpez une bande de 7 cm sur 30 cm dans du carton à dessin.

• Enroulez-la autour du manche d'une cuillère en bois et collez les bords ensemble pour former un rouleau.

• Retirez la cuillère.

• Avec le bolduc, confectionnez une boucle et fixez-la autour de la baguette magique en carton ainsi obtenue.

• Collez des étoiles adhésives sur la baguette.

## *La table du magicien*

Matériel nécessaire : une petite table, une nappe en papier ou en tissu, des étoiles adhésives, du fil de Nylon, des ballons de baudruche, des boîtes, des feutres.

• Pour présenter des tours de magie, une table, ça en impose ! Prenez une petite table et recouvrez-la d'une nappe que vous aurez décorée avec des étoiles.

• Accrochez des ballons étoilés et, pour accentuer le mystère, écrivez des formules magiques sur du papier que vous collerez au mur.

• Dessinez des fées et des sorcières, des gnomes et des trolls, et posez à côté de vous de grandes boîtes d'où vous sortirez vos accessoires.

### *Quelques conseils*

*Il vaut mieux ne présenter qu'un seul tour et le réussir ! La répétition devant un grand miroir est la meilleure solution pour que les spectateurs ne découvrent pas le truc. Et, bien sûr, pas question de présenter deux fois le même tour ! N'oubliez pas de jouer avec les lumières et la musique pour créer une véritable ambiance magique.*

## *La tenue du magicien*

Matériel nécessaire : du tissu, des étoiles adhésives, du papier cartonné.

• Un tissu simple coupé en deux avec un passage pour la tête et décoré d'étoiles fera une charmante tunique.

• Un chapeau en carton en forme de cône (voir le thème « Fête des sorcières », page 176) décoré complétera le tout.

## *Le nœud impossible*

*1 magicien + un nombre indifférent de spectateurs*

Matériel nécessaire : une cordelette de 50 cm de long.

***But du jeu***

Faire un nœud sans lâcher les extrémités de la corde.

***Déroulement de la partie***

• Posez la cordelette sur une table.

• Choisissez un partenaire dans le public. Demandez-lui de faire un nœud sans lâcher les extrémités de la corde.

• Votre partenaire essaiera et déclarera que c'est impossible. Vous lui affirmerez alors que vous, le magicien, allez y parvenir sans problème !

***Le petit truc***

• Croisez les bras : une main se trouve sur le coude et l'autre dessous.

• Dans cette position, saisissez les extrémités de la cordelette, décroisez les bras, tirez : sans aucune difficulté, vous aurez réussi votre nœud !

## *Miroir, miroir…*

*1 magicien + un nombre indifférent de spectateurs*

Matériel nécessaire : 4 bougies de même taille mais de couleurs différentes.

***But du jeu***

Deviner la couleur d'un objet sans l'avoir vu !

***Déroulement de la partie***

• Tournez le dos aux spectateurs et demandez à l'un d'entre eux de choisir une bougie et de vous la mettre dans la main droite sans vous la montrer.

• Retournez-vous en gardant la bougie cachée dans votre dos.

• Levez la main gauche devant vous et regardez-la en racontant qu'elle tient un miroir invisible qui vous permet de deviner la couleur de la bougie.

• À la grande surprise de tous, vous annoncez la couleur sans vous tromper !

***Le petit truc***

Quand on vous donne la bougie, grattez-la discrètement avec l'ongle du pouce de votre main gauche. Il vous suffira tout simplement d'observer la particule de cire colorée cachée sous votre ongle pour réussir ce tour.

## *Envolé !*

*1 magicien + un nombre indifférent de spectateurs*

Matériel nécessaire : une table, une chaise, une boîte d'allumettes, une grande feuille de papier.

***But du jeu***

Faire disparaître un objet !

***Déroulement de la partie***

• Le magicien est assis à sa table, face au public.

• Le magicien saisit la boîte et la montre au public.

• Il la pose près du bord de la table.

• Il entoure la boîte avec la feuille de papier.

• Il frappe la boîte du plat de la main… mais la boîte a disparu !

***Le petit truc***

Lorsque le magicien emballe la boîte avec la feuille de papier, il doit s'arranger pour la faire tomber discrètement sur ses genoux. Le papier qui a gardé la forme de la boîte donne alors l'illusion qu'elle est toujours là !

## *Des yeux dans le dos*

*1 magicien + un nombre indifférent de spectateurs*

Matériel nécessaire : une pièce de 2 euros.

***But du jeu***

Deviner dans quelle main se trouve la pièce de monnaie !

***Déroulement de la partie***

• Posez une pièce de monnaie sur la table et retournez-vous.

• Demandez à l'un des spectateurs de cacher la pièce dans l'une de ses mains et de lever celle-ci bien en l'air.

• Toujours dos aux spectateurs, parlez le plus longtemps possible : pariez que si vous devinez dans quelle main est la pièce, elle sera pour vous ; sinon, elle sera pour lui ! Racontez que vous avez des yeux dans le dos, que vous possédez des pouvoirs.

• Après avoir laissé passer une bonne minute, demandez-lui de baisser le bras et retournez-vous en regardant attentivement ses mains : vous annoncerez alors infailliblement où se trouve la pièce.

***Le petit truc***

Pendant que votre volontaire maintient son bras en l'air, son sang circule moins bien dans sa main. Vous pourrez donc facilement repérer la main, bien plus pâle que l'autre. Vous en épaterez ainsi plus d'un !

## *La poudre de perlimpimpim*

*1 magicien + un nombre indifférent de spectateurs*

Matériel nécessaire : un verre d'eau, un flacon de curry (ou de safran, de poivre, etc.), quelques gouttes de liquide pour la vaisselle.

***But du jeu***

Utiliser une simple réaction de physique pour épater le public !

***Déroulement de la partie***

• Remplissez un verre d'eau et saupoudrez-la de curry.

• Demandez aux spectateurs de tremper lentement un doigt dans le verre : le curry reste collé sur leur doigt.

• À votre tour, trempez un doigt dans le verre : il ressort tout propre.

***Le petit truc***

Avant de commencer, vous aurez pris soin de badigeonner votre doigt de liquide pour la vaisselle. Grâce à lui, le curry ne colle pas.

## *La fourchette volante*

*1 magicien + un nombre indifférent de spectateurs*

Matériel nécessaire : une fourchette, un crayon, une montre.

***But du jeu***

Montrer un objet paraissant flotter dans les airs !

***Déroulement de la partie***

• Tenez la fourchette bien serrée dans votre poing, la paume de la main tournée vers vous.

• Expliquez que vous allez magnétiser la fourchette : elle tiendra toute seule verticalement quand vous ouvrirez la main.

• Fixez la fourchette pour l'hypnotiser, puis ouvrez doucement la main : elle tient toute seule !

***Le petit truc***

Vous aurez au préalable coincé un crayon dans le bracelet de votre montre et glissé l'extrémité de la fourchette sous le crayon, dans la paume de votre main, afin de la bloquer. Quand vous ouvrirez la main, la fourchette sera retenue par le crayon.

## *La lévitation*

*5 joueurs*

Matériel nécessaire : une chaise.

***But du jeu***

Soulever une personne du bout des doigts et… sans aucune difficulté !

***Déroulement de la partie***

• Un joueur est assis sur une chaise. Il est entouré de quatre « porteurs ».

• Chaque porteur joint ses mains dans l'attitude de la prière, en gardant les index pointés alors que les autres doigts sont repliés les uns sur les autres.

• Deux porteurs placent leurs mains ainsi positionnées sous les aisselles du joueur assis ; les deux autres placent les leurs à la pliure des genoux.

• Un des porteurs compte alors jusqu'à 3. À 3, les quatre porteurs soulèvent ensemble leur camarade, sans la moindre difficulté !

***Le petit truc***

Ce jeu fonctionne si tous les gestes sont parfaitement synchronisés et si la personne est soulevée en totale confiance.

# ANNIVERSAIRE DES GRANDS (9-12 ANS)

• Et voici la dernière tranche d'âge de cet ouvrage consacré aux anniversaires d'enfants ; vous pensiez avoir encore un bébé dans les bras et c'est un grand escogriffe ou une longue perche qui se présente à vous. C'est l'âge qui précède l'adolescence, ils n'y sont pas encore et pensent déjà à beaucoup plus tard.

• L'anniversaire aura donc été longuement réfléchi, mais pas trop, parce que tout va très vite et souvent de travers à cet âge-là ! Parce que, en fait, ce n'est justement pas une question d'âge entre 9 et 12 ans, c'est une question d'itinéraire personnel.

• Pour être un peu plus explicite, nous vous proposons deux étapes dans leur évolution.

– Dans la première – jusqu'à 10-11 ans ou vers la fin de la sixième –, ils grandissent moins vite, ils aiment beaucoup les activités physiques, ils ont peu d'endurance, mais récupèrent très vite ; ils ont l'esprit de plus en plus critique ; ils sont curieux mais moins créatifs, quelquefois même un peu normatifs par crainte de ne pas entrer dans la masse. Et surtout, ils revendiquent une liberté d'expression, ils ont l'esprit de bande et n'hésitent pas à tester les sous-groupes. Alors là, c'est vraiment l'âge des grands jeux, la vraie expédition et la belle aventure !

– Dans la deuxième période, leur évolution physique est rapide, perturbante, fatigante. Les filles sont en décalage avec les garçons et la mixité leur prend la tête, le corps et le cœur. Souvent, c'est le sport qui les aide à se construire, à affronter autrement des adultes. Ils apprécient les jeux aux règles complexes avec des raisonnements hypothétiques, déductifs, inductifs, combinatoires. Le bricolage, les constructions d'objets, l'informatique, l'audiovisuel sont souvent au cœur de leurs passions. Alors n'ayez pas peur d'innover dans la forme, sortez de la maison, proposez une randonnée à la journée, un pique-nique géant, un barbecue et proposez-leur des jeux avec les mots, des jeux de mémoire ou d'attention. Et n'oubliez pas de ressortir des jeux des tout-petits au moment où ils ne s'y attendent pas : à cet âge, une vraie partie de cache-cache peut être un souvenir génial.

• Et bien sûr n'oubliez pas la boum : aidez-les surtout à la préparer, à prévoir, à être disponible au cas où. Mais surtout, ne jouez pas au jeune, ils détestent cela et ils ont raison, ce qui ne vous empêchera pas de venir, avec leur accord, faire une démonstration de rock ou de valse, sous les yeux de leurs copains éberlués !

• Et s'ils viennent vous demander de leur laisser la maison pour faire la « teuf » sans vous, c'est que l'âge de l'enfance est fini. Mais ne croyez pas qu'ils n'auront pas besoin de vous, attendez-vous à : « À propos, est-ce que tu pourrais me prêter tes CD de rock ? Tu sais où je pourrais trouver la recette d'une sangria pour 20 personnes ? » Faites-leur confiance, aidez-les à bien s'organiser, donnez des limites ; et partez faire la fête chez vos propres copains !

Surtout, définissez ce qui est négociable et ce qui ne l'est pas et proposez-leur un marché : « O.K., pour ta boum, mais lorsque j'aurais besoin de quelqu'un pour m'aider à organiser l'anniversaire de ta petite sœur, je compte sur toi ! »

## Des mots pour les grands

À partir de 9 ans, les enfants apprécient beaucoup tous les jeux avec les mots, parce qu'ils commencent à avoir une réelle maîtrise de la langue française. On veillera cependant à conserver le côté ludique, à développer l'esprit de curiosité, sans vouloir jouer au professeur en tombant dans le contrôle des connaissances.

### *L'acrostiche*

*À partir de 2 joueurs*
Aucun matériel nécessaire.

***But du jeu***

Trouver des mots ou des phrases à partir des lettres d'un prénom.

***Déroulement de la partie***

• Chaque joueur doit trouver des mots commençant par chaque lettre de son prénom.

• Puis, il invente une phrase ou une histoire. Par exemple, avec le prénom PIERRE, on peut obtenir : Pour Inventer Et Rêver, Reste Émerveillé ! Et pour JANINE : J'Aime Nos Invités Nombreux Enthousiastes !

## *Le portrait*

*À partir de 5 joueurs*
Aucun matériel nécessaire.

***But du jeu***

Deviner quel est le personnage choisi par les joueurs, en leur posant des questions.

***Déroulement de la partie***

• Un joueur qui s'est absenté un instant doit trouver à partir de questions le personnage choisi par ses camarades.

• Pour que le jeu soit bien compris, il est plus simple de choisir ensemble un personnage et de voir comment on pourrait le définir. Puis de faire ensuite sortir un joueur en choisissant un nouveau nom.

• Le joueur pose des questions auxquelles il n'est possible de répondre que par oui ou par non.

Les questions doivent permettre de cerner le personnage par ses différentes caractéristiques.

– Est-ce un homme ?
– Est-ce un homme vivant ?
– Est-ce quelqu'un que l'on voit au cinéma ?
– Est-ce un homme plus jeune que moi ?
– Est-ce un acteur français ?

## *Portrait chinois*

*À partir de 5 joueurs*
Aucun matériel nécessaire.

***But du jeu***

Par un raisonnement analogique, essayer de cerner le personnage choisi par ses camarades.

***Déroulement de la partie***

Dans ce jeu, il s'agit de définir la personne choisie en répondant à plusieurs questions fonctionnant par analogie : si c'était un..., ce serait...

***Exemple***

– Si c'était une époque ?
– Les années 1950.
– Si c'était un pays ?
– Les États-Unis.
– Si c'était un métier ?
– Banquier.
– Si c'était un métal ?
– De l'or.
– Si c'était un animal ?
– Un canard.
Avez-vous trouvé ? Il s'agit d'Oncle Picsou, bien sûr !

***Variante***

Voici une façon raffinée de jouer au portrait. Le joueur pose des questions en imaginant la personne recherchée dans des situations imaginaires.
– Quel sport pratiquerait-il ?
– S'il partait en vacances, où irait-il ?
– Quel magasin de vêtements choisirait-il ?
– Si on lui volait sa valise, comment réagirait-il ?
On peut donner quelques indications de départ, s'il s'agit d'un homme ou d'une femme, d'un personnage connu ou imaginaire...

## ***Du tac au tac***

*À partir de 2 joueurs*
Matériel nécessaire : une feuille de papier et un crayon par joueur.

***But du jeu***

Associer des questions et des réponses qui n'étaient pas prévues pour aller ensemble…

***Déroulement de la partie***

• Les joueurs écrivent une question sur leur morceau de papier.

• Ils s'échangent les papiers, puis inscrivent une réponse à une question imaginaire sans lien avec la question qu'ils ont précédemment posée.

• Cela peut donner des couples de questions-réponses amusants. Voici des exemples récoltés sur le terrain :

« Est-ce vraiment le moment de débarrasser le plancher ?

– Demain à 7 heures. »

« Aimes-tu les BD ?

– Je ne vois pas pourquoi je ne me ferais pas plaisir ! »

## *À la lettre*

*À partir de 3 joueurs*

Matériel nécessaire : un journal.

***But du jeu***

Composer une phrase dont la majorité des mots commencent par la même lettre.

***Déroulement de la partie***

• Choisir une lettre de l'alphabet en pointant son doigt au hasard dans un journal.

• À tour de rôle, les joueurs doivent construire une phrase dont les mots commencent par la lettre choisie. Quatre mots au minimum sont exigés.

• Exemple pour la lettre B : Brigitte Boit un Bock de Bonne Bière Belge ! Pour la lettre A : l'Abus d'Alcool est

Absolument Affligeant ! Pour la lettre C : le Chapeau Coquet Choit sur la Chaussée Crasseuse.

## *Trouvez le bon mot !*

*À partir de 5 joueurs*

Matériel nécessaire : un dictionnaire, autant de feuilles de papier que de participants, des crayons.

***But du jeu***

Deviner quel est le mot choisi à partir de sa définition.

***Déroulement de la partie***

• Un des joueurs choisit un mot dans le dictionnaire. Il n'en lit que la définition.

• Les autres joueurs doivent proposer un mot qui, pour eux, correspond à la définition.

***Variante***

• Un joueur choisit un mot dont il note la définition. Il annonce le mot aux autres joueurs.

• Les joueurs inscrivent chacun leur définition.

• Le meneur lit ensuite toutes les définitions avec, parmi elles, celle qu'il a relevée dans le dictionnaire.

• Les joueurs doivent deviner quelle est la bonne définition.

***Le petit truc***

Définissez un nombre de tours pour que les joueurs puissent prendre le relais du meneur de jeu.

## *La poésie*

*À partir de 3 joueurs*

Matériel nécessaire : une feuille de papier et un crayon par joueur.

***But du jeu***

Composer un poème à partir de mots imposés… Parfois, les contraintes sont une aide !

***Déroulement de la partie***

• Un joueur choisit entre 6 et 12 mots rimant deux à deux.

• Les autres joueurs doivent rédiger un poème avec les mots dans l'ordre où ils ont été donnés.

***Variante***

Le meneur donne 10 mots au hasard. Les joueurs doivent composer une petite histoire cohérente.

***Le petit truc***

Ces jeux peuvent être chronométrés sur des temps courts.

## *Tipoter*

*À partir de 4 joueurs*
Aucun matériel nécessaire.

***But du jeu***

Deviner un verbe en posant des questions aux joueurs.

***Déroulement de la partie***

• Un joueur sort de la pièce. En son absence, les participants choisissent un verbe facile à trouver : courir, manger, téléphoner, écrire…

• Le joueur revient dans la pièce et doit poser des questions aux autres joueurs en remplaçant le verbe inconnu par « tipoter ».

Exemple : Peut-on tipoter dans l'eau ? Tipote-t-on une voiture ? Est-ce qu'un chien tipote ?

• Les joueurs sont censés répondre par oui et par non, mais peuvent tout de même compléter leurs réponses par quelques détails utiles.

## *Les proverbes mélangés*

*À partir de 4 joueurs*

Matériel nécessaire : un tableau noir ou une grande feuille de papier, une craie ou un feutre.

### *But du jeu*

Reconstituer des proverbes.

### *Déroulement de la partie*

• On aura préparé des bandes de papier avec des moitiés de proverbes écrits ou on les aura recopiés sur un tableau.

• Les joueurs devront reconstituer le plus rapidement possible les proverbes en associant les bandes de papier entres elles.

• Les résultats, exacts ou non, sont souvent savoureux. En voici quelques-uns, puisque « à l'impossible, nul n'est tenu n'est pas français » !

### *Exemples de proverbes mélangés*

– Dis-moi qui tu hantes vaut mieux que ceinture dorée.
– Entre l'arbre et l'écorce, les souris dansent.
– Les jours se suivent, les borgnes sont rois.
– Au royaume des aveugles, récolte la tempête.
– Bonne renommée peut le moins.
– Le chat parti ne fait pas le printemps.
– Comme on fait son lit font les grandes rivières.
– Œil pour œil, il ne faut pas mettre le doigt.
– On ne fait pas d'omelette, je te dirai qui tu es.
– Petit à petit à qui sait attendre.
– Les petits ruisseaux, ne se ressemblent pas.
– Pierre qui roule sans casser des œufs.
– Qui peut le plus n'amasse pas mousse.
– Qui sème le vent s'y pique.
– Qui s'y frotte dent pour dent.
– Tant va la cruche à l'eau l'oiseau fait son nid.

– Tout vient à point qu'à la fin elle se casse.
– Une hirondelle, on se couche.

## *Le proverbe caché*

*À partir de 4 joueurs*

Matériel nécessaire : un tableau noir ou une grande feuille de papier, une craie ou un feutre.

***But du jeu***

Deviner un proverbe en faisant preuve de déduction.

***Déroulement de la partie***

• Un meneur de jeu choisit un proverbe parmi ceux que nous avons évoqués dans le jeu précédent, puis l'inscrit sur le tableau ou sur la feuille en remplaçant chaque lettre par un *x*.

• Tour à tour, les autres joueurs proposent une lettre.

• Si une lettre fait partie du proverbe à deviner, le meneur l'inscrit à la place des X correspondants.

• Les joueurs peuvent faire une proposition dès qu'ils pensent avoir deviné le proverbe.

• Les joueurs n'ont droit qu'à une seule réponse.

• Celui qui a deviné le proverbe remplace le meneur.

## *Le relais tableau*

*À partir de 6 joueurs + 1 arbitre*

Matériel nécessaire : un tableau noir ou une grande feuille de papier, une craie ou un feutre.

***But du jeu***

Composer une phrase à partir de mots placés dans le désordre.

***Déroulement de la partie***

• Formez des équipes.

• Sur le tableau noir ou sur la grande feuille que vous aurez affichée, créez autant de colonnes que d'équipes.

• Chaque premier joueur tient la craie. Au signal de l'arbitre, il part écrire sur la colonne un mot français, bien lisiblement. Puis il revient donner la craie au joueur suivant.

• Chacun ira inscrire ainsi un mot sur la feuille, dans la colonne de sa propre équipe.

• Quand chaque joueur a inscrit son mot, les équipes retournent devant leur colonne et doivent former une phrase cohérente avec les mots dans l'ordre où ils sont inscrits.

• L'équipe qui a écrit le premier une phrase intelligible a gagné.

• On continue le jeu en changeant l'ordre des équipes.

## *L'un dans l'autre*

*À partir de 3 joueurs*

Matériel nécessaire : une feuille de papier et un crayon par joueur.

***But du jeu***

Composer le plus grand nombre de mots possible à partir d'un autre mot.

***Déroulement de la partie***

• Choisir un mot relativement long.

• Les joueurs doivent composer, à partir de ce mot, le plus de mots possible, mais sans en utiliser obligatoirement toutes les lettres. Par exemple, si l'on choisit le mot « collectionneur », les joueurs peuvent proposer : *colle*, *encoller*, *collecte*, *collection*, *notoire*, *leçon*, *noir*, *école*, *celle*, *ceci*, *col*, etc.

• Au bout d'un temps donné, les joueurs lisent leur liste. Les mots identiques sont rayés.

• Le joueur qui a le plus de mots restants a gagné la partie.

• Pour aider les participants, on peut accepter les petits mots de liaison, comme les conjonctions, les prépositions (*à*, *de*, *par*, etc.).

## *Analogie*

*À partir de 4 joueurs*
Aucun matériel nécessaire.

***But du jeu***

Trouver une suite de mots ayant un rapport entre eux.

***Déroulement de la partie***

• Un joueur lance un mot, par exemple, *soleil*.

• À tour de rôle, les joueurs doivent donner un nom qui a un rapport avec le précédent. Exemple pour *soleil* : *chaleur*, *chauffage*, *cheminée*, *bûche*, *bois*… Chaque mot trouvé permet de remporter 1 point.

• Si un joueur dépasse 5 secondes, se trompe ou répète un mot déjà cité, il perd 1 point.

• Si un mot paraît douteux mais que le joueur puisse justifier son choix, il gagne un point.

• Quand tous les joueurs ont parlé, le premier joueur cite le dernier et le premier mot trouvés. Puis le jeu recommence avec un autre joueur.

***Variante***

Sur le même principe, les joueurs peuvent trouver une suite de mots basés sur la sonorité. Exemples : ainsi, citron, tronquer, quêter, téméraire, revenir, nirvana, nature, turbot…

## *L'adverbe*

*À partir de 5 joueurs*
Aucun matériel nécessaire.

***But du jeu***

Découvrir un adverbe à la façon de s'exprimer.

***Déroulement de la partie***

• Un joueur sort de la pièce.

• Les joueurs restants choisissent un adverbe de manière, comme *lentement*, *sûrement*, *délicatement*, *lourdement*...

• Quand le joueur revient, il pose des questions à ses partenaires. Ceux-ci doivent, dans leur façon de parler, rendre le sens de l'adverbe. Par exemple, *délicatement* sera rendu par une façon de parler très légère, *lourdement* par un ton un peu gras, etc. Le joueur doit deviner l'adverbe choisi.

• Celui dont l'expression a permis de deviner l'adverbe prend sa place.

## *Les publicitaires*

*À partir de 4 joueurs*

Matériel nécessaire : des magazines et une paire de ciseaux.

***But du jeu***

Trouver des slogans publicitaires percutants.

***Déroulement de la partie***

• Découpez dans un magazine un objet ou un produit dont ils devront imaginer la publicité. Exemple : du saucisson, de la mayonnaise, de la lessive, de la crème de beauté, de l'eau de toilette, etc.

• Considérant que ce produit est nouveau sur le marché, ils devront ensemble lui donner un nom et trouver un slogan publicitaire accrocheur.

• Les joueurs peuvent former des équipes. Celle qui a trouvé le slogan le plus délirant, ou le plus drôle, marque 1 point !

## *Qui veut gagner des bonbons ?*

*À partir de 3 joueurs : 1 meneur + 2 candidats*

Matériel nécessaire : du papier, des stylos, un dictionnaire, des bonbons.

***But du jeu***

Les candidats doivent trouver les bonnes réponses pour obtenir leur gain : des bonbons !

***Déroulement de la partie***

• Le meneur de jeu prépare plusieurs séries de trois questions comportant plusieurs réponses dont une seule sera exacte. Il peut s'aider d'un dictionnaire ou des nombreuses devinettes mises en annexe (page 394).

• Les questions sont regroupées en trois séries par candidat, plus deux séries pour les finalistes.

• Un candidat vient tenter sa chance. S'il remporte la première série, il gagne un bonbon, s'il remporte la deuxième, il gagne deux bonbons, s'il remporte la troisième, il gagne trois bonbons.

• S'il ne répond à aucune question d'une série, il quitte le jeu. S'il répond à au moins une question de la série, il reste en jeu mais ne gagne pas de bonbon.

• Un deuxième candidat prend sa suite et joue également.

• Les candidats gagnants viennent s'affronter sur la quatrième série et doivent répondre à toutes les questions pour rester, sachant que le plus rapide l'emporte.

• S'ils sont *ex æquo*, ils remportent chacun quatre bonbons.

• Le dernier restant affronte seul la dernière série et, s'il répond à toutes les questions, remporte encore cinq bonbons.

(Une question : combien de séries préparerez-vous et combien le finaliste remportera-t-il de bonbons au total ?)

## Mémoire et attention

C'est bien la mémoire courte que l'on va apprendre à développer dans les jeux qui suivent, cette mémoire qui permet de retenir quelques éléments juste le temps d'en avoir l'utilité presque immédiate. Il s'agit surtout de la capacité à fixer son attention, ce qui semble de plus en plus difficile pour les enfants d'aujourd'hui !

### *Pardon*

*À partir de 10 joueurs*
Aucun matériel nécessaire.

***But du jeu***

Beaucoup d'attention pour ce jeu où il faut réagir rapidement et mémoriser les informations qui sont ajoutées au fur et à mesure.

***Déroulement de la partie***

• On désigne un meneur de jeu, qui sera le jardinier.

• Les joueurs se placent tous en cercle. Ils se numérotent à partir du jardinier et doivent se souvenir de leur numéro.

• Le jardinier dit : « J'ai cinq roses dans mon jardin… »

– Le numéro cinq se lève et dit : « Pardon, il y en a neuf ! » et se rassied.

– Le numéro neuf répond : « Pardon, il y en a sept ! » et se rassied.

– Le numéro sept répond : « Pardon, il n'y en a que trois… », etc.

• Quand un chiffre est inférieur, le joueur doit dire : « Il n'y en a que… »

• Le joueur qui se trompe est éliminé, mais alors son numéro ne doit plus être cité. Si le jardinier l'appelle, il revient dans le jeu et devient le nouveau jardinier.

• Chaque fois qu'un joueur est éliminé, le jardinier choisit une nouvelle plante : « J'ai cinq tulipes dans mon jardin, etc. »

• Un joueur peut dire « Non » à la place de pardon et ainsi devenir le nouveau jardinier. Il n'a pas le droit de proposer une plante déjà citée, sinon, il est éliminé et l'ancien jardinier reprend sa place.

## *Dans ma rue*

*À partir de 4 joueurs*
Aucun matériel nécessaire.

### *But du jeu*

Essayer de se souvenir d'éléments que nous côtoyons tous les jours.

### *Déroulement de la partie*

• Qui sera capable de retrouver les noms de tous les magasins de sa rue, du nom du parfum de papa et de maman, du prénom de ses grands-parents, des noms de famille de ses copains de la classe, de la voiture que l'on vient de croiser ?…

• Et l'on pourra même s'amuser à se souvenir de la couleur de ses chaussettes au moment où on nous pose la question. Et sans vérifier, bien sûr !

• Le parent pourra préparer à l'avance des questions précises, dont il aura pris le temps de vérifier les réponses. Une bonne préparation permet ensuite d'adapter facilement le jeu à la situation.

## *Le marché de ma grand-mère*

*À partir de 8 joueurs*
Aucun matériel nécessaire.

***But du jeu***

Exécuter tous ensemble de plus en plus de gestes.

***Déroulement de la partie***

• Les joueurs sont assis en cercle. On désigne un meneur de jeu.

• Le meneur dit à son voisin : « Ma grand-mère est allée au marché, elle a acheté un moulin à café... » Il joint le geste à la parole, il moud le café en tournant la main droite horizontalement et ne s'arrête pas. Le voisin fait de même : il dit la même phrase et fait le même geste, et ce jusqu'au dernier joueur du cercle.

• Le meneur se tourne alors vers son voisin et lui dit : « ... et un fer à repasser » et il fait le geste de repasser avec la main gauche, tout en continuant de moudre du café avec la main droite. Le cercle reprend jusqu'au dernier joueur.

• Au tour suivant, le meneur ajoute : « ... et une vieille machine à coudre », et il pédale du pied droit et se balance d'avant en arrière, etc.

• Tous les joueurs exécutent ces gestes ensemble jusqu'à ce que le meneur cesse le jeu.

***Le petit truc***

• Voici un jeu qui ne date pas d'aujourd'hui puisqu'on y moud le café avec un moulin manuel et la machine à coudre s'active avec une pédale mécanique ! Pour certains enfants d'aujourd'hui, qui n'ont jamais vu ces ustensiles, on remplacera ces antiquités par une souris d'ordinateur, une manette de console de jeux, une zappette ou un VTT.

## *Le détail qui compte*

*À partir de 6 joueurs*
Aucun matériel nécessaire.

***But du jeu***

Deviner ce qui a changé dans la tenue d'un ou de plusieurs participants.

***Déroulement de la partie***

• Un joueur sort. Pendant ce temps, les participants changent quelques détails de la tenue vestimentaire de l'un d'eux : coiffure, inversion de deux accessoires, modification du port d'un vêtement…

• Quand le joueur revient, il observe ses camarades et doit découvrir ce qui a changé.

***Le petit truc***

• Le joueur doit bien observer ses camarades avant de sortir.

• Les autres joueurs peuvent utiliser un système pour l'aider à deviner : chanter de plus en plus fort s'il se rapproche du but ou indiquer « c'est chaud, c'est froid, tu brûles ! » (voir également page 159).

• Quand le joueur a trouvé tous les changements, ses camarades le lui font savoir.

## *Le garçon de café*

*À partir de 8 joueurs*
Matériel nécessaire : une feuille de papier et un crayon par participant.

***But du jeu***

Faire fonctionner sa mémoire : le garçon de café doit enregistrer plusieurs commandes dans le bruit de différentes conversations.

***Déroulement de la partie***

• Un joueur tiré au sort va prendre le rôle du garçon de café. Les autres s'installent autour d'une table et commencent à discuter d'un sujet qui les passionne, comme le dernier film qu'ils ont vu ou leurs prochaines vacances.

• Le garçon de café va maintenant, sans que la conversation s'arrête complètement, prendre les commandes.

• Le garçon retourne en cuisine et note, de mémoire, sur une feuille de papier les commandes de chaque client.

• Le garçon revient et présente sa liste aux clients.

• Chaque joueur pourra apporter des complications comme : un grand verre de Coca avec des glaçons, une menthe à l'eau avec une paille, une limonade avec une rondelle de citron, un panaché avec très peu de bière, un café avec une petite carafe d'eau chaude. De la même manière, on pourra s'intéresser à ce qu'est une noisette (du café avec une goutte de lait), un diabolo (du sirop et de la limonade), un Monaco (de la bière et du sirop de grenadine).

## Sans voir ou sans savoir

Nous en avons déjà parlé pour les anniversaires des petits ou des moyens, les jeux qui font appel aux cinq sens sont toujours instructifs et passionnants. En voici d'autres, pour les plus grands. Ce qui vous n'empêchera pas de se reporter aux jeux précités aux pages 217, quitte à les adapter pour les plus grands.

### *La bonne coupe*

*À partir de 3 joueurs*

Matériel nécessaire : une paire de ciseaux et une feuille de papier par participant.

***But du jeu***

Un peu d'adresse est requise pour découper une forme sans la regarder.

***Déroulement de la partie***

• Les joueurs choisissent une forme : un triangle, un cercle, un profil, un animal.

• Chaque joueur doit découper la forme, les mains dans le dos.

• Celui qui aura réalisé le découpage le plus ressemblant aura gagné.

***Le petit truc***

Ce jeu n'est pas si simple, car la notion d'espace est modifiée par la position des mains dans le dos. Les résultats sont très surprenants…

## *Les applaudissements*

*À partir de 10 joueurs*
Aucun matériel nécessaire.

***But du jeu***

Découvrir ce que l'on doit faire en suivant les indications réconfortantes du groupe.

***Déroulement de la partie***

- Un joueur sort de la pièce.
- Pendant ce temps, les joueurs décident d'une action qu'il aura à accomplir, par exemple, monter sur une chaise.
- Quand il revient, il se promène dans l'espace de jeu.
- Au fur et à mesure qu'il s'approche du lieu de l'action – ici la chaise –, les joueurs applaudissent de plus en plus fort.
- Quand il a compris quel est l'endroit choisi, il doit deviner ce qu'il doit faire, toujours avec l'aide des applaudissements.

***Le petit truc***

Le moment crucial est sans doute celui où le joueur doit deviner l'action qu'il doit accomplir. C'est avec l'enthousiasme et la force de persuasion du groupe qu'il y parviendra, parler étant, bien entendu, prohibé ! Le joueur peut également avoir les yeux fermés, histoire de compliquer le tout.

## *Roméo et Juliette*

*2 joueurs + un nombre indifférent de spectateurs*
Matériel nécessaire : deux foulards.

***But du jeu***

Ce n'est pas la Saint-Valentin : Roméo poursuit Juliette, mais celle-ci l'évite !

***Déroulement de la partie***

- Les joueurs s'assoient en cercle.
- Au centre du cercle se tiennent 2 joueurs : Roméo a les yeux bandés et Juliette a les pieds attachés par un foulard.
- Roméo appelle sa bien-aimée ; Juliette lui répond et avance en sautant trois fois à pieds joints, puis s'arrête.
- Roméo essaie d'attraper Juliette, qui doit éviter de se faire prendre.
- Roméo appelle Juliette jusqu'à ce qu'il l'attrape.

***Le petit truc***

En modulant sa voix, Juliette essaie de ne pas montrer à Roméo à quelle distance elle se trouve.

## *L'approche silencieuse*

*À partir de 10 joueurs*
Matériel nécessaire : un foulard.

***But du jeu***

S'approcher d'un joueur sans faire de bruit pour le toucher.

***Déroulement de la partie***

- Les joueurs forment un cercle et s'assoient.
- Un joueur se place au centre, les yeux bandés.
- Un meneur de jeu désigne un des joueurs du cercle. Celui-ci doit s'approcher sans aucun bruit vers le centre.
- Si le joueur qui est au centre entend un bruit, il pointe son bras dans la direction d'où lui semble venir ce bruit.
- S'il ne se trompe pas, le joueur qui s'avance retourne à sa place.
- Si un des joueurs parvient à toucher le joueur du centre sans s'être fait entendre, il prend sa place.

***Le petit truc***

Quand le joueur pointe son bras, il doit le faire de façon nette et ne plus changer de direction.

## *L'assassin court toujours*

*À partir de 8 joueurs*
Aucun matériel nécessaire.

***But du jeu***

Démasquer l'assassin.

***Déroulement de la partie***

• Il faudra faire preuve de beaucoup de finesse et d'attention car c'est en fermant les yeux que l'assassin accomplira son forfait et que les autres joueurs devront l'éviter. Amusant, mon cher Watson…

• Les joueurs se répartissent dans l'espace et ferment les yeux.

• Le meneur choisit un assassin en lui touchant l'épaule.

• Le jeu commence, les joueurs évoluent et se repèrent au bruit.

• L'assassin donne un petit coup sur l'épaule de sa victime qui crie « Assassin ! » et sort du jeu. L'assassin doit arriver à éliminer tous les joueurs.

***Le petit truc***

Le meneur de jeu vérifie que les joueurs gardent toujours les yeux fermés et que les joueurs touchés sortent du jeu.

## Courir, sauter, lancer

« Allez, ouste, tout le monde dehors ! » Pour un anniversaire de petits comme de grands, il faut ce temps de défoulement indispensable. Tout se passera bien mieux si quelques jeux sont préparés, histoire de reprendre ceux auquel on jouait déjà petits, pour montrer aux autres de quoi on est capable à travers d'autres jeux ! Il vous faudra quelques accessoires, dont une corde à sauter, que les filles se feront un plaisir de prêter aux garçons !

### *Maman, veux-tu ?*

*À partir de 10 joueurs + 1 meneur*
Aucun matériel nécessaire.

***But du jeu***

Atteindre le premier le mur où la « mère » détermine le mode de déplacement de chaque joueur.

***Déroulement de la partie***

• Le meneur, qui va rester jusqu'au bout tourné contre le mur, un arbre ou un gros rocher, s'appelle « Maman ». Les autres joueurs sont à 5 ou 6 mètres de distance sur une ligne figurée par un trait sur le sol ou une ligne de vêtements.

• Un premier joueur apostrophe la mère :

« Oui, mon enfant.

– Combien de pas ?

– Trois petits pas (ou un pas de géant, un pas de souris, un pas en arrière…). »

• Selon la réponse de la maman, le joueur s'exécute.

• Un deuxième joueur apostrophe la maman à son tour, et le jeu se poursuit jusqu'à ce qu'un joueur parvienne à toucher la maman et à prendre sa place.

• Pour éviter un favoritisme trop appuyé, on impose à la maman de ne jamais se retourner pour repérer les joueurs et leurs places, et l'on demande aux joueurs de modifier leur voix.

## *Corde à la ronde*

*À partir de 6 joueurs*

Matériel nécessaire : une longue corde, un objet par joueur.

### *But du jeu*

Attraper un objet situé derrière soi tout en tenant une corde.

### *Déroulement de la partie*

• Nouez les deux extrémités d'une corde.

• Les joueurs se placent en cercle, à égale distance les uns des autres. Ils tiennent la corde à deux mains et la tendent.

• Un meneur de jeu désigné pose un objet derrière chaque joueur.

• Au signal du meneur, les joueurs doivent attraper et tenir l'objet sans lâcher la corde.

• Le joueur qui a réussi à ramasser l'objet qui est derrière lui peut essayer de saisir celui de son voisin.

• Le meneur peut déposer plusieurs objets derrière chaque joueur.

• Est éliminé le joueur qui n'a pas ramassé un seul objet.

## *Coup de pied*

*À partir de 4 joueurs*
Matériel nécessaire : une corde.

***But du jeu***

Toucher une corde avec le pied.

***Déroulement de la partie***

- Deux joueurs tiennent chaque extrémité de la corde tendue.
- Tour à tour, les autres joueurs doivent donner deux coups de pied dans la corde : un par-devant et un par-derrière.
- Les joueurs qui n'y parviennent pas sont éliminés.
- Quand tous les joueurs sont passés, on monte la corde.
- Le jeu s'arrête quand il ne reste plus qu'un seul joueur.

## *Le coupe-jarret*

*À partir de 6 joueurs*
Matériel nécessaire : une corde, une balle.

***But du jeu***

Sauter au-dessus d'une corde que fait tourner un joueur.

***Déroulement de la partie***

- Les joueurs forment un grand cercle.
- L'un d'eux se tient au centre. Il fait tourner au ras du sol une corde à laquelle est attachée une balle.
- Chacun à son tour saute au-dessus de la corde.
- Celui qui n'y parvient pas est éliminé.
- Le joueur central accélère petit à petit le jeu en élevant la corde.
- Le vainqueur est celui qui reste seul.

***Le petit truc***

Le port des chaussettes est obligatoire !

## *Les anneaux*

*À partir de 2 joueurs*

Matériel nécessaire : sept anneaux de rideaux, six bouteilles.

***But du jeu***

C'est le traditionnel lancer d'anneaux sur le goulot de bouteilles.

***Déroulement de la partie***

• Disposez les bouteilles en quinconce.

• Déterminez une distance de tir.

• Chaque joueur doit lancer les sept anneaux sur le goulot des bouteilles.

***Le petit truc***

Selon l'âge et l'habileté des joueurs, déterminez la règle du jeu : encercler le goulot de chaque bouteille ou non, nombre de droits à l'erreur, récompenses, etc.

## *Les fléchettes*

*À partir de 6 joueurs*

Matériel nécessaire : six assiettes en carton, un Cutter, une paire de ciseaux, de la colle, une agrafeuse, de la ficelle, du papier crépon, une corde à linge, des fléchettes en mousse.

***But du jeu***

Lancer des fléchettes au centre des assiettes.

***Déroulement de la partie***

• Préparez le matériel :

– évidez le centre des assiettes avec un cutter ;

– à l'aide de la ficelle, suspendez-les à la corde à linge que vous avez préalablement tendue entre deux arbres. Disposez-les à des hauteurs différentes ;

– agrafez au bas de chaque assiette un panaché de papier crépon qui alourdira le tout.

• Chaque joueur devra faire passer trois fléchettes au centre des assiettes.

• Si les enfants sont nombreux, prévoyez des équipes et des récompenses, voire des lots de consolation pour les maladroits.

## *Les points cardinaux*

*À partir de 9 joueurs*

Matériel nécessaire : 8 tûteurs d'environ 1 m.

***But du jeu***

Savoir se diriger rapidement et sans se tromper.

***Déroulement de la partie***

• Désignez un meneur de jeu.

• Disposez sur le sol les 8 bâtons, partant tous d'un même point central et dirigé vers les points cardinaux : nord, sud, est, ouest, nord-est, sud-est, nord-ouest, sud-ouest. Vous obtiendrez ainsi une rose des vents.

• Un joueur se place à chaque extrémité des bâtons.

• Le meneur appelle deux points et les joueurs doivent immédiatement échanger leur place en respectant les conditions suivantes : courir à l'extérieur du cercle, dans le sens des aiguilles d'une montre.

• Le joueur qui se trompe est pénalisé de 1 point ; il est éliminé au bout de trois erreurs.

## *Le jeu californien*

*À partir de 10 joueurs*
Matériel nécessaire : un foulard par joueur.

***But du jeu***

Reconstituer une équipe au signal de ralliement. Ce jeu est utilisé par un cabinet de formation californien pour développer le sens de l'équipe au sein des milieux professionnels.

***Déroulement de la partie***

• Les joueurs sont répartis en équipes. Chaque équipe choisit un signe de ralliement : un son, un cri, un bruit. Les paroles ne sont pas permises.

• Les joueurs mélangés et les yeux bandés sont dispersés sur un grand terrain plat.

• Il ne leur reste plus qu'à utiliser leur signe de ralliement pour essayer de reconstituer les équipes.

## Jeux de ballons et de balles

Surtout si les garçons sont en majorité présents pour cet anniversaire, le fait de sortir pour jouer entraînera forcément des propositions de taper dans un ballon ! « O.K., direz-vous, mais on peut jouer à autre chose qu'au foot ! » La preuve ? Les jeux qui suivent !

### *Le ballon sandwich*

*À partir de 6 joueurs (nombre de joueurs pair)*

Matériel nécessaire : autant de ballons de baudruche que d'équipes de 2 joueurs.

***But du jeu***

Une course rigolade dos-à-dos, en tenant un ballon.

***Déroulement de la partie***

- Définissez un parcours.
- Formez des équipes de 2 joueurs.
- Les joueurs se positionnent dos-à-dos, un ballon de baudruche gonflé et coincé dans le dos.
- Si le ballon tombe, les joueurs retournent au point de départ.
- Si le ballon crève, ils sont éliminés.
- Les premiers arrivés ont gagné !

## *Le roi détrôné*

*À partir de 6 joueurs*
Matériel nécessaire : un seau, une balle, une raquette.

***But du jeu***

Les joueurs doivent détrôner le roi en touchant son trône avec une balle.

***Déroulement de la partie***

• On désigne un roi. Celui-ci, raquette en main, se met debout sur un seau, qui sera son trône.

• Ses sujets se mettent en cercle autour de lui, à une distance de 3 m environ. Ils tentent tour à tour d'atteindre le seau avec la balle.

• Le roi doit renvoyer la balle à l'aide de la raquette et les sujets doivent la renvoyer à partir de l'endroit où ils l'ont ramassée.

• Celui qui réussit à atteindre le seau détrône le roi et vient prendre sa place.

• Si le roi tombe de son seau, il est remplacé par le dernier tireur.

## *Devine qui ?*

*À partir de 8 joueurs*
Matériel nécessaire : une balle.

***But du jeu***

Toucher à son insu un des joueurs avec une balle.

***Déroulement de la partie***

• Les participants forment un cercle. Un joueur, le devin, se place au centre.

• Les joueurs gardent leurs mains dans le dos et se passent une balle dans un sens indifférent.

• Dès que le moment lui semble propice, un joueur tente d'atteindre le devin avec la balle sans être vu. S'il le manque, il prend sa place. Si le devin est atteint, il se retourne brusquement et essaie de trouver qui est le lanceur. Les autres joueurs tentent de l'induire en erreur par leurs mimiques. S'il devine, le lanceur prend sa place. S'il se trompe, il reste devin.

## *Le ballon nommé*

*À partir de 6 joueurs*
Matériel nécessaire : un ballon.

***But du jeu***

Courir pour attraper un ballon avant qu'il ne touche le sol.

***Déroulement de la partie***

• Les participants forment un cercle.
• Un des joueurs se place hors du cercle. Il lance le ballon en l'air, bien haut au-dessus du cercle, tout en prononçant le nom d'un des participants. Puis il reprend rapidement sa place dans le cercle.
• Le joueur appelé sort du cercle pour attraper le ballon. S'il n'y parvient pas, il touche 1 point de pénalité.
• À son tour, ce joueur lance le ballon en nommant un camarade.
• Le jeu continue ainsi.
• Celui qui a le moins de points de pénalité a gagné.

***Le petit truc***

Il faut veiller à ce que tous les joueurs soient appelés équitablement.

## *Ballon touché*

*À partir de 3 joueurs*
Matériel nécessaire : un ballon.

***But du jeu***

Un joueur tente de toucher le ballon que se lancent les autres joueurs.

***Déroulement de la partie***

• Les joueurs forment un cercle autour d'un de leurs camarades.

• Ils se lancent rapidement le ballon entre eux.

• Le joueur qui est au centre tente de toucher le ballon, soit lorsqu'il est en l'air, soit entre les mains d'un joueur.

• Le joueur qui était en train de lancer le ballon ou celui qui le détenait au moment où le ballon a été touché prend la place au centre.

## *La passe à dix*

*À partir de 12 joueurs*

Matériel nécessaire : un ballon.

***But du jeu***

Intercepter le ballon de l'équipe adverse.

***Déroulement de la partie***

• Partagez le groupe en 2 équipes.

• Un meneur de jeu lance le ballon en l'air. Le joueur qui l'attrape dit « 1 » et l'envoie à un autre joueur, qui dit « 2 », qui l'envoie à un troisième, qui dit « 3 », et ainsi de suite.

• Il faut une bonne distance entre chaque joueur, ce qui permet à l'autre équipe d'intercepter le ballon.

• Si un joueur de l'équipe adverse intercepte le ballon, il recommence avec le chiffre « 1 », et continue sur le même principe.

• L'équipe qui arrive en premier au chiffre 10 a gagné la partie.

## *Le ballon prisonnier*

*À partir de 10 joueurs*
Matériel nécessaire : un ballon, une craie (facultative).

### *But du jeu*

Faire prisonniers tous les adversaires.

### *Déroulement de la partie*

• Déterminez un emplacement rectangulaire d'environ 8 m sur 20 m. On peut marquer à la craie ou avec des repères les espaces suivants : on marque le milieu du terrain (au milieu de la longueur). On obtient deux camps. À l'arrière de chacun de ces camps, on marque à 2 m du fond un espace qui sera la prison.

• Les joueurs se tiennent dans leur camp.

• Pour entamer le jeu, un joueur de chaque camp se place de chaque côté du centre, un troisième joueur lance le ballon en l'air. Le joueur qui parvient à lancer le ballon dans son camp engage la partie.

• Les joueurs lancent le ballon. Si celui-ci touche un adversaire et tombe à terre, le joueur touché est fait prisonnier. Le prisonnier va dans la prison qui se trouve dans le camp adverse.

• Si le ballon touche 2 joueurs avant de toucher terre, ils sont tous deux faits prisonniers. S'il touche le premier et que le second parvient à bloquer le ballon, ils sont libres tous les deux.

• Le joueur qui reçoit le ballon et le bloque immédiatement n'est pas fait prisonnier, il en profitera pour le renvoyer rapidement et toucher un adversaire.

• Le joueur qui est fait prisonnier peut se libérer s'il parvient à attraper le ballon et à toucher un prisonnier du camp adverse.

## La boum

• Votre enfant a grandi… Fini les joies de la pêche à la ligne ! À son dernier anniversaire, tous les enfants se sont mis spontanément à danser. Ce qui n'est pas sans vous rappeler les surprises-parties de vos 20 ans… Étonnant, ils sont encore si jeunes ! C'est pourtant dans l'air du temps : il n'y a pas que les adolescents qui expriment l'envie d'organiser une boum. Voilà que les grands des classes primaires s'y mettent aussi ! « Maman, Sarah m'invite à une boum pour son anniversaire ! Est-ce que je pourrai y aller ? On va danser jusqu'à 22 heures ! – Ah, oui, pas de problème ! – Et est-ce que je pourrai en faire une, moi aussi, pour mon anniversaire ? »

• Les enfants sont ravis de pouvoir faire « comme les grands ». Entre 9 et 12 ans, ils changent, leurs désirs évoluent, ils ont envie d'un petit plus. Ils ont passé ou vont passer le cap de la rentrée au collège et, pour eux, s'ouvrent de nouvelles perspectives. La boum change des bonnes vieilles habitudes du goûter à 16 heures et leur donne l'impression de vivre leur anniversaire en toute liberté. C'est le piment de la fête.

• La boum a son importance sur le plan social : qu'on en soit l'organisateur ou l'invité, c'est une manière de marquer le sentiment d'appartenance à un groupe dans la convivialité, de consolider ou d'agrandir son réseau relationnel. On fait dans le grandiose, on marque le coup, c'est la nouveauté que l'on veut partager avec le plus grand nombre d'amis, tous ensemble.

• En organisant une boum pour vos enfants entre 9 et 12 ans, vous les autorisez donc à faire un pas dans le monde et les codes de l'adolescence, d'acquérir progressivement plus d'autonomie, et vous les accompagnez en ce sens. C'est l'âge où vous avez encore un droit de regard : tout se passe très bien avec un minimum d'organisation, un peu de musique et de nombreux participants !

## *Combien de participants ?*

Entre 10 et 20 personnes, c'est l'idéal. Il faut suffisamment d'invités pour maintenir une ambiance festive, donner envie de danser et de participer à des jeux. Une boum, c'est dynamique ! Au-dessus de 20 personnes, l'organisation d'une boum relève de l'exploit, surtout si vous habitez dans un appartement.

## *Les invitations*

Votre enfant établira la liste des invités et lancera lui-même les invitations, par écrit, et ce, même si il en aura discuté avec ses amis, soyez en sûr ! Décidez avec lui d'un nombre de participants à ne pas dépasser. Veillez à ce qu'il n'oublie rien : date, lieu, heure, voire thème de la boum…

## *Les parents doivent-ils rester avec les enfants ?*

• Jusqu'à 12 ans, les enfants ont besoin d'être cadrés. Bien entendu, hors de question d'être sur leur dos ou de chercher à s'intégrer dans le groupe. Une présence bienveillante et discrète est cependant nécessaire, voire indispensable.

• Aidez-les à s'organiser : demandez-leur de décider qui, parmi eux, sera le DJ, qui apportera les boissons, qui coupera la pizza, qui allumera les bougies, qui s'occupera de nettoyer l'orangeade qui vient de se renverser... Précisez-leur que vous êtes toujours prêt à donner un coup de main ou à répondre à une urgence.

• Prévoyez un coin pour partager un verre avec les autres parents, mais pas dans la pièce où se déroule leur fête. À moins que ce ne soient eux qui vous y invitent...

## *Quel sera l'horaire de la fête ?*

De 18 heures à 22 heures pour commencer : ils n'ont pas encore l'âge d'avoir la permission de minuit ! D'autant plus que les parents sont encore sollicités pour les transports. Il faut cependant que tout cela ait l'air d'une vraie boum : commencer en soirée et se terminer au début de la nuit, cela lui donne son caractère d'exception. Prévoyez une demi-heure de battement au moment du départ, avant l'arrêt des festivités.

## *Quel pourra être le lieu de la boum ?*

• C'est avant tout l'espace disponible qui déterminera le lieu de la fête : la plus grande pièce de la maison, le garage, le grenier, la cave... Si votre maison n'est vraiment pas grande ou trop mal isolée, si vous habitez dans un appartement, cela dépendra des bonnes relations que vous entretenez avec vos voisins. Le mieux est de leur en parler ou de les avertir un peu à l'avance – à cet âge, ça déménage ! –, oralement ou par un petit mot dans la boîte aux lettres. Invitez-les éventuellement à venir boire un verre, après la fête.

• Vous avez la solution de demander à des amis de vous accueillir (en regroupant deux anniversaires, par exemple) ou, à défaut, renseignez-vous auprès de votre mairie, de nombreuses associations prêtent ou louent leurs locaux à moindre prix.

• Il faut un espace pour danser assez important, ainsi qu'un coin repas et un coin repos plus tranquilles et loin du bruit pour, entre deux danses, s'asseoir et reprendre des forces ! N'oubliez pas de ranger les objets fragiles, de protéger le canapé avec un tissu ou le parquet avec un tapis.

## *La musique*

• C'est le nerf de la guerre ! Elle est indispensable pour créer l'ambiance. Votre enfant passera lui-même les CD de son choix et se chargera de demander à ses amis d'apporter les leurs.

• Vous pouvez préparer des cassettes audio sur lesquelles vous aurez enregistré leurs morceaux préférés, ce qui a l'avantage d'éviter les manipulations de la chaîne hi-fi. Vous aurez choisi un DJ, qui sera responsable de la musique et sera le seul à utiliser les appareils.

• Aidez-les à faire des choix éclectiques et pas démodés. Toujours en vogue, outre les derniers tubes de leurs idoles préférées, le rap, le reggae, le disco, la musique des années 1960 et 1970, les slows, le rock, le twist… toutes sortes de musiques dansantes ! Alternez les musiques lentes et les musiques rapides.

• Vous pouvez louer le matériel : ampli, lecteur de cassettes et CD. Soignez les réglages avant l'arrivée des invités et prévoyez des étiquettes pour repérer les albums prêtés.

## *La lumière, atmosphère de la fête*

• Pour créer l'ambiance, posez des spots et des lumières colorées. Ils adoreront la boule à facettes avec moteur incorporé, les bâtons lumineux de couleur ou les sets modulateurs de lumière, les stroboscopes, les variateurs ou la lumière noire.

• Vous pouvez louer ces appareils dans les magasins spécialisés de farces et attrapes ou de vente d'articles festifs.

## *La nourriture*

Vous trouverez au chapitre « À boire et à manger » tous les conseils pour organiser un bon buffet. Évidemment, pas de repas traditionnel : soyez simple, prévoyez de la vaisselle jetable, des mets que l'on pourra venir chercher à son gré (pensez à les prédécouper). Les enfants adorent picorer quiches, pizzas, chips... Vous pouvez y ajouter des salades composées, de la viande froide, de la charcuterie... Surtout, n'oubliez pas le gâteau : souffler les bougies reste le moment traditionnellement attendu. Pour les boissons, pas d'alcool, plutôt des cocktails de jus de fruits ou de sirops, des milk-shakes... Prévoyez un coin parents avec apéritif convivial, si vous le souhaitez.

## *Demandez le programme*

• Sans tout organiser à l'avance, il est bien d'avoir en prévision un petit programme à appliquer à la carte pour pallier une éventuelle baisse d'énergie ou une trop grande excitation. Prévoyez une animation organisée.

• Variété des styles de musique : comme nous l'avons vu, un choix large permet à la fois de plaire au plus grand nombre et de faire découvrir des musiques inconnues, de surprendre. Pensez à jouer sur les rythmes, alternez les musiques lentes et les musiques plus dynamiques.

• Prévoyez des moments où l'on ne danse pas forcément : vous trouverez plus loin des propositions de jeux que l'on peut pratiquer en musique, pour relancer l'attention et permettre à tout le monde de participer.

• Les enfants ont peut-être besoin de calme. Soit vous avez préparé un coin tranquille, loin de la piste de danse, soit vous prévoyez des moments sans musique pour reposer les participants, après le gâteau, par exemple.

• Les enfants ont souvent quelques jeux ou sketches à proposer, avant de retourner sur la piste. Ils relanceront d'eux-mêmes la danse, car le plus difficile est de les arrêter !

## Jeux et musique

### *Bonbon, maestro !*

*À partir de 6 joueurs*

Matériel nécessaire : des bonbons, un gobelet par participant, de la musique.

***But du jeu***

Attraper un bonbon le plus rapidement possible.

***Déroulement de la partie***

• C'est un jeu simple pour commencer : les joueurs s'assoient autour d'une table sur laquelle on aura posé un bonbon.

• Un joueur se charge de mettre en route et d'arrêter la musique à son gré.

• Au moment où la musique s'arrête, les joueurs doivent recouvrir le bonbon à l'aide d'un gobelet. Le plus rapide l'empoche.

***Le petit truc***

Prévoyez quelques bonbons d'avance !

### *L'alphabet des stars*

*À partir de 2 joueurs*

Matériel nécessaire : une feuille de papier et un crayon par participant.

***But du jeu***

Trouver des noms de vedettes de la chanson commençant par une lettre choisie.

***Déroulement de la partie***

• Les participants énumèrent les lettres de l'alphabet dans l'ordre.

• Pour chaque lettre, ils doivent trouver un nom ou un prénom de star de la chanson. Exemple : *A* comme *Alizée*, *B* comme *Britney Spears*, *C* comme *Christina Aguilera*…

## *Le maître des mots*

*À partir de 6 joueurs*

Matériel nécessaire : de la musique.

***But du jeu***

Chercher à entendre un mot dans une chanson.

***Déroulement de la partie***

• Les participants choisissent chacun un mot simple et usuel dont ils seront le « maître », comme *être*, *avoir*, *pour*, *avec*, *amour*, *toujours*…

• Ils choisissent des chansons qu'ils écoutent sur CD ou cassettes.

• Chaque fois qu'un participant entend le mot qu'il a choisi, il doit crier : « Mot ! » et marque 1 point.

• Celui qui laisse passer son tour sans réagir perd 1 point.

## *Musique, musique !*

*À partir de 6 joueurs*

Matériel nécessaire : une cassette préenregistrée, un lecteur de cassettes.

***But du jeu***

Reconnaître une chanson à partir de quelques mesures.

***Déroulement de la partie***

• Au préalable, vous aurez enregistré sur une cassette audio les premières mesures de plusieurs chansons connues des enfants.

• Un des enfants met en route la cassette. Dès les premières mesures, les participants doivent nommer soit le titre de la chanson, soit le nom du chanteur.

• Celui qui a deviné passe la chanson suivante, et ainsi de suite.

• Pour agrémenter le jeu, vous pouvez organiser un système de points. Dans ce cas, vous pouvez être celui qui passe la cassette. Le premier qui trouve la réponse gagne 1 point, et celui qui récolte le plus de points aura droit à quelques bonbons.

***Le petit truc***

Faites-vous une liste des bonnes réponses !

***Variante 1***

• Il faut toujours trouver le titre d'une chanson et le nom de son interprète, mais, au lieu d'écouter une cassette, chaque participant devra tout simplement… chanter.

• Le mieux est qu'il commence à fredonner la chanson en utilisant simplement le « lalala », pour que les autres joueurs fredonnent puis se mettent à chanter avec lui.

• Celui qui a trouvé la bonne réponse doit à son tour proposer un nouvel air.

• Le joueur qui choisit une chanson doit être sûr qu'elle est connue de la plupart des participants.

***Variante 2***

• Le meneur de jeu choisit une chanson facile connue de tous, comme *Joyeux anniversaire*, *Petit Papa Noël*… qu'il scande en battant des mains ou en tambourinant sur la table.

• Les autres joueurs doivent deviner de quelle chanson il s'agit.

• Celui qui a trouvé prend la suite.

***Le petit truc***

• C'est un jeu qui demande de la concentration et du silence. Le meneur de jeu veillera à ne pas fredonner sa chanson au moment où il la scande.

• On évitera de frapper son assiette ou son verre avec un couteau, le son n'est pas harmonieux et il y a des risques de casse !

## *La chanson à enchaîner*

*À partir de 12 joueurs assis + 1 meneur de jeu*
Aucun matériel nécessaire.

***But du jeu***

Reconnaître une chanson et poursuivre son interprétation.

***Déroulement de la partie***

• Les joueurs sont divisés en 2 équipes et s'alignent face à face.

• Le meneur de jeu commence en chantant la première phrase : « Mon âne, mon âne a bien mal à sa tête… » ou « Au clair de la Lune… »

• Le premier joueur de l'une des équipes doit enchaîner avec la phrase suivante : « Madame lui a fait faire un bonnet pour sa fête… », « Mon ami Pierrot… »

• S'il connaît la suite de la chanson, son équipe marque 5 points ; dans le cas contraire, le premier de l'équipe adverse peut tenter sa chance pour obtenir le même nombre de points.

• La partie continue avec le deuxième joueur de chaque équipe, qui devra poursuivre par : « Et des souliers lilas, la, la/Et des souliers lilas », « Prête-moi ta plume… ».

• Il faudra choisir une chanson connue des joueurs… mais pas trop, pour qu'il y ait quelque difficulté à aller jusqu'au bout !

***Variante***

• Un joueur d'une équipe commence une chanson et désigne celui de l'équipe adverse qui devra prendre sa suite. S'il ne trouve pas, il se met debout et n'a plus le droit de répondre pendant le reste de la partie.

• Chaque membre de chaque équipe va faire de même en alternance. La table où tous les joueurs sont debout est éliminée et aura un gage (voir page 354).

## *La cuillère empoisonnée*

*À partir de 5 joueurs assis + 1 meneur de jeu*

Matériel nécessaire : une petite cuillère, de la musique.

***But du jeu***

Passer le plus rapidement possible une petite cuillère à son voisin.

***Déroulement de la partie***

• Les joueurs forment un cercle, debout ou assis.

• L'un des joueurs est responsable de la musique. Il devra la mettre en route et l'arrêter de façon impromptue.

• Les joueurs doivent faire circuler la petite cuillère le plus rapidement possible. En effet, si la musique s'arrête, le joueur qui la détient touche 1 point de pénalité. Et le jeu reprend avec la musique.

• Le joueur qui atteint 3 points de pénalité croise les bras et reste à sa place pendant que les autres convives se débrouillent pour continuer à faire circuler la petite cuillère.

• Les joueurs n'ont pas le droit de refuser la petite cuillère.

• Si la cuillère tombe par terre, on change de meneur de jeu.

***Le petit truc***

Pour pimenter le jeu, le meneur chargé de la musique peut remplacer celle-ci par des sons qu'il exécutera lui-même (chanter, battre des mains, siffler, faire un rythme avec une cuillère et un verre…).

## *La danse des coussins*

*À partir de 6 joueurs*

Matériel nécessaire : de la musique, un coussin pour 2 participants.

***But du jeu***

Voilà un jeu qui plaît à tout âge : danser en tenant un coussin par deux.

***Déroulement de la partie***

• Chaque couple de participants se mettent dos-à-dos.

• Ils placent un coussin en sandwich entre eux.

• Lancez la musique. Il s'agit de danser sans faire tomber le coussin !

• Les joueurs dont les coussins ne sont plus en place sortent du jeu.

• Les derniers en piste ont gagné la partie.

## *Le défilé de mode*

*À partir de 6 joueurs*

Matériel nécessaire : de la musique, du maquillage et des vêtements.

***But du jeu***

Organiser un défilé de mode.

***Déroulement de la partie***

• Prévoyez une caisse avec des vêtements et une boîte de maquillage dans une pièce attenante à celle où se déroule la fête.

• Les participants se préparent par groupes de 3 ou 4 personnes avant de défiler devant leurs camarades.

• Chaque groupe peut choisir un « style » : star, *Mission impossible*, futuriste, paillettes, etc.

## *Statues dansantes*

*À partir de 4 joueurs*

Matériel nécessaire : de la musique.

***But du jeu***

Se figer d'un seul coup comme une statue.

***Déroulement de la partie***

• Les enfants choisissent un meneur de jeu responsable de la musique.

• Celui-ci lance la musique, tandis que les participants se mettent à danser.

• Le meneur arrête brutalement la musique sans prévenir : les enfants doivent alors se figer comme des statues.

• Le meneur observe un instant les participants. Celui qui bouge, même légèrement, est éliminé. L'expression du visage doit rester la même.

• Le meneur remet la musique de façon inopinée.

• Le jeu continue jusqu'à ce que tout le monde soit éliminé sauf un, et les joueurs peuvent décider de changer de meneur au bout de quelques tours.

## *Le radio-crochet*

*À partir de 6 joueurs*

Matériel nécessaire : de la musique, du maquillage et des vêtements (facultatif).

***But du jeu***

Chanter en play-back ou en direct.

***Déroulement de la partie***

• Les participants pourront, s'ils le désirent, s'habiller et se maquiller.

• Les participants peuvent procéder seuls ou à plusieurs.

• Ils choisissent une chanson à interpréter…

– Première solution : le play-back. Ils miment le mouvement des lèvres et dansent en passant la musique.

– Deuxième solution : le karaoké. Le chanteur laisse la musique en fond et chante par-dessus.

– Troisième solution : *a cappella*. C'est le radio-crochet classique, où chacun interprète la chanson qu'il désire.

***Le petit truc***

Quel que soit le choix des artistes en herbe, suggérez au public de reprendre avec eux les chansons pour les encourager !

## *Bon prince !*

*À partir de 8 joueurs (si possible, autant de garçons que de filles)*

Matériel nécessaire : de la musique.

***But du jeu***

Chaque garçon va tenter de déterminer quelle fille l'a choisi !

***Déroulement de la partie***

• Les filles se rassemblent d'un côté de la pièce, les garçons attendent patiemment de l'autre côté.

• Chaque fille doit choisir avec quel garçon présent elle souhaite danser. Bien sûr, les garçons ne doivent rien entendre de leurs négociations, mais chacune doit avoir choisi un cavalier différent.

• Les deux groupes se retrouvent sur 2 lignes face à face. Un premier garçon s'approche en direction de la fille par laquelle il pense avoir été choisi en disant : « Si vous le voulez, je serai votre prince ! » Si son choix correspond à celui de la fille à qui il s'est adressé, elle s'approche et danse avec lui ! Si son choix ne correspond pas, il accepte, bon prince, un soufflet ! Le jeu continue, chaque garçon venant se présenter l'un après l'autre à celle qu'il estime être sa princesse.

***Le petit truc***

• Un joueur sera désigné pour lancer la musique.

• Le jeu reste sympathique si le petit cérémonial est respecté et si les filles ont du temps pour négocier entre elles… et si le soufflet est donné gentiment !

## Grands jeux à l'intérieur

• Il serait dommage de réserver les grands jeux à la pleine nature. Il est toujours possible de concevoir des grands jeux dans un appartement ou une maison, surtout si l'on peut bénéficier de plusieurs espaces dans un même bâtiment.

• Les grands jeux proposés ici ont comme principal intérêt d'être facilement mis en place, de pouvoir se préparer à l'avance et de s'adapter à tous les publics, depuis la petite enfance jusqu'aux plus grands, ou aux groupes d'âges mélangés.

### *Grand jeu de parcours individuel*

*À partir de 10 joueurs*

Matériel nécessaire : du petit matériel à préparer à l'avance, des feuilles de papier et des crayons.

***But du jeu***

Voici un grand jeu qui a comme particularité de proposer une circulation individuelle des joueurs, la stimulation venant du fait que les participants se croisent, peuvent s'observer, mais ne se confrontent jamais. Chacun est alors un véritable acteur du grand jeu, progressant au rythme qui lui convient.

### *Déroulement de la partie*

• Entre 12 et 30 postes sont répartis dans différents lieux (en fonction de la place et de l'encadrement).

• Soit on décide de mettre tous les postes les uns à côté des autres, par exemple tout autour de plusieurs tables ; soit les postes sont dispersés dans l'appartement ou dans la maison et les trouver fait partie du jeu.

• Chaque joueur est muni d'une feuille de route. Il doit, dans l'ordre qui lui convient, à son propre rythme, se présenter à chacun des postes pour exécuter la consigne demandée.

– Soit chaque poste est tenu par un adulte qui fait passer l'épreuve et en détermine la réussite ;

– Soit chaque poste est libre : il n'y a qu'une feuille avec les consignes et le petit matériel nécessaire. Il faut que 2 joueurs se retrouvent ensemble, chacun fait passer l'épreuve à son partenaire et le note. Puis les 2 joueurs échangent leurs rôles (pour certaines épreuves, les joueurs l'accomplissent ensemble, l'un devant marquer des points sur l'autre).

– Soit chaque joueur passe tout seul son épreuve et se note, mais ce n'est amusant que si les joueurs sont très proches dans l'espace ; le meneur de jeu peut réexpliquer les consignes mal comprises ou régler la circulation.

• Quand le joueur est passé à tous les postes, il remet sa fiche à l'organisateur, qui compte les points.

• Il est indispensable de bien expliquer :

– que l'on ne passe qu'une seule fois à chaque épreuve ;

– qu'à chaque fois le matériel doit être remis soigneusement en place pour le prochain joueur ;

– que le parcours doit se faire seul et que l'on ne doit jamais se retrouver deux fois avec le même partenaire.

| Quelques postes possibles | |
|---|---|
| **Action** | **Matériels** |
| Poser l'ardoise sur son front et écrire son prénom | Ardoise, craie, éponge |
| Découper un rond, un carré, un triangle et les coller sur un panneau (prévoir un grand panneau et utiliser des papiers de couleur) | Ciseaux, feuilles de papier de couleur, bâton de colle |
| S'arracher un cheveu et y faire un nœud | |
| Prendre un bonbon et le manger (pour le plaisir !) | Bonbons |
| Faire un parcours à cloche-pied | De quoi baliser un parcours |
| Faire une bise sur la joue de la personne de son choix | |
| Lancer un serpentin de sa main la moins habile | Serpentins |
| Mettre les images correspondantes sur les planches de loto | Un jeu de loto en images |
| Trouver la clé correspondant à chaque cadenas | Plusieurs cadenas et leurs clés respectives |
| Se dessiner une moustache ou un sourcil de clown | Crayons de maquillage |
| Enfiler une aiguille | Du fil et des aiguilles |
| Trouver trois objets identiques | Divers boutons ou coquillages |
| Retrouver chaque bristol correspondant à chaque enveloppe (attention : manipuler délicatement) | Différentes enveloppes et morceaux de bristol |
| Gonfler un ballon, faire un nœud et l'accrocher | Ballons de baudruche (prévoir un lieu et des bouts de ficelle pour les accrocher) |
| Faire une grimace ! | Miroir (prévoir un photographe à proximité) |

| | |
|---|---|
| Remplir une bouteille posée au milieu d'une bassine remplie d'eau en pressant une éponge au-dessus du goulot (utiliser petites bouteilles en plastique par sécurité) | Bouteilles, éponges, bassine |
| Chanter *Frère Jacques* | |
| Faire une pyramide la plus haute possible (on peut décider de ne pas défaire sa pyramide et laisser le soin au joueur suivant de la continuer sans la faire tomber) | Cubes ou chutes de bois |
| Retrouver trois coquillages semblables (peut se faire avec la main malhabile ou les yeux fermés) | Coquillages et bac rempli de semoule ou de sable sec |
| Se servir un coup à boire et rincer son verre (pour le plaisir !) | Sirop, eau fraîche, verres |
| Faire une roulade | Tapis de sol |
| Renverser toutes les quilles d'un jeu | Jeu de quilles (marquer l'emplacement des quilles et la ligne de lancer) |
| Faire un puzzle | Puzzle |
| Enfiler différentes perles dans un ordre précis et les accrocher autour du poignet (préparer des modèles) | Perles de couleurs et de tailles différentes, fils de Nylon |
| Éplucher une pomme de terre en ne faisant qu'une seule épluchure | Pommes de terre, couteaux économes, bassine et papier journal |
| Enfiler des gants de toilette et faire un nœud avec une ficelle | Deux gants de toilette et une grosse ficelle |
| Faire un château avec 12 cartes minimum (même remarque que pour la pyramide) | Cartes à jouer dépareillées |
| Associer les vis aux écrous correspondants | Vis et écrous de différentes tailles |
| Retrouver son prénom et l'accrocher sur son vêtement | Pinces à linge portant chacune un prénom correspondant à chaque participant |

***Pour la fiche de route***

Prévoir une feuille de route par personne, sur un petit bristol léger.

Nom du joueur :

| N° de l'épreuve | Partenaire | Nombre de points |
|---|---|---|
| | | |
| | | |
| | | |
| | | |

Autant de rangées que de postes.

Préciser que l'on peut passer les épreuves dans n'importe quel ordre.

• Soit indiquer dans l'ordre les numéros des épreuves sur la fiche pour que les joueurs n'en oublient aucune. Entourer dans ce cas le numéro de départ, différent pour chacun, pour éviter les bouchons dès le départ.

• Soit ne mettre que le numéro de la première épreuve.

***Prévoir à chaque poste***

• Un panneau bien en vue, avec le numéro de l'épreuve et la formule : n'oubliez pas de noter le numéro de l'épreuve sur votre feuille de route et de vous noter entre 1 et 5.

• La consigne du jeu, éventuellement le modèle. Indiquez si le jeu doit être fait ou défait après l'épreuve.

• Un crayon ou un stylo-bille accroché à une ficelle.

***Durant la partie***

• Deux ou trois adultes, grand frère ou grande sœur, peuvent se balader dans le jeu pour voir si tout se passe bien.

• On peut également prévoir des postes volants permettant de désengorger les embouteillages et se promenant avec une liste de devinettes, charades et autres questions (voir page 394).

• Bien expliquer que, lorsque le jeu est fini, on doit remettre sa fiche à quelqu'un de précis.

• Organiser une remise de prix avec des petits cadeaux, par exemple une bourse avec des pièces en chocolat. Prévoir un prix du fair-play, de la camaraderie ou de la ténacité.

***Le petit truc***

Soigner la présentation du jeu. Le plus simple est de récupérer autant de boîtes à chaussures que d'épreuves. Notez en grand sur le couvercle le numéro de l'épreuve et en petit le nom de l'épreuve. Rangez le matériel correspondant dans chaque boîte et ajoutez le crayon et la ficelle. Collez la consigne du jeu à l'intérieur de chaque couvercle. Une dernière boîte permettra de ranger les fiches de route et la liste des épreuves. L'ensemble des boîtes sera rangé afin d'être réutilisé pour une partie future.

## *Grand jeu de la traversée*

*3 à 6 équipes de 3 à 6 joueurs*

• Les joueurs sont répartis autour de petites tables de manière à voir le tableau et le meneur de jeu, mais suffisamment espacées les unes des autres pour qu'ils puissent se concerter sans entendre ce que disent les autres équipes et réciproquement.

• Ce grand jeu est plus spectaculaire que le précédent puisque plusieurs équipes s'affrontent simultanément.

• Les questions seront adaptées en fonction des joueurs (âges, centres d'intérêt, niveau de connaissance…).

### *Préparation et installation*

• Le meneur devra avoir à sa disposition une liste ou des fiches avec 50 questions différentes et numérotées (voir page 420).

• Prévoir deux grands tableaux : le premier est le traditionnel tableau des écoliers (noir avec craies et éponge ou blanc avec feutres de couleur et chiffon). Le second est un tableau du même genre ou un paper board.

• On soignera la présentation des différents éléments, la lumière, la décoration des tables et la tenue du meneur !

• Le premier tableau est divisé en 36 cases (6 × 6). Le deuxième tableau comporte les nombres correspondant à ceux des cinquante questions mentionnées sur les fiches.

### *But du jeu*

Chaque équipe va s'efforcer d'occuper sur la grille une série de cases formant une ligne continue de manière à effectuer la traversée de cette grille horizontalement, verticalement ou en diagonale.

### *Déroulement de la partie*

• Un tirage au sort permet de déterminer l'ordre dans lequel les équipes vont jouer durant toute la partie.

• La première équipe choisit une case, en utilisant le code habituellement prévu pour les grilles de mots croisés. Elle choisit en même temps un nombre correspondant à une question.

• Le meneur de jeu dessine un petit repère dans la case demandée, puis pose la question correspondante à l'équipe.

• Les membres de l'équipe se concertent et donnent leur réponse, une seule !

• Si la réponse est correcte, le meneur de jeu place dans la case un signe particulier représentant cette équipe (cette case leur appartient). Puis, sur l'autre tableau, il efface, ou barre, le nombre correspondant à la question posée. Si la réponse est erronée, la case reste libre.

• Le jeu se poursuit avec une autre équipe, etc.

• Les équipes doivent s'organiser pour prendre possession d'une série de cases voisines, formant une ligne ininterrompue.

• Lorsqu'arrive son tour de jouer, une équipe peut choisir une case favorable qui lui permet d'allonger sa ligne ou encore tenter de s'emparer d'une case qui interrompt la série d'une autre équipe tout en favorisant la réalisation de sa propre série.

• Afin de compléter sa série, une équipe peut occuper une case déjà prise par une autre équipe en demandant une surenchère. Dans ce cas, le meneur pose deux questions prises au hasard auxquelles elle doit donner la réponse exacte.

• L'équipe gagnante est celle qui parvient la première à réaliser une traversée de la grille.

***Le petit truc***

• Il est indispensable de thématiser ce jeu pour qu'il ne se transforme pas en une succession de questions.

• C'est ce thème qui déterminera la décoration des lieux et le choix des questions à l'occasion de cet anniversaire.

## *Grand jeu du qui suis-je ?*

*Le nombre de participants est indifférent, on peut jouer à 5 jusqu'à 100 ! Si les joueurs ne savent pas lire, on peut remplacer le mot à deviner par une image.*

Voici un nouveau grand jeu facile à mettre en place. Il permet aux enfants de faire connaissance. Autre avantage, il demande très peu d'encadrement et il peut se dérouler dans n'importe quel local, la seule condition étant que les joueurs aient la place de circuler librement. Dernier avantage, chaque participant joue à son propre rythme, et si l'un d'entre eux se retire ou arrive en retard, il ne pénalise pas ses camarades.

***Préparation et installation***

Le meneur doit prévoir autant de morceaux de papier (coupés dans des feuilles au format 21 × 29,7 cm partagés en 8) que de joueurs. Il faut également prévoir autant de crayons et d'épingles que de joueurs.

***But du jeu***

Découvrir un mot (ou une image) choisi dans une catégorie par un autre joueur en lui posant des questions auxquelles il ne peut répondre que par *oui* ou par *non.*

***Déroulement de la partie***

• Distribuer à chaque joueur un morceau de papier, une épingle et un crayon.

• Maintenant que chaque joueur a son attirail, demandez un peu de silence à l'assistance, au besoin montez sur une chaise et parlez tout doucement pour que l'on soit obligé de se taire pour comprendre ce qui va suivre.

• Choisissez un thème. Par exemple, s'il s'agit de « jeu », les mots peuvent être : *carte, bille, cache-cache, portrait, corde à sauter, tricheur, perdant…*

• Chaque joueur écrit sur son morceau de papier le mot qu'il a choisi, sans le dire ni le montrer aux autres, et le fixe à l'aide de l'épingle sur le dos de son voisin.

• Les joueurs se dispersent.

• Le jeu se pratique alors par étapes, deux par deux, chacun cherchant à connaître le mot qu'il a dans le dos.

– Montrer son dos au premier joueur rencontré, puis lui poser trois questions auxquelles il n'est possible de répondre que par oui ou par non. « Est-ce un objet ? Un sentiment ? Est-ce qu'on en trouve dans cet endroit ? Est-ce dur ? Mou ?

Liquide ? Est-ce un nom propre ? Est-ce un groupe de mots ? »

– À partir de ces réponses, faire une proposition. Si la réponse est exacte, demander à un autre joueur de vous accrocher un autre mot dans le dos.

– Si, au contraire, le mot n'est pas découvert, partir à la rencontre d'un autre joueur et procéder de la même façon.

• Dans les deux cas, ne pas oublier de regarder le nom accroché au dos du partenaire qui vient de vous questionner et de répondre, à son tour, à ses questions.

### *Le petit truc*

• Les petits papiers peuvent avoir été préparés à l'avance et les mots déjà choisis.

• On peut aussi utiliser des images découpées dans des catalogues et collées sur des cartons. Les cartons pourront ainsi resservir, surtout si l'on a pris le soin de les plastifier.

### *À partir d'un thème*

Ils sont inépuisables (voir également page 90). Une seule condition : il faut que les mots de vocabulaire et les centres d'intérêt soient ceux de votre public.

• La montagne : Aconcagua, adret, airelle, altitude, arnica, baies, balisage, bec-croisé, belladone, Bénédicte de Saussure, boussole, cairn, Carpates, cartes, chamois, clinomètre, crocus printanier, courbes de niveau, dahu, deltaplane, digitale pourpre, desman, éboulements, edelweiss, entorse, Everest, falaises, fraises des bois, gelures, génépi, glaciers, granite, gypaète barbu, hélicoptère, Herzog, hibernation, if, igloo, isard, joubarbe à toile d'araignée, jumelles, kayak, Kilimandjaro, lacs, lichens, limonade, linaigrette…

• La mer : algues, baleine, coraux, dunes, échelle, flibustier, gorgones, hippocampe, iceberg, Jersey, krill (c'est une crevette), lapin (c'est un mot tabou sur un bateau), marées,

Neptune, océan, phare, quarantièmes rugissants, requins, sel de mer, tribord, Ulysse, voilier cosmopolite (c'est le nom du poisson le plus rapide du monde), waters, ximénie (c'est le nom du citron de mer que l'on ne trouve pas au fond de l'eau), youyou et zostères (ce sont des plantes aquatiques).

• La bande dessinée : album, Astérix, bédéphile, Boule et Bill, bulle, cadrage, coloriste, case, *comic-strip*, crayonné, découpage, éditeur fanzine, Gaston Lagaffe, Hergé, Iznogoud, jungle en folie, Kit Carson, lettrage, manga, Natacha, onomatopée, phylactère, planche, Quatre As, Ran Tan Plan, scénariste, Tintin, Uderzo, vignette, Walthéry, X-men, Yakari et Zorro !

## *Organisation de tournois*

• On l'oublie souvent, mais tous les jeux de plateau permettent d'organiser des tournois, à l'occasion d'une fête. Il suffit d'avoir suffisamment d'exemplaires d'un même jeu.

• Il est indispensable que tous les joueurs soient à peu près du même niveau.

• Les jeux de dominos, de marelles, de cartes (ni trop compliqués ni trop longs), de loto (thématiques à destination des enfants), de Memory, de sept familles, de l'oie, de mikado, de serpents et échelles, du pendu, du cochon qui rit, etc. se prêtent à un tournoi à condition qu'on leur donne un côté festif, en proclamant les résultats en direct, par exemple.

• Le principe est simple : proposer des parties courtes entre les joueurs et faire tourner rapidement les équipes ; on peut également faire intervenir le hasard, en tirant régulièrement le nom de 2 joueurs qui doivent intervertir leurs places. Le jeu de plateau choisi n'est qu'une base sur laquelle on organisera le déplacement des joueurs.

• Prévoyez un grand panneau sur lequel vous inscrirez les points de chaque équipe. Il est également possible de dessiner plusieurs routes en lignes parallèles et horizontales et de petits véhicules représentant chaque équipe.

• On peut également varier les jeux au cours d'une même soirée.

### *Grands jeux à l'extérieur*

*Bien sûr, ces grands jeux à l'extérieur nécessitent un peu de préparation, mais à côté du souvenir que ce moment d'aventure et de fête laissera à chacun, ils valent vraiment la peine d'y consacrer du temps. Un grand jeu, c'est un moment unique en pleine nature où l'on rit, chante, crie, bouge... et au cours duquel on s'organise, collabore, réfléchit pour gagner ensemble la partie !*

## Grands jeux avec prises

Ils sont basés sur une confrontation directe entre 2 ou 3 équipes. On y joue en pleine nature sur des terrains plus ou moins accidentés, où il est possible de se cacher, de courir, de se dépenser. Les limites du terrain de jeu devront être clairement définies : des bandes de papiers colorés maintenues autour des troncs d'arbres par une ficelle feront l'affaire. La règle du jeu, particulièrement en ce qui concerne les « prises de vie », devra être clairement expliquée et respectée.

*Prises de vie*

• Les joueurs sont détenteurs d'un droit de vie leur donnant la capacité à être actif au sein du jeu. Ce droit est matérialisé par un foulard. Tant que le joueur peut justifier de ce droit, il peut continuer à jouer. Dès qu'il n'a plus ce droit, il ne peut plus poursuivre la partie est nulle. Il y a prise quand un joueur subtilise la vie d'un autre joueur. Il existe deux formes de prise : dans la prise unilatérale, un seul joueur peut se faire enlever sa vie, comme, par exemple, dans le chat et la souris : le chat ne peut pas être pris et la souris ne peut qu'être prise. L'un attaque et l'autre esquive et fuit.) Dans la prise réciproque, chacun des joueurs peut prendre et être pris.

• Pour les vies, on utilisera de grands carrés de tissu (foulards de scout, bandanas ou grands mouchoirs). Le tissu est glissé dans la ceinture ou le pantalon, dans le dos ou sur le côté de manière à ce qu'il y ait un bout plus grand que l'autre, pour éviter d'emporter le pantalon en se saisissant simultanément des deux bouts. Les règles de prise sont les suivantes :

– bataille uniquement en duel, sauf consignes propres au jeu ;
– interdiction d'attraper par les vêtements ;
– le combat ne peut se dérouler que debout ;
– pas de violence, mais une prise en souplesse.

***Pour récupérer une nouvelle vie***

Plusieurs possibilités :

• Chaque joueur possède plusieurs vies au début du jeu. Elles peuvent être symbolisées par des cailloux, des noyaux de fruits…

• Le joueur pris doit rejoindre un point visible éloigné connu de tous qu'il touche sous l'œil de l'animateur du jeu.

• Les prisonniers forment une chaîne en se tenant par la main et partent d'un point précis. Il suffit qu'un joueur touche l'un des membres pour que tous soient libérés.

## *Brakko des Bois, roi des Chasseurs*

*À partir de 12 joueurs de 9 ans minimum et répartis en 2 équipes de nombre égal : les copains de Brakko des Bois et les collègues du garde-chasse*

• Brakko des Bois vient d'être attrapé par le garde-chasse et risque de passer quelques jours en prison. Ses copains dans la forêt préparent sa libération, mais le garde-chasse et ses collègues sont vigilants !

• On reconnaîtra, bien sûr, le jeu des gendarmes et des voleurs mais il est toujours plus amusant de donner un thème à un grand jeu. Pour lancer celui-ci, on pourra raconter l'histoire d'un célèbre Brakko, qui laissera son nom dans l'histoire en donnant naissance au nom de « braconnier ». Ce qui n'est pas tout à fait faux, puisque Brakko est un mot allemand qui signifie « chien de chasse » et qui a pris le sens de « chasser sans en avoir le droit ».

***Lieu***

Un espace en extérieur où l'on peut courir et tomber sans se blesser (pelouse, champ...) et où les deux camps sont à 100 mètres l'un de l'autre.

***But du jeu***

- Pour les gardes-chasse : prendre tous les copains de Brakko.
- Pour les copains de Brakko : libérer tous les prisonniers sans se faire attraper.

***Au point de départ***

Brakko des Bois attend dans le château. Les gardes se répartissent sur le terrain. Les copains de Brakko sont réfugiés dans la forêt. Le jeu peut commencer.

***La prise***

Le garde doit toucher dans le dos par trois tapes consécutives. Il ramène alors son prisonnier par le bras jusqu'au château.

***La délivrance***

- Un copain de Brakko vient toucher un des joueurs de la chaîne des prisonniers : il libère l'ensemble des prisonniers.
- Le prisonnier ou la chaîne des prisonniers doit être accroché à une corde (tendue entre deux arbres, par exemple).
- Le refuge des copains de Brakko (ils sont alors imprenables) est précisément délimité et forme un rectangle d'au moins 10 m × 5 m.
- Si tous les copains de Brakko sont dans leur refuge : ils remportent la partie. S'ils sont tous prisonniers : les gardes gagnent le jeu.
- Ce jeu suppose des revanches où les rôles s'inversent.

***Le petit truc***

Si le terme *revanche* se confond souvent, à tort, avec celui de *vengeance*, rappelons qu'il signifie simplement « reprendre l'avantage ». Quant à celui de *belle*, qui évoque la beauté au féminin et la liberté pour les prisonniers, il n'est en fait que la troisième occasion de déterminer laquelle des deux équipes l'emporte.

## *Renards, vipères, poules*

*À partir de 12 joueurs de 9 ans minimum*

C'est un classique des jeux d'équipes. La stratégie et la coopération y prennent tout leur sens.

***Au point de départ***

- Un terrain vaste avec trois camps soigneusement délimités.
- Des foulards de trois couleurs différentes pour identifier les joueurs.

***But du jeu***

- Pour les poules, attraper le maximum de vipères.
- Pour les renards, attraper le maximum de poules.
- Pour les vipères, attraper le maximum de renards.

***Déroulement de la partie***

- Répartissez les joueurs en trois équipes et attribuez une couleur à chaque équipe.
- Chacune possède un camp à l'intérieur duquel les joueurs sont protégés. Les camps doivent être suffisamment éloignés les uns des autres pour que les joueurs de chaque équipe ne puissent pas se voir. Les poules sont dans leur poulailler, les renards dans leur tanière et les vipères dans leur nid.

• Dès qu'ils sortent de leurs tanières, les renards peuvent être attrapés par les vipères, les vipères par les poules et les poules par les renards.

• Tout joueur pris retourne à son camp chercher une nouvelle vie.

• Les vies sont comptabilisées pour chaque camp en fin de partie, dont la durée sera déterminée avant le début de la partie.

***Le petit truc***

• Variante encore plus amusante : la poule qui attrape une vipère la transforme en poule, le renard transforme la poule en renard, le serpent transforme le renard en vipère.

• À la place des foulards de couleur, les joueurs peuvent fixer à des serre-têtes des cercles de carton sur lesquels ils fixent des oreilles de renard, des plumes de poule ou des langues de vipère !

## Jeux de piste

Ce sont eux que l'on évoque en priorité lorsque l'on parle de grands jeux en extérieur, mais ce sont souvent les pires ! Quel est l'intérêt de traîner pendant des heures, sous un soleil de plomb, en empruntant un circuit que l'on connaît déjà, à la recherche d'objets introuvables, d'être obligé de répondre à des messages auxquels on ne comprend rien pour arriver dans un lieu où l'on décrète que c'est la fin du jeu et que le trésor est constitué du goûter habituel ? Non, il est encore temps de proposer de vrais grands jeux de piste qui feront « des souvenirs pour quand on sera grand » !

### *Principes de base*

• La piste est tracée auparavant par les animateurs du jeu. Les enfants doivent suivre cette piste jusqu'au bout. Les joueurs peuvent être répartis en équipes et partir en décalé ou sur des pistes légèrement différentes.

• Les joueurs doivent repérer les indices qui leur permettent de progresser.

• Tout au long de leur parcours, ils trouveront des messages à déchiffrer.

### *Les points importants*

• Le circuit sera soigneusement choisi pour être inattendu, agréable et sans danger.

• Il sera soigneusement chronométré, en tenant compte des temps morts et des capacités physiques des participants.

Les joueurs doivent avoir le temps de flâner : il ne s'agit en aucun cas d'une course contre la montre !

• La piste doit être à la fois suffisamment discrète pour qu'un non-initié ne la repère pas et suffisamment bien faite pour que, d'un point, on puisse apercevoir le suivant.

• Le thème, la présentation et la conclusion du jeu de piste restent des temps aussi importants que son déroulement.

***Discrétion***

Utilisez des matériaux discrets et en rapport avec l'endroit où se déroule le jeu : des cailloux, des herbes, des branchages, des herbes à la campagne ou dans la forêt ; des galets, des algues, des traces sur le sable sur une plage ; des dessins à la craie de différentes couleurs, un stylo-bille, du papier autocollant quand on traverse un village.

***Des exemples de pistes***

Avant de commencer, il est important de rappeler quelques consignes.

• L'indice est toujours à gauche dans le sens de la marche.

• Il y a obligatoirement un indice tous les 30 pas minimum.

• L'indice est toujours au niveau du sol ou à hauteur des yeux d'un enfant (1,30 m environ).

• La taille d'un indice ne dépasse jamais la largeur d'une main, mais elle peut varier selon le support utilisé.

• Tout indice doit être détruit ou effacé après utilisation.

***Traces***

En fonction du terrain, on pourra s'amuser à imaginer d'autres formes de pistes comme :

• des pincées de sucre ou de sel coloré avec des colorants naturels et disposées dans le creux d'un arbre ou d'un rocher ;

• des petits tas de paillettes dorées ;

• des punaises de couleur ou des gommettes à la base des arbres ou des poteaux télégraphiques ;

• des petits ballons gonflés flottant à la surface de l'eau stabilisés avec une ficelle et un galet ou attachés aux fenêtres.

***Pour cacher vos messages***

Utilisez de petits rouleaux de papier glissés dans un petit tube (le corps d'un stylo, par exemple) et enfoncés dans n'importe quel matériau (terre, sable, eau...). Ils se dissimulent facilement :

• scotchés sous l'assise d'un banc public ;
• dans le nœud d'un arbre ;
• dans la terre d'un pot de fleur ;
• derrière un panneau de signalisation.

On trouvera une liste de codages de messages et d'épreuves aux pages suivantes (p. 344).

## La chasse aux trésors

*Un nombre indéterminé de joueurs, un meneur et ses acolytes, la même liste en plusieurs exemplaires, de grands sacs plastiques ou des cagettes pour rapporter un maximum d'objets à partir de la liste*

Le principe de la chasse aux trésors est très simple : les joueurs doivent retrouver des objets hétéroclites dans un espace et sur une durée déterminés. La liste d'objets que nous vous proposons est adaptable à n'importe quel lieu. Mais rien ne vous empêche de l'enrichir en fonction des centres d'intérêt des joueurs et de saisir l'occasion pour leur faire découvrir une curiosité ou une spécialité des lieux.

### *Déroulement de la partie*

• Formez des équipes de 2 ou 3 personnes, mêlant adultes et enfants.

• Chaque équipe doit trouver et rapporter le maximum d'éléments figurant sur la liste ci-après. Les objets sont présentés et restitués ensuite à leurs propriétaires. Le chiffre entre parenthèses indique le nombre de points que vaut chaque élément.

• Donnez les dernières consignes de sécurité ; chacun règle sa montre avant de noter l'heure limite du jeu.

• Pendant que les joueurs cherchent, vous pouvez préparer l'accueil des concurrents. Le plus simple est de prévoir une table où chaque équipe déposera les objets de sa récolte.

Les membres du jury feront un premier tour de vérification avant la présentation collective.

***Liste d'objets à trouver***

– Trois poils de brosse à dents (2 points).

– Cinq cocottes en papier rouge (3 points).

– Deux personnes nées le même jour de la même année (5 points).

– La définition exacte et complète du mot *chaton* (5 points).

– La phrase « j'aime la nature et je la protège » écrite avec des lettres découpées dans un magazine (5 points).

– Le nom des prochains mariés annoncés à la mairie (5 points).

– Le nom du ministre responsable de la chasse et de la pêche (5 points).

– Trois objets bleus pouvant tenir dans la main (5 points).

– Trois feuilles d'un même arbre de différentes tailles (3 points).

– Un biscuit pour chien (4 points).

– Une bogue de châtaignier (3 points).

– Un calendrier de 1996 (5 points).

– Un dépliant touristique de la région en langue anglaise (4 points).

– Un glaçon (5 points).

– Un membre de l'équipe portant un vêtement violet (2 points).

– Un mouchoir en tissu à carreaux (3 points).

– Un œuf de poule frais (5 points).

– Trois épis de céréales différentes (6 points).

– Cinq termes différents concernant un fusil de chasse (6 points).

– Deux permis de pêche provenant d'une même famille (4 points).

– Un ticket usagé de la Française des jeux (3 points).

– Un tiroir (3 points).

– Une carte postale en noir et blanc représentant le lieu où se déroule le jeu (3 points).

– Une déclaration d'amour en 25 mots (5 points).

– Une feuille d'éphéméride (2 points).

– Une goutte de pluie (5 points).

– Une grosse clef de vieille porte (3 points).

– Une mèche de cheveux n'appartenant pas à l'un des joueurs (5 points).

– Une photo comportant 3 membres de la même famille (4 points).

– Une plume d'oiseau (2 points).

– Une pomme cuite (4 points).

– Une rose jaune fanée (2 points).

– Une mouche vivante (5 points).

– Une liste de 15 autres objets que l'on pourrait proposer pour compléter celle-ci (10 points).

### *Faites des plans*

• Il est indispensable de faire un plan exact et à l'échelle des lieux, en indiquant les sens de circulation de chaque équipe.

• Toute circulation aura été repérée et chronométrée sur place, en tenant compte de l'âge des joueurs.

• Ces plans permettront ensuite de prévoir une signalisation précise, qui sera préparée et mise en place au dernier moment.

• Les limites géographiques, les lieux interdits doivent être clairement définis.

• On ne confondra pas les plans et les indications donnés aux animateurs du jeu avec ceux distribués dans le cadre du jeu aux joueurs. Les premiers ont fonction d'efficacité et de sécurité, les seconds participent au déroulement du jeu et à son histoire.

***Remise des prix***

Si vous avez envie de faire une remise des prix, jouez le jeu jusqu'au bout. Préparez sur du papier parchemin des diplômes enroulés dans un ruban rouge, offrez des médailles en chocolat et, surtout, n'oubliez pas de prononcer un discours solennel où vous remercierez tous les participants.

### *Des épreuves pour des grands jeux*

*Les questions et les épreuves d'un grand jeu doivent être variées et amusantes ; on pourra utiliser nombre de petits jeux proposés dans ce livre ou les différentes questions en annexes. Et pour compléter le tout, voici quelques épreuves plus spécifiques.*

## Messages codés

Le but des messages codés est de donner aux joueurs l'occasion de faire marcher leurs cellules grises. On fera donc des messages courts et on pourra leur proposer des indices ou même un tableau de traduction pour trouver la solution.

### *Un chiffre = une lettre*

« La première des 26 lettres de notre alphabet, c'est le A... » Cette logique d'énumération permet de coder facilement vos messages en chiffres.

***A = 1***

| | | | | | | | | | | | | |
|---|---|---|---|---|---|---|---|---|---|---|---|---|
| A1 | B2 | C3 | D4 | E5 | F6 | G7 | H8 | I9 | J10 | K11 | L12 | M13 |
| N14 | O15 | P16 | Q17 | R18 | S19 | T20 | U21 | V22 | W23 | X24 | Y25 | Z26 |

Exemple : 3/8/1/13/16 4/5 2/12/5 pour CHAMP DE BLÉ.

***A = 2***

| | | | | | | | | | | | | |
|---|---|---|---|---|---|---|---|---|---|---|---|---|
| A2 | B4 | C6 | D8 | E10 | F12 | G14 | H16 | I18 | J20 | K22 | L24 | M26 |
| N28 | O30 | P32 | Q34 | R36 | S38 | T40 | U42 | V44 | W46 | X48 | Y50 | Z52 |

Ce code est plus compliqué à déchiffrer. Le rang de chaque lettre est multiplié par 2 : A = 1 × 2 = 2 ; B = 2 × 2 = 4 ; C = 3 × 2 = 6 ; D = 4 × 2 = 8...

Exemple : 10/32/18/38 pour ÉPIS.

# *Ici, Papa Tango Charlie*

Pour communiquer, les aviateurs ont inventé un code international : ils épellent soigneusement les lettres de leurs messages.

**A**lpha, **B**ravo, **C**harlie, **D**elta, **E**cho, **F**ox-trot, **G**olf, **H**ôtel, **I**ndia, **J**uliett, **K**ilo, **L**ima, **M**ike, **N**ovember, **O**scar, **P**apa, **Q**uebec, **R**omeo, **S**ierra, **T**ango, **U**niform, **V**ictor, **W**hisky, **X**-ray, **Y**ankee, **Z**ulu.

## ***Parlez, c'est à vous !***

Aux premiers temps du téléphone, pour passer une communication, le relais par une demoiselle du téléphone était obligatoire. Comme elles devaient à longueur de journée épeler des noms propres qui leur étaient inconnus, elles établirent un code à base de prénoms, qui aujourd'hui nous paraissent bien vieillots ! Ils pourront servir pour épeler le nom d'un lieu.

• **A**natole, **B**erthe, **C**élestin, **D**ésiré, **E**ugène, **F**rançois, **G**aston, **H**enri, **I**rma, **J**oseph, **K**léber, **L**ouis, **M**arcel, **N**icolas, **O**scar, **P**ierre, **Q**uentin, **R**aoul, **S**uzanne, **T**hérèse, **U**rsule, **V**ictor, **W**illiam, **X**avier, **Y**vonne, **Z**oé.

• Vous pouvez utiliser des prénoms d'aujourd'hui : **A**mandine, **B**enjamin, **C**amille, **D**avid, **E**milie, **F**rançois, **G**illes, **H**enri, **I**sabelle, **J**ulien, **K**évin, **L**aurent, **M**athieu, **N**icolas, **O**livier, **P**ierre, **Q**uentin, **R**aïssa, **S**ophie, **T**homas, **U**lrich, **V**incent, **W**ilfried, **X**avier, **Y**annick, **Z**orah.

• Vous pourrez aussi les remplacer, par exemple, par des noms de plantes : **A**némone, **B**leuet, **C**amomille, **D**actyle, **E**uphorbe, **F**olle avoine, **G**éranium, **H**erbe d'or, **I**ris, **J**oubarbe, **K**nautie des champs, **L**iseron, **M**arguerite, **N**ielle, **O**rtie, **P**âquerette, **Q**umqat, **R**enoncule, **S**ainfoin, **T**rèfle…

• **A**bricot, **B**rugnon, **C**arotte, **D**atte, **E**ndive, **F**igue, **G**renade, **H**aricot, **I**gname, **J**ujube, **K**akis, **L**itchis, **M**andarine, **N**oix, **O**range, **P**astèque, **Q**uetsche, **R**hubarbe, **S**ureau, **T**omate…

***César et Trevanion***

*Les grands stratèges militaires ont cherché un moyen de coder les secrets qu'ils voulaient transmettre. Le célèbre Jules César et un certain Trevanion furent les plus astucieux…*

## *Ave César*

Matériel nécessaire : du papier et des crayons, le tableau ci-dessous.

***L'alphabet utilisé***

Le principe du code de César consiste à remplacer chaque lettre du message par celle située trois places plus loin dans l'alphabet. Ce qui donne :

| | | | | | | | | |
|---|---|---|---|---|---|---|---|---|
| **A : D** | **D : G** | **G : J** | **J : M** | **M : P** | **P : S** | **S : V** | **V : Y** | **Y : B** |
| **B : E** | **E : H** | **H : K** | **K : N** | **N : Q** | **Q : T** | **T : W** | **W : Z** | **Z : C** |
| **C : F** | **F : I** | **I : L** | **L : O** | **O : R** | **R : U** | **U : X** | **X : A** | |

***Le petit truc***

Il est possible de choisir un autre déclassement de lettre. Le plus connu est celui qui se cache sous le nom de code « avocat » (A vaut K), mais on peut aussi utiliser « Elle aime » (L = M), « Hervé » (R = V), « idée » (I = D) ou « déesse » (D = S).

***Exemple***

AVE CÉSAR se codera : DYH FHVDU

## Le code de Trevanion

Matériel nécessaire : du papier et des crayon

En 1648, le général anglais sir John Trev emprisonné dans une cellule alors qu'il attend so tion. La lettre d'un ami l'encourageant à affronter l en gentleman lui parvient. La missive contient égale un message secret lui indiquant comment s'évader.

### *Le principe de base*

Pour déchiffrer le message caché, il ne faut retenir que la troisième lettre située après chaque signe de ponctuation.

Votre message doit être court, les phrases qui le dissimulent longues et vous devez multiplier les signes de ponctuation.

### *Exemple*

Bonjour David, ça **v**a ? Bi**e**n rentré chez toi ? Bo**n**, ne **d**ésespère pas, ca**r** comme tu le sais, tu **é**chappes au mauvais temps. Di**d**ier a promis de t'appeler, ma**i**s je doute qu'il ait vraiment le temps. J'y **p**ense, il **r**este encore quelques jours ici, ch**o**uette non ? Tu **c**herches un animal à offrir à ton fils ? le **h**amster. Tu **a**pprécieras ce compagnon tranquille ; lu**i**, il **n**e mange pas beaucoup, et **s**a présence vous donnera l'occasion de rigoler. Po**u**r mon retour sur Paris, je **p**ense que je

ndre la fin de la grève de trains. En **e**ffet, le **r**etard
ns mon travail m'oblige à le repousser. Il **f**aut aussi
range mon bureau, et **i**l me faudra au moins trois
Tu **e**s le bienvenu pour me donner des conseils, si **s**i.
nias m'a téléphoné ce matin, ou**a**ouh ! il **c**herchait un
yen pour trouver ton adresse. Il **h**ésitait entre te télépho-
ou débarquer chez toi. Qu**e** ce soit l'un ou l'autre, le
zo devrait rapidement te donner signe de vie. Ma **m**ère a
omis d'appeler la tienne pour que tu viennes aux prochai-
es vacances, ch**o**uette non ? Vo**i**là c'est tout ce que j'avais à
e dire pour cette fois.

Raymond

Message = VENDREDI PROCHAIN SUPER FIESTA CHEZ MOI

## *Lettres chiffrées en paquets*

• Le mot-clé choisi est DOUBLE.

• Écrire le mot-clé suivi des lettres de l'alphabet qui ne sont pas présentes dans le mot-clé.

DOUBLEABCFGHIJKMNPQRSTVWXYZ

• Puis on inscrit sous cette ribambelle de lettres l'alphabet entier dans l'ordre habituel.

D O U B L E A C F G H I J K M N P Q R S T V W X Y Z
A B C D E F G H I J K L M N O P Q R S T U V W X Y Z

• Les lettres de la première ligne sont ensuite regroupées en paquets de 5 lettres, plus 1 lettre seule. Puis on numérote chaque paquet de 6 à 1 (code que le destinataire connaît déjà). Ce qui donne :

| 6 | 5 | 4 | 3 | 2 | 1 |
|---|---|---|---|---|---|
| DOUBL | EACFG | HIJKM | NPQRS | TVWXY | Z |

| | | | | | | | | | | | | |
|---|---|---|---|---|---|---|---|---|---|---|---|---|
| 1 | 2 | 3 | 4 | 5 | 1 | 2 | 3 | 4 | 5 | 1 | 2 | 3 |
| 4 | 5 | 1 | 2 | 3 | 4 | 5 | 1 | 2 | 3 | 4 | 5 | 5 |

Chiffrer un message devient alors simple :

T se dira 21 (2 : numéro du paquet, 1 : chiffre en dessous de la lettre).

## Petites épreuves physiques

• Effectuer un circuit en imitant la démarche d'un canard.

• Effectuer un circuit les chaussures lacées l'une avec l'autre.

• Effectuer un circuit à deux en ayant la chaussure droite de l'un lacée avec la chaussure gauche de l'autre.

• Effectuer les yeux bandés un circuit préalablement observé avant le départ.

• Effectuer un circuit en courant en marche arrière.

• Effectuer un circuit sans que les pieds touchent le sol (à quatre pattes sur les genoux : attention, choisir un sol souple comme la pelouse ou le sable...).

• Effectuer un circuit à quatre pattes, ventre au soleil.

• Effectuer un circuit à deux en jardinier-brouette.

## Quelques épreuves ou gages sans matériel

• S'arracher un cheveu et y faire un nœud.

• Faire une bise sonore à la personne de son choix.
• Faire une grimace.
• Chanter *Frère Jacques* en pleurant, puis en riant.
• Raconter une histoire drôle.
• Ramasser avec ses orteils 10 cailloux et les déposer à chaque fois dans sa main.
• Écrire sur le sol le prénom d'une personne du groupe avec un bâton coincé entre ses orteils (réussite si on peut lire ce prénom tenu secret).
• Écrire avec un bâton dans sa « mauvaise main » le prénom d'une personne du groupe.
• Sans regarder ses mains, défaire son bracelet de montre pour le mettre sur le bras opposé.
• Raconter une histoire entre deux personnages que vous jouerez en marionnettes avec les deux mains.
• Interpréter une chanson comprenant un ou plusieurs mots imposés par le groupe.
• Reconnaître les yeux bandés une personne du groupe uniquement en lui touchant la tête et le visage.
• Toucher avec sa langue son propre nez.

# CHOISIR LE BON CADEAU

## Les enfants adorent les cadeaux, c'est bien connu !

### *Comme des Rois mages*

À l'occasion de l'anniversaire d'un enfant, on se réunit autour de lui pour célébrer l'événement. Pour nombre d'entre nous, cette fête rappelle la scène de la Nativité où les Rois mages, après avoir effectué une longue marche offrent à l'enfant Jésus de précieux cadeaux : l'or, l'encens et la myrrhe. Le choix du cadeau reste dans l'inconscient collectif la manifestation de ce long cheminement pour venir exprimer sa joie, son amour, son sentiment à celui qui est élu roi du jour. Et demain ce sera un autre que l'on célébrera de la même façon. Et lorsque pour nous, adultes se renouvelle ce rituel des cadeaux, nous voilà soudain redevenus cet enfant que l'on célèbre…

### *Rituel initiatique*

La cérémonie de l'offrande des cadeaux est un rituel qui permet à l'enfant d'intégrer les règles de savoir-vivre. Ici, il fait l'apprentissage du donner-recevoir : proposer ou accepter une invitation, savoir remercier. C'est également pour les parents l'occasion de l'initier aux lois de la vie sociale, de lui apprendre à réguler des notions d'échange ou de désintéressement, puisque chaque fois les mêmes questions se posent : faut-il rendre une invitation ? Faut-il inviter quelqu'un qui ne m'a pas invité à son dernier anniversaire ? Faut-il offrir un cadeau de valeur égale à celui que j'ai reçu ? Dois-je inviter Untel parce que cela fera d'abord plaisir à mes parents ? Ou, au contraire, tout cela doit-il se faire spontanément ? L'enfant va aussi apprendre à mesurer l'importance de ses actes : quelle valeur ont-ils pour moi ? Quelle importance ont-ils pour l'autre ?

## *Plaisir d'offrir*

• Choisir un cadeau n'est pas toujours facile. Apprenez une règle simple à votre enfant : il doit faire son choix en fonction de l'autre et non de lui-même. « Ne lui fais pas le cadeau que tu aimerais recevoir, en espérant qu'il te fera le même quand ce sera ton anniversaire ! »

• Une autre règle d'or à lui enseigner : il s'agit d'abord et avant tout, de faire plaisir. L'enfant l'intégrera en participant, dès son plus jeune âge, au choix du cadeau du camarade dont il va fêter l'anniversaire.

• Votre enfant apprendra également que ce cadeau est la marque de la relation qu'il établit avec l'autre et qu'il témoigne donc de l'attention qu'il lui porte.

• À vous de lui apprendre que ce n'est pas le prix qui importe, mais la justesse du choix. La recherche d'un cadeau se fera en fonction des goûts, de la personnalité, de l'âge du destinataire. Car l'essentiel est bien là : donner, c'est partager et donc recevoir le bonheur de l'autre en retour.

## *Joie de recevoir*

• Recevoir des cadeaux, voilà une des joies incontournables que procure un anniversaire. Cela aussi s'apprend.

Outre la satisfaction de découvrir le cadeau, l'enfant fêté doit savoir accepter chaque cadeau tel qu'il se présente.

• C'est l'occasion d'apprendre à accorder au cadeau une valeur intrinsèque, non liée à son prix d'achat, mais comme le moyen d'exprimer son attachement.

• Tout le monde le sait : c'est l'intention qui compte !

## *Touche maison*

• Un cadeau « fait maison » est toujours émouvant. Il ne ressemble à aucun autre et il est à l'image de celui qui l'a réalisé.

• Et surtout ce cadeau porte ses marques de confection : le plaisir consacré à sa fabrication, le temps accordé pendant lequel toutes les pensées sont dirigées vers son futur destinataire, le soin que l'on a su y mettre, la satisfaction de faire plaisir. Quels que soient le temps et le budget dont on dispose, un cadeau maison a quelque chose d'unique.

## *L'ouverture des cadeaux*

• L'ouverture des cadeaux est généralement un grand moment, comme celui où l'on souffle les bougies.

• Bien entendu, il n'est pas obligatoire d'attendre le moment où l'on souffle les bougies : certains choisissent d'ouvrir les cadeaux au fur et à mesure de l'arrivée des invités. Pourtant, quoi de plus excitant que de découvrir tous ses cadeaux en même temps et en présence de tous les participants ! Il y a le plaisir de déballer les paquets, la surprise de découvrir ce qu'il y a dedans, l'attente de celui qui a offert et de celui qui va recevoir ; la question – et la satisfaction – de savoir si l'on a fait plaisir à l'autre.

• C'est un temps fort de convivialité pour un anniversaire durant lequel chacun a sa place. L'important est d'être ensemble pour apprécier cet instant de partage. Un adulte pourra être présent pour vérifier qu'aucun paquet n'est oublié et que chaque enfant est remercié à égalité. Cela fait partie du cérémonial.

## *Un cadeau pour chaque invité ?*

• Fréquemment dans les anniversaires d'enfants, il est de tradition que les invités repartent chacun avec un petit cadeau. Mais il n'y a rien d'obligatoire, ne serait-ce à cause du coût que cela représente quand il y a de nombreux invités.

• Pour les plus jeunes, c'est souvent à l'occasion de la traditionnelle pêche à la ligne qu'ils découvriront leur petit cadeau.

• Pour les autres, ce sera à l'occasion d'autres jeux gagnants : tombola, concours, ventes aux enchères… ou au moment du départ pour les remercier d'avoir été présents.

• La solution qui consiste à donner une part du trop grand gâteau est également sympathique. Elle respecte ce rituel et donne la possibilité de ramener un peu de la fête chez soi.

## *La présentation*

• Même si vous offrez des choses simples, ne négligez pas la présentation : le contenant est aussi important que le contenu. Confectionnez des pochettes-surprises, des sacs décorés, des boîtes personnalisées, de gros bonbons.

• Pour les emballages, outre les traditionnels rouleaux de papier cadeau, vous pouvez utiliser du papier irisé transparent, du papier crépon, du papier kraft, du papier de soie, et même du papier journal, des filets, du tissu, du tulle, de petits sacs. Et là non plus n'hésitez pas à récupérer (discrètement !) les anciens emballages de cadeaux. N'hésitez pas à multiplier les couches : le moment de la découverte ne sera que plus exaltant !

• Agrémentez-les avec des rubans (très utiles pour la pêche à la ligne). Étiquetez-les au nom de chacun en veillant à les orthographier correctement, cela contribue à la magie du moment et facilite la répartition. Évitez de donner des surnoms aux enfants (le boute-en-train, notre rêveur préféré, etc.) : en effet, même si cela part d'une intention sympathique, il y a le risque de propager des idées reçues. Et puis les enfants – comme nous les adultes – tiennent à leur prénom, et c'est bien normal.

## Abécédaire des bonnes idées de cadeaux

• Notre abécédaire est un peu comme une recette de cuisine. Libre à vous de le suivre à la lettre, de ne garder que quelques ingrédients que vous accommoderez à votre façon ou de ne retenir qu'une bonne idée que vous pourriez adapter.

• Nos suggestions concernent toutes sortes de présents, gros ou petits, miniatures, seuls ou accompagnés. Tout est dans l'art et la manière dont vous allez les associer, trouver leur complémentarité et leur utilité. Bref, un abécédaire des bonnes idées de cadeaux qui fonctionnent comme une voiture de location ou un simple démarreur. C'est pas un cadeau, ça ?

### *Artistes en herbe*

• Les enfants ont beaucoup d'imagination, surtout lorsqu'ils sont petits et que le jugement des autres leur importe peu. N'hésitez pas à mettre à leur disposition des outils pour le dessin et la peinture : pinceaux, peinture, craies grasses, crayons de couleur, carnets de dessin, fusains. Ces accessoires existent en petit format.

• Vous pouvez les offrir tels quels ou bien organiser des lots assortis par deux ou trois : un crayon, une gomme et un carnet, des craies grasses et un petit carnet à dessin, de la peinture et des feuilles de dessin que vous aurez découpées au format désiré avec des ciseaux crantés.

• Où les trouver ? Dans les magasins spécialisés en dessin, arts plastiques et travaux manuels, dans les rayons art et bricolage de certaines librairies, dans certains magasins de jouets, au rayon papeterie des grandes surfaces et dans les petits cadeaux offerts en « plus produit » avec les magazines pour la jeunesse.

## *Bibliothèque*

• Si vous manquez d'idées, n'hésitez pas : courez à la bibliothèque la plus proche ! Il existe une abondante littérature destinée aux enfants, aux adultes ou aux professionnels.

• Et si vous êtes prévoyant, épluchez les magazines féminins que vous achetez, qui proposent, tout au long de l'année et à l'occasion d'événements variés, des articles de bricolage.

## *Bon pour…*

Le jour de la fête, sur une jolie carte, inscrivez les mots : bon pour…

– quinze leçons de rock acrobatique.

– vingt-quatre leçons de piano.

– un abonnement à la vidéothèque.

– une nouvelle garde-robe pour ta poupée Fanchon, *made in* Mamie.

– une séance de cinéma.

– une invitation au théâtre ou au cirque.

– des bons d'achat en librairie ou dans un autre magasin…

– une balade à cheval.

– des tours de manèges.

– une sortie de ski.

– une invitation à un week-end de randonnée.

– des tickets restaurant.
– dix leçons de natation.

Et cela signifie, bien entendu, que vous assurez le service après-vente : donner, c'est donner ; promettre, c'est tenir !

## *Bricolage*

• « C'est moi qui l'ai fait ! » Fierté et plaisir du bricolage qui offre de nombreuses possibilités !

• Utilisez des matériaux simples. On trouve une grande variété de papiers : cartonné à épaisseurs variées, feuilles de couleur, papier kraft, papier de soie, qui, une fois collés sur un support, font d'excellentes décorations.

• Pensez aux rubans, au raphia, aux images décoratives à découper, aux graines de couleur (cumin, pavot, sésame, haricots secs verts et blancs, lentilles, anis étoilé…).

• N'oubliez pas les tissus qui peuvent être cousus ou collés. Utilisez vos talents personnels : dessin ou peinture, coloriage, collage, pliage ; vous pouvez vous inspirer de l'origami, art du pliage oriental. On trouve dans le commerce ou les bibliothèques de nombreux ouvrages donnant des explications très claires.

• Vous pouvez fabriquer vous-même des objets simples à décorer. Pour cela, les emballages sont aussi très utiles : diverses boîtes en carton, en métal, des enveloppes, des coffrets, des étuis, des couvertures de livre ou d'agenda… Bref, vous serez très vite les rois de la récupération à condition d'éviter les contenants de produits toxiques ! Vous pouvez aussi trouver des emballages prêts à décorer dans le commerce spécialisé en activités manuelles, comme les petits coffrets en bois brut ou en carton dur.

• Laissez parler votre intuition et vos talents artistiques pour réaliser des objets de formes variées (personnages, animaux…), qui font aussi grand plaisir : la sculpture ou la pâte à sel, les émaux, la pâte ou la terre à modeler ; la couture ou le tricot pour la fabrication de marionnettes, de chapeaux ou de masques ; la décoration : les tableaux de graines, de perles, de peinture, de collages d'éléments naturels ; enfin tout ce qui se rapproche des miniatures : les bijoux, la peinture sur verre (sur plaques, miroirs ou petites bouteilles), les flacons remplis d'épices orientales ou de sables colorés.

• Il y a encore les mini-jeux : puzzles, jeux de l'oie, jeux de dames, jeux d'échecs, à réaliser et décorer soi-même sur du carton dur.

## *Cotillons*

• Pas de fête sans ballons de baudruche ! Décoration incontournable, c'est aussi un signe de ralliement sur la porte d'entrée ou un indicateur du chemin à suivre pour se rendre chez celui qui invite.

• Savez-vous que, frottés énergiquement, les ballons de baudruche restent comme par magie collés au mur ou au plafond ? Et que, lâchés par grappes dans le ciel, ils offrent l'espoir de la fraternité ? Les enfants en raffolent, ainsi que des cotillons, confettis, sifflets, à utiliser sans modération. On en trouve presque partout : dans les grandes surfaces au rayon fêtes, dans les magasins de farces et attrapes ou de fournitures pour fêtes.

## *Dédicace*

Voilà une charmante attention pour laisser un souvenir aux invités : une dédicace griffée maison ! Ainsi votre enfant ne manquera pas d'exprimer son amitié à ses amis. Faites confiance à son imagination : écrit intime ou spontané, il se débrouillera tout seul. Il préférera sans doute que vous ne lisiez pas sa missive : rien de plus normal. Alors, à moins qu'il ne sollicite expressément votre aide, laissez-le faire. Proposez-lui de choisir lui-même la présentation personnalisée de sa dédicace : petits cartons ou enveloppes ornées, cartes pliées, petite boîte ou autre fabrication de son chef.

## *D comme détourner*

• Autres objets, autres talents, pour les non-bricoleurs qui veulent néanmoins rester originaux, voilà un moyen sympathique et peu onéreux de surprendre : il suffit de chiner toutes sortes d'objets hétéroclites : boîtes, coffrets, soucoupes, figurines, fèves, bibelots, vaisselle ancienne, boules à neige, animaux, petites bougies, gadgets, etc. La liste est non exhaustive. Qu'ils soient courants, anciens, voire kitsch, ces objets pourront être mis en scène heureusement associés (par paire, par style, par thème), accompagnés d'une notice, d'une devinette, d'un poème, d'une photo, ou bien rassemblés dans un coffret personnalisé. Ils prendront un relief particulier. L'idée est de les valoriser, de les utiliser hors contexte, avec une pointe d'humour.

• Alors, à vous de parcourir les brocantes, les marchés aux puces, les bourses aux jouets, les bazars. Si, tout au long de l'année, vous pensez à acquérir ces trésors, en notant les idées de présentation qui vous viennent à l'esprit, vous ne serez pas pris de court quand viendra le moment d'offrir. C'est le moyen d'avoir une réserve de trésors, mais, secrète, la réserve !

## *Elle est bien bonne !*

• Au milieu d'autres présents, les blagues, les devinettes et les charades sont toujours appréciées. Et si en plus vous avez la bonne idée de les présenter joliment, sans en avoir l'air, ce sera du plus bel effet : le but est bien d'éveiller la curiosité et de créer la surprise.

• Qui n'a pas envie, en ouvrant un joli petit carnet, de découvrir l'âge du capitaine ou la couleur du cheval blanc d'Henri IV ? Et de proposer à son tour d'autres jeux pour continuer l'aventure ? Pourquoi ne pas dissimuler questions et réponses dans des boîtes gigognes ?

• Vous trouverez des idées et plein d'exemples pour enrichir votre répertoire aux pages 394 et suivantes de ce livre.

• Et lorsque dans votre entourage quelqu'un en a une bien bonne à raconter, n'hésitez pas à prendre des notes, ça peut toujours servir !

## *Folioscope ou flip-book ?*

• Ces deux noms vous disent-ils quelque chose ? Voilà pourtant un cadeau interactif et visuel. Vous connaissez le principe du dessin animé : pour mettre un personnage en mouvement, on dessine chaque étape de ses gestes puis on les fait défiler à une certaine vitesse ; l'œil recrée l'illusion du mouvement. Le folioscope, ou flip-book, est construit sur le même principe, mais ce n'est pas du cinéma !

• Il est tout simplement réalisé sur un support papier, livre ou bloc-notes, sur lequel on a dessiné dans le coin droit une succession d'images peu différentes. Et si l'on fait défiler rapidement les pages avec le pouce contre l'index, on voit, par exemple, un personnage lever son chapeau pour vous saluer, tandis qu'il porte une pipe à sa bouche tout en recrachant des ronds de fumée. C'est magique ! On trouve des flip-books en librairie ou dans certaines papeteries spécialisées en petits accessoires. À moins que vous ou votre enfant ne vous amusiez à les fabriquer. Les coins et hauts de page d'un catalogue ou d'un annuaire permettront de faire de premiers essais.

## *Friandises*

• Vous l'avez constaté, l'art de présenter est important. En effet, rien de plus désagréable que du chocolat fondu dans son emballage ou des bonbons collés au fond du sac. Et puis, tout le monde sait qu'un mets bien présenté ouvre l'appétit. Donc, plutôt que de privilégier la quantité, misez sur la présentation.

• Vous pouvez offrir des bonbons, des chocolats, des sucettes, des barres chocolatées, des marrons glacés et même des truffes (gardez-les au frais jusqu'au dernier moment) ou des fruits secs (des figues, des dattes, des pruneaux dénoyautés, des noix) que vous allez emballer pour les emballer !

• Confectionnez des emballages individuels pour les plus gros ou entre trois et cinq pour les plus petits, dans du papier de soie de coloris différents ou du papier cristal. Glissez le tout dans un sachet transparent de papier ou de tulle, ceint d'un joli ruban en papier ou en tissu. Et laissez à l'enfant le choix de l'ouvrir immédiatement et de partager ou non avec qui il veut !

## *Histoires rien que pour lui*

• Voici un cadeau d'esprit, voire une note de poésie ou de romantisme : pourquoi ne pas lui écrire une histoire, un conte, une chanson, une poésie ?

• Ce peut être un texte, une citation rencontrée au hasard d'une lecture, une poésie ou une comptine apprise à l'école… ou une création maison si l'on est un écrivain en herbe.

• Qu'il soit destiné à une ou plusieurs personnes, le texte choisi doit être remarquable et en relation avec la personne, ses goûts et son âge.

• Prendre le temps de le recopier à la main est une marque d'attention pour son destinataire. S'il est dactylographié, tapé sur le clavier d'un ordinateur, il ne faut pas oublier d'ajouter un petit mot manuscrit pour le rendre plus intime et unique.

• Enfin, et une fois de plus, on soignera la présentation : encadré, copié à la plume, écrit sur du beau papier, sur un carnet décoré, agrémenté d'un dessin... Tout ce qui en fera un cadeau unique et personnel.

## *Images*

• IMAGE n'est pas pour rien l'anagramme du mot MAGIE ! Les enfants adorent collectionner les images selon les thèmes qu'ils affectionnent. Voici quelques exemples :

– Un sport : équitation, judo, etc.

– Leur signe astral : Scorpion, Gémeaux, cherchez les dix autres !

– Leur idole (Britney Spears l'idole des jeunes !).

– Leur animal préféré : cheval (pour les filles surtout), chien, chat...

– Leur film ou leur dessin animé favoris (Harry Potter, vous connaissez ?).

– Leur passion : les courses de voiture, les pierres jolies, l'informatique, la danse...

• Les supports sont variés : images, cartes postales, calendriers, posters, blocs-notes, cartes de jeux, mais aussi sets de table, tasses, verres, albums, les choix pour la suite et le démarrage d'une collection seront donc faciles à trouver !

## *Jeux*

• Voilà une solution facile et qui fait toujours plaisir : agrémentez votre sachet surprise de jeux miniatures : cartes à jouer, casse-tête chinois, billes, balles, toupie, yo-yo, osselets.

• La formule est intéressante dans le cas où vous avez choisi de remplir un sac pêle-mêle d'objets en tous genres où se marient plusieurs styles : un jeu de sept familles accompagné d'une dédicace et de friandises, un casse-tête chinois, un appareil pour faire des bulles de savon (vous savez, celui dont l'intégralité du tube est renversée sur le tapis dès la première série de bulles !) et un set de peinture, un poème, des billes et des sucettes. Il y en a pour tous les goûts et les possibilités d'associations sont aisées.

• Équilibrez entre les petits cadeaux personnels et ceux qui sont déjà tout préparés.

• On trouve ces accessoires dans les magasins de jouets, les grandes surfaces, quelquefois sur les marchés. Mais il est toujours possible de se regrouper avec d'autres parents ou de bénéficier de l'organisation de la kermesse ou de la fête de l'école pour faire des achats regroupés dans une grande surface réservée aux collectivités (sans la présence des enfants, ça va plus vite et vous gardez l'effet de surprise).

## *K particulier*

Certains anniversaires se déroulent à une date proche d'une fête (familiale, nationale ou régionale) ou d'un événement sportif ou culturel important. Qui n'a en mémoire la Coupe du monde de foot en 1998 ? Qui ne connaît la Nuit des étoiles ? Certains sont nés le 25 décembre ! Ce sera pour chacun l'occasion de mémoriser l'événement, de s'inscrire dans l'actualité au moment où vous allez prévoir les cadeaux ! Voici quelques exemples :

• Le jour d'une fête traditionnelle

– Pour l'Épiphanie, le premier dimanche de janvier (et non plus le 6 !) : des fèves, des figurines ou des couronnes (pour l'or, l'encens et la myrrhe, cela risque d'être un peu compliqué).

– Pour Noël : des guirlandes, des boules, des santons, des décorations de sapin.

– Pour Pâques : des œufs décorés ou des accessoires liés à ces traditions familiales et religieuses.

– Pour le carnaval : des déguisements, des masques, du maquillage, des confettis ou des serpentins.

– Pour Halloween : une multitude d'accessoires et objets en tout genre style monstres et sorcières.

• Lors d'un événement sportif : de petits objets marqués du logo de l'événement, des casquettes ou tee-shirts publicitaires, une revue de presse de l'événement.

• Les événements culturels réguliers de l'endroit où l'on vit.

• En même temps qu'un festival de cinéma, de contes ou de théâtre

– Des billets d'entrée, des places spécialement réservées, une annonce en public avant ou après le spectacle.

– Le catalogue spécialement dédicacé par les artistes, l'affiche.

• Les changements de saison (vérifier la date exacte sur un agenda de l'année en cours) peuvent être aussi l'occasion d'offrir des présents à thèmes : couleurs fraîches pour le printemps (vert ou jaune clair), chaudes pour l'été (jaune, bleu, rouge), fauves pour l'automne (orange, rouille, vert bouteille), contrastées pour l'hiver (rouge et blanc, blanc et gris) et tout ce qui a un lien direct avec la nature.

## *Lecture*

• Lire, c'est magique, surtout si c'est pour le plaisir ! Le livre est un cadeau éternel, offrez-le sans modération. La littérature enfantine est de plus en plus variée. Outre les contes traditionnels, des multitudes de petites histoires font la joie des petits et des grands enfants.

• N'hésitez pas à prendre conseil auprès de professionnels – bibliothécaires, libraires – qui connaissent les ouvrages adaptés à chaque âge et leurs centres d'intérêt. Et c'est encore mieux si vous avez pris le temps de lire l'ouvrage que vous allez offrir, pour en parler ensemble ensuite. Mais attention, ne le faites pas dans un esprit de contrôle scolaire !

• Et les livres ne coûtent pas cher dans leurs versions de poche, en tout cas bien moins que le moindre CD ou jeu pour ordinateur !

## *Monde*

• Il est toujours intéressant de s'informer sur les coutumes que l'on trouve dans le reste du monde. En voici quelques-unes :

– En Inde, la fête du printemps a lieu début mars.

– Au Japon, la fête des poupées est le 3 mars et le jour des petits garçons le 5 mai.

– En Turquie, la fête de l'Indépendance est le 23 avril.

– Pour les musulmans, la fin du Ramadan est l'occasion d'une grande fête où les femmes confectionnent une multitude de petits gâteaux.

– Au Vietnam, la fête de la Lune se déroule en automne.

– Et il y a aussi les fêtes de l'hiver : Sainte-Lucie (13 décembre, Scandinavie), Saint-Nicolas (6 décembre, Europe centrale et du Nord), Hanoukka (fête juive des lumières en décembre), le nouvel an chinois, N'cwaka (fête africaine des moissons en Zambie qui célèbre en février la bonne fortune de la tribu).

• À chacun de choisir un objet, une histoire ou un conte, une friandise en rapport avec l'événement ou son pays d'origine : un accessoire de costume traditionnel, un objet familier, le texte d'une chanson ou d'une poésie.

• Il existe beaucoup d'ouvrages concernant les coutumes des autres pays. Les magazines consacrent souvent des articles à l'occasion d'une fête particulière. Mais on prendra garde à ne pas mal interpréter une tradition ou une coutume familiale que l'enfant pourrait percevoir comme caricaturée par un étranger. Le plus simple est d'en discuter avec l'enseignant ou les parents de l'enfant, en toute simplicité.

## *Nounours*

Les petites peluches ont la faveur de bien des enfants, et même des grands ! Elles rappellent l'âge tendre que certains ont envie de prolonger. On voit souvent certains « grands » accrocher à leur cartable une certaine petite souris bien connue ou poser sur leur lit un petit lapin tout soyeux. Alors, n'hésitez pas, vous allez très vite craquer !

## *Ordinateur*

• Si vous possédez un ordinateur, un scanner ou un appareil photo numérique, et si vous ou votre enfant êtes un as de l'informatique, c'est l'occasion de réaliser une photo souvenir.

• Vous pouvez l'imprimer et l'offrir au moment du départ à chaque participant comme un souvenir de cet instant heureux.

• Vous pouvez aussi l'envoyer plus tard, par courrier papier, par Internet ou par « cartable diplomatique ».

• Restent toujours la photo Polaroïd à emporter sur-le-champ après avoir été signée par tous ou la photo classique transmise ultérieurement.

## *Papeterie*

• La papeterie plaît beaucoup aux enfants : les jolis carnets, les petits calepins, les répertoires pour recopier les adresses des copains, les stylos sympa, les crayons, les gommes décorées, du joli papier, une trousse fonctionnelle et pleine de poches, une ardoise, des tampons à imprimer, etc.

• Ajoutez le nom, le prénom et l'adresse de l'enfant, associez deux ou trois objets complémentaires, crayons et gommes, trousse et stylos, ardoise et craies, stylo à encre et effaceur, carnet d'adresses et stylo-bille, et voilà une panoplie qui en satisfera plus d'un !

## *Que pour les garçons !*

Bien sûr, on aimerait sortir des clichés : un camion pour les garçons, une poupée pour les filles. Mais force est de constater que certains jouets plaisent uniquement à l'un ou à l'autre des deux sexes, et les différences qui s'accentuent à partir de l'école primaire. Alors, pour que nos anges ne soient pas déçus, il vaut mieux prévoir d'offrir des présents qui leur conviennent. Pour parer à toute éventualité, inventez des repères de couleur ou marquez les noms. Les garçons préféreront en priorité les objets tels que voiture, boussole, sifflet, chronomètre, casquette…

## *Recettes*

• Dénichez une recette de cuisine facile à réaliser.

• Rédigez-la et présentez-la à votre façon, accompagnée de photos ou de dessins.

• Ajoutez dans le paquet un ou plusieurs ustensiles spécialement adaptés à cette recette : une cuillère en bois pour remuer la pâte, des moules emporte-pièce pour des sablés, des éléments sucrés pour la décoration, des épices, etc.

## *Sac à thème*

• Sur le principe de la pochette-surprise ou de la bourse pêle-mêle, remplissez un sac de petits cadeaux choisis en fonction d'un thème. Selon l'âge, le style d'invités ou tout simplement une idée originale.

– Le chiffre 2 : objets réunis par deux, paires complémentaires, objets jumeaux, objets portant l'inscription 2, poèmes ou textes écrits sur le thème.

– La couleur bleue : objets de la même couleur.

– Les voitures anciennes : modèles réduits, historique des premières voitures.

– Harry Potter, Tintin et autres héros : cartes, figurines.

– Les senteurs : ce qui a trait à la composition des parfums, échantillons, savonnettes, extraits de plantes odorantes.

– Les animaux : figurines, images, histoires, carnets décorés.

– L'astrologie : signes et horoscopes divers, boîtes ou autres accessoires décorés d'un signe, cartes explicatives, bracelets, porte-clés (se renseigner sur les signes des destinataires).

– La mer : bateaux, porte-clés, accessoires de bain style marin, coquillages, sable, écusson, casquette, pochette rayée bleu et blanc.

## *Tags*

• Il vous faut d'abord acquérir autant de tee-shirts simples que de participants, de préférence blancs.

• Munissez-vous également de feutres indélébiles pour tissu. Ensuite, votre enfant dédicacera chaque tee-shirt d'un dessin, d'un petit mot, d'une signature. Des essais sur des chutes de tissu ou des tee-shirts usagés sont indispensables.

• Variante : tous les enfants participent à la séance de dédicace. Cela est réalisable aussi sur d'autres supports : grande taie d'oreiller, napperon, grand mouchoir, serviette de table.

• Dernière possibilité : prendre une feuille de papier pour les dessins et les dédicaces, puis se rendre dans un magasin spécialisé qui fera le transfert sur un support choisi. Ce n'est pas très cher, le résultat est joli et bien fini. Cela peut se faire entre l'arrivée et le départ des invités si vous avez pris rendez-vous avec votre « photocopieur sur tissus ». Nul doute que le souvenir sera inoubliable pour chaque participant !

## *Téléphone*

• Il peut arriver qu'un bon copain ne puisse assister à ce rendez-vous annuel. Mettez-vous d'accord avec l'absent et, avec la complicité de ses parents, appelez-le à un moment précis d'anniversaire, au moment de l'ouverture des cadeaux, par exemple.

• Mais méfiez-vous, ça peut être très agréable comme ça peut flanquer un sacré blues des deux côtés ! En tout cas, c'est toujours bien de renouveler l'appel une heure après pour une conversation plus longue quand tous les invités sont partis.

## *Utile*

• On peut joindre l'utile à l'agréable en offrant de jolis accessoires d'usage courant, qui de plus rappelleront celui qui l'a offert au bon souvenir de celui qui les reçoit. Gants, porte-monnaie, petits sacs à main ou pochettes, porte-cartes ou portefeuilles, paniers, sacoches, bourses, foulards ou mouchoirs, écharpes, sacs à billes, chaussettes.

• Là aussi, c'est la bonne connaissance de celui que l'on fête qui compte. Il peut être très flatté d'être ainsi traité comme un grand ! Il peut être vexé et considérer que c'est « vraiment un cadeau de vieux » !

## *Vite !*

• Vous êtes pressé, vous n'avez pas le temps de préparer des cadeaux ou, tout simplement, vous n'en avez pas envie. Ce n'est pas une obligation. C'est vous qui invitez et qui décidez. Rien ne vous oblige à faire « comme les parents de la grande Janine ou ceux du petit Pierre ».

• Et en aucun cas vous ne devez être gêné ou stressé si vous n'avez pas les moyens de réaliser certaines opérations, vous êtes le seul maître à bord. Alors, agissez selon vos envies, vos moyens et votre cœur, et surtout oubliez la pression sociale qui veut que tout le monde fasse plus ou moins la même chose. Après tout, une simple chanson ou seulement le plaisir d'être invité est déjà suffisant. N'oubliez pas, les enfants sont là pour apprécier le bonheur d'être ensemble. Ce qui est important, c'est que la fête corresponde au caractère de votre enfant et que l'organisation soit faite en accord avec lui. Vous pouvez dire non et justifier vos choix, sans avoir la crainte d'être « une mauvaise mère ou un père qui s'en moque » !

## *Waou !!! C'est super !*

• Encore une suggestion de cadeau pour finir cet abécédaire ?

• Choisissez une lettre de l'alphabet, le W, par exemple, parce que son prénom est Waldémar, Walter, Wandrille, Warren, Wenceslas, Werner, Wilfrid, William, Winston ou Wivine.

• Glissez dans un sachet plein d'objets dont le nom commence par l'initiale de son prénom : un wagon, une ampoule de 100 watts, un Walkman, un extrait de *La Walkyrie* de Wagner, un wapiti ou un wallaby en peluche, bref, vous avez le choix. Les enfants n'auront plus qu'à s'exclamer : « Waou ! ! ! C'est super ! »

• Sur le même principe, on pourrait offrir à Anne un abricot, à Brigitte une bouillotte, à Caroline une cacahuète, à Dominique un dinosaure, à Édouard un électrophone, à Farid un fer à repasser, à Gaston un galet, à Henri un harmonium, à Isidore un interrupteur, à Jean une jeannette, à Karim un koala, à Luc un loukoum, à Martin un martinet, à Nicole un navire, à Oscar un ours en peluche, à Patrice un paratonnerre, à Quentin une queue-de-pie, à Roger des rutabagas, à Séraphine un Solex, à Thomas des tomates, à Ursule des usines, à Vincent des violettes, à Xavier du xérès, à Yolande un yoyo, et à Zoé un zoo et de drôles de zozos !

## *XL*

• Quelle que soit la taille de l'enfant, un grand tee-shirt fait toujours plaisir !

• Quelle que soit la taille ou le prix du cadeau, chacun a son importance. Nul besoin d'en offrir une quantité astronomique ni de miser sur un grand format pour épater la galerie.

## *Y'en a que pour les filles !*

• Sortons un peu des clichés, même si les enfants sont souvent très normatifs par peur de se distinguer des autres et de perdre leur amitié : on peut être une fille et aimer les ballons, les petites voitures et les jeux vidéo. Ce n'est pas pour autant que l'on doit être affublée de surnoms comme « garçon manqué » ou « fille réussie » si l'on joue à la poupée.

• Un cadeau, ça se respecte ! Pour celui qui le reçoit, c'est une ouverture vers d'autres idées. Alors, sus aux clichés ! Admettons que, pour cette génération encore, les accessoires de coiffure (barrettes, chouchous...), les bijoux fantaisie, certains jeux (corde à sauter, élastique...), poupées mannequins ont plutôt du succès du côté de la gente féminine.

• Mais d'autres accessoires tels que le maquillage, les paillettes, les échantillons de parfum, les savons, les trousses à maquillage, les perles de bain, etc. peuvent également être destinés aux garçons. Un même objet peut avoir une destination multiple : par exemple, les perles peuvent être utilisées dans un but esthétique ou artistique. Faire référence à la sensibilité et à l'imagination fait autant plaisir aux filles qu'aux garçons.

## *Z'arrive !*

• Une coutume d'origine nordique veut que l'on réserve toujours une part de repas au cas où se présenterait un étranger de passage. Une assiette en plus à table, un bol de soupe chaude posé sur le rebord de la fenêtre et, surtout, la porte ouverte, symbole d'un esprit d'accueil et de générosité.

• Alors, pour l'invité surprise, le copain du copain que l'on n'avait pas prévu, la petite voisine qui frappe à la porte et à qui l'on propose de rester, l'ami qui s'est libéré contre toute attente, prévoyez toujours un petit cadeau en plus.

• C'est sympathique et rassurant pour celui qui arrive de façon impromptue. Certaines traditions ou rites méritent d'être perpétués.

• Tout comme nos amis Melchior, Balthazar et Gaspard, nos fameux Rois mages, la coutume de l'hospitalité et du partage contribue à construire l'histoire collective dont nos enfants sont aussi les acteurs.

# ANNEXES

## Des régimes et des goûts

• Bien manger, c'est important quand on fait la fête. Souvent, on veut satisfaire ses invités en leur proposant des mets délicieux. C'est relativement facile à un goûter d'anniversaire : les enfants adorent les bons gâteaux et même les formules du genre pique-nique ou brunch. Alors, combler les appétits de tous, oui. Seulement, quand on a affaire à un groupe, peut-on contenter tout le monde ?

• De multiples raisons peuvent obliger des enfants à refuser certains aliments : questions de goût, problèmes de santé, culture familiale, pratiques religieuses... Vous pouvez être amené à vous poser quelques questions préalables.

### *La bonne question dans tous les cas*

• En toute convivialité, vous pouvez vous renseigner auprès des parents en demandant à l'occasion de l'invitation : « Vous n'êtes pas contre un repas frites ? Je suppose qu'il mange de tout ? Il risque de se gaver de sucreries, ce n'est pas trop grave ? » etc.

• Votre enfant est souvent à même de vous renseigner sur les préférences alimentaires de ses copains : « Tu sais, Marine n'aime pas le chocolat ! » Les parents prennent les devants si leur enfant ont un problème alimentaire particulier.

## *Et si les enfants n'aiment pas mon gâteau ?*

• Catastrophe ! Marine n'aime pas le chocolat ! Eh oui, cela arrive, et plus fréquemment qu'on ne le pense ! Il y en a même qui « ne sont pas trop sucre » ou ne raffolent pas de bonbons. Pas de panique !

• Le conseil à suivre : jouer sur la variété. Confectionnez au moins deux gâteaux, avec et sans chocolat. Si votre goûter est sucré, proposez quelques mets salés (ou l'inverse). Soignez la présentation : elle permet d'ouvrir l'appétit !

• Si un enfant refuse le sandwich que vous lui avez préparé ou rechigne devant la part du gâteau si alléchant, c'est sans doute pour une raison sérieuse. En premier lieu, ne le forcez jamais à manger quelque chose dont il ne veut pas. La meilleure chose à faire est de lui en demander la raison.

## *A-t-il des habitudes alimentaires spécifiques ?*

• Par choix personnel, coutumes familiales ou culturelles, certains ne mangent que certains plats et en refusent d'autres. Voici deux exemples, mais ils ne sont pas exhaustifs puisque de multiples cas peuvent se présenter.

– Le régime végétarien : principalement à base de légumes et de céréales, il exclue la viande de l'alimentation ; il peut être plus ou moins draconien choisissant d'intégrer ou non certains produits d'origine animale (les œufs, par exemple).

– Le régime à base de produits biologiques : ce sont des produits cultivés selon des normes strictes excluant principalement les produits chimiques pour la culture et la conservation.

• Le conseil à suivre : dans la mesure où l'enfant n'est pas en danger, il pourra bien, s'il le souhaite et s'il en a la permission, apprécier les mets que vous aurez préparés. C'est une question de choix, alors là aussi, c'est plutôt à l'invité de vous prévenir s'il le juge nécessaire.

## *Pratique-t-il une religion lui interdisant de manger certains aliments ?*

Les interdits concernent principalement la viande et varient selon les pratiques religieuses.

• Les prescriptions alimentaires juives autorisent uniquement les produits *kascher* (ce qui veut dire *permis*). Parmi ceux-ci, les viandes *kascher* (provenant d'herbivores ruminants au sabot fendu et se nourrissant d'herbage, de certains oiseaux et volailles, tués rituellement). On ne mélange pas les produits d'origine animale et les produits d'origine lactée.

• Les musulmans ne mangent pas de porc et consomment uniquement de la viande *hallal* (tuée de façon traditionnelle). Ils pratiquent chaque année le Ramadan pendant le neuvième mois de l'année lunaire. Durant cette période, ils s'abstiennent de manger et de boire depuis l'aube jusqu'au coucher du soleil. Les malades, les femmes enceintes ou qui ont leurs règles, les enfants impubères sont dispensés du jeûne.

• À noter : les œufs et les poissons sont acceptés partout !

• Le conseil à suivre : l'enfant vous dira lui-même ce qu'il accepte ou non de manger. Les restrictions concernant surtout la viande, il est rare qu'un goûter d'anniversaire en soit uniquement composé. Donc, encore et toujours, misez sur la diversité !

## *A-t-il des problèmes de santé ?*

• Les allergies alimentaires : elles peuvent être très variées. Les enfants qui en souffrent doivent éviter les aliments qui en sont responsables ; ceux-ci ne sont pas toujours faciles à repérer, surtout s'ils entrent dans la composition de certaines substances. Des exemples : l'arachide, les produits laitiers, les œufs, le gluten… Ne vous inquiétez pas : les enfants concernés par ces problèmes ou leurs parents ne manqueront pas de vous en avertir.

• L'obésité : c'est un excès de poids qui touche de plus en plus d'enfants en Europe. Proposez des petites parts.

• Le cholestérol : c'est une substance présente normalement dans le sang et les cellules. Un taux trop élevé peut entraîner des complications de santé et nécessite un régime momentané ou permanent. Les enfants ne sont pas à l'écart de ce risque.

• Le diabète : la forme la plus courante se traduit par l'augmentation du taux de sucre dans le sang. Les personnes souffrant de ce dysfonctionnement ont un régime particulier, souvent sévère, et sont tenues d'avoir une hygiène de vie très rigoureuse.

• Le conseil à suivre : pour ces cas très spécifiques, c'est aux parents de vous prévenir. Soit l'enfant apporte son propre goûter, soit vous lui préparez quelque chose qui lui convient.

• Pensez à demander un numéro de téléphone pour joindre les parents en cas de problème.

## *Que faire en cas de réaction allergique ?*

• Heureusement, les réactions allergiques sont rares ! Elles peuvent apparaître sous forme d'irruption cutanée ou bien de choc alimentaire (celui-ci se manifestant par des phénomènes tels que l'asthme, un gonflement, des rougeurs).

• Le conseil : appelez immédiatement un numéro d'urgence, et bien entendu les parents. Ayez toujours à votre portée les numéros des pompiers, du Samu, des médecins de garde, de la pharmacie.

## En toute sécurité

Ayez l'œil, les accidents n'arrivent pas qu'aux autres. Suivez ces quelques conseils pour en avoir le souci, mais pas l'inquiétude.

### *Dans la maison, attention !*

Les accidents domestiques sont la première cause de mortalité infantile. On compte 4 millions d'accidents de la vie courante, dont 3 millions nécessitent des soins médicaux et 500 000 entraînent une hospitalisation de plus d'une journée. 18 000 décès sont enregistrés chaque année, 600 concernent les enfants.

***Prévenir avant tout***

Prenez le temps de faire le tour de votre maison pour y recenser les dangers potentiels.

**• Dans la cuisine**

– Les allumettes : ne les laissez pas traîner ! Les enfants sont fascinés par le feu.

– Les couteaux : ceux de la cuisine peuvent être redoutables.

– Les produits d'entretien : rangez hors de portée des enfants tous les produits ménagers et les poudres pour lave-vaisselle. Ne transvasez jamais ces liquides dans une bouteille à usage alimentaire.

– La porte du four : attention ! Elle est aussi ouverte que fermée, si le four n'est pas isolé.

– Les manches de casseroles : ne laissez jamais dépasser de la plaque le manche de la casserole.

– Le four à micro-ondes : ce n'est pas un jeu ! Les aliments liquides peuvent se révéler brûlants même si le récipient est froid.

**• Dans la salle de bains**

– Les médicaments : toujours hors de leur portée dans l'armoire à pharmacie.

– Le rasoir et les ciseaux : rangez-les soigneusement.

– Le sèche-cheveux et le rasoir électrique : attention aux électrocutions ! Ce ne sont pas des jouets.

**• Dans la chambre et le salon**

– Les prises de courant et les rallonges : méfiez-vous des appareils électriques, mais aussi des prises et des rallonges (jamais branchées et pas raccordées !).

– Les plantes vertes : certaines peuvent être très toxiques, renseignez-vous.

– La fenêtre, le balcon, la terrasse : ne mettez jamais de meubles sous les fenêtres. Ne laissez pas les enfants seuls sur un balcon ou une terrasse.

**• Dans l'escalier**

Quand les enfants sont petits, mieux vaut installer des rambardes de sécurité ou des barrières mobiles infranchissables. Attention également aux ascenseurs.

**• Dans la cave, le grenier, le garage**

Des lieux souvent remplis d'objets passionnants mais dangereux (outils, tessons, clous, mort-aux-rats...). Interdisez-en l'accès et justifiez votre interdiction. Attention également au congélateur, aux vieux placards et anciens frigos : ce ne sont pas des lieux pour jouer à cache-cache !

**• La cour, le jardin, la piscine**

Ne laissez jamais des enfants seuls près d'une pièce d'eau. Installez des dispositifs de sécurité si vous possédez une piscine. Vérifiez les fixations de vos portiques. Si vous possédez un barbecue, n'utilisez jamais de l'alcool ou de l'essence pour le raviver et tenez les enfants éloignés.

**• Avec les animaux**

Apprenez aux enfants à les respecter et surveillez les comportements de votre chien ou de votre chat quand ils jouent avec eux.

## *S. O. S. accidents*

Avec les enfants, on n'est jamais à l'abri d'un accident. Pour ne jamais être pris au dépourvu, notez les numéros de téléphone suivants sur un petit panneau que vous accrocherez bien en vue à côté du téléphone.

***Accidents graves, appelez :***

*Le Samu : 15*
*La police : 17*
*Les pompiers : 18*
*Centre antipoison : (à remplir)*

***Accidents moins graves, appelez :***

*Médecin de famille : (à remplir)*
*Numéro des parents : (à remplir)*

## *Les gestes à connaître*

### *Brûlure*

• Déshabillez l'enfant s'il porte du coton, de la laine ou du lin ; jamais s'il porte des textiles synthétiques.

• Rincez abondamment la brûlure à l'eau froide. Laissez sécher et recouvrez de tulle aéré.

• En cas de brûlure électrique, consultez rapidement un médecin.

### *Intoxication*

• Ne faites pas vomir l'enfant.

• Ne lui donnez rien à boire et surtout pas du lait !

• Appelez le Samu ou le Centre antipoison et décrivez le produit avalé en donnant le nom des substances mentionnées sur l'étiquette.

### *Asphyxie*

• Il tousse violemment et son visage est rouge :

– ne le suspendez pas par les pieds ;

– ne cherchez pas à le faire vomir ;

– si la toux n'évacue rien, conduisez-le aux urgences en position assise.

• La respiration est bloquée, les yeux ouverts et le visage bleu :

– placez-vous immédiatement derrière lui et appuyez fortement avec vos deux poings entre la base du thorax et le nombril, de façon à expulser violemment l'air contenu dans ses poumons ;

– appelez le Samu.

## *Le petit truc*

La sécurité, c'est aussi une question d'ambiance et de circonstances. Soyez attentif surtout quand il y a beaucoup de monde et que tous s'agitent : c'est le moment où les plus petits échappent à la surveillance pour aller « faire des expériences ». C'est dans les moments d'excitation et d'impatience que les accidents arrivent. Alors soyez, une fois de plus, le calme dans la tempête ; un accident sérieux peut naître d'une suite d'incidents ou d'un énervement mal maîtrisé. Mais ne soyez pas, non plus terrorisé par tout ce qui pourrait arriver, c'est le meilleur moyen de flanquer la panique à tout le monde. N'oubliez pas que la Croix-Rouge propose des cours de secourisme qui se révèlent toujours utiles et passionnants.

## *Rencontre dangereuse*

L'actualité nous prouve, hélas, que tous les adultes ne sont pas forcément fréquentables, même s'ils paraissent gentils au premier abord. Il ne s'agit pas de paniquer dès qu'un adulte adresse la parole à un enfant, mais d'être prudent.

### ***Ce qu'il faut dire aux enfants***

*« Quand un adulte te propose de venir avec lui, il y a deux choix possibles :*
*– J'ai envie d'accepter.*
*– J'ai envie de refuser.*

*Si tu as envie d'accepter, pose-toi toujours ces deux questions :*
*– Est-ce que mon père ou ma mère sauront où je suis si j'y vais ?*
*– S'il y a un danger, est-ce que quelqu'un viendra m'aider ?*

*Si tu réponds "Non" à l'une de ces questions, tu peux répondre, sans être gêné : "J'ai bien envie, mais je dois d'abord prévenir mon père ou ma mère."*
*Et si, au cours d'un jeu ou d'une activité, quelque chose ne te plaît pas, n'hésite jamais à dire "Non" et à en parler à un adulte de confiance.* »

## Les combles et autres devinettes

### *C'est le comble pour qui ?*

• Les enfants connaissent beaucoup de devinettes commençant par la phrase rituelle « Quel est le comble… ? » Pour changer, en voici de nouvelles !

• Attention : il ne s'agit plus de savoir « Quel est le comble pour un dentiste ? », mais de poser la question à l'envers : « Être sur les dents, c'est le comble pour qui ? »

• Si le jeu demande une souplesse d'esprit, l'exercice devient pourtant vite savoureux puisque chacun devra formuler correctement sa question sans donner la réponse dans l'énoncé !

• Nous avons ajouté un indice qui pourra aider ceux qui peinent à trouver la réponse.

**1.** Ne pas savoir dresser une table, c'est le comble pour qui ?

Indice : cage.
Réponse : c'est le comble pour un dompteur.

**2.** Avoir l'esprit d'escalier, c'est le comble pour qui ?

Indice : spirale.
Réponse : c'est le comble pour un colimaçon.

**3.** Faire un régime, c'est le comble pour qui ?

Indice : arbre à fruits jaunes.
Réponse : c'est le comble pour un bananier.

**4.** Ne pas être dans son assiette, c'est le comble pour qui ?

Indice : couvert.
Réponse : c'est le comble pour un plongeur.

**5.** Ne pas faire une bonne impression, c'est le comble pour qui ?

Indice : caractère.
Réponse : c'est le comble pour un imprimeur.

**6.** En faire toujours plus, c'est le comble pour qui ?

Indice : calcul.
Réponse : c'est le comble pour une soustraction.

**7.** Être pris de court, c'est le comble pour qui ?

Indice : balle.
Réponse : c'est le comble pour un joueur de tennis.

**8.** Se faire couper le sifflet, c'est le comble pour qui ?

Indice : noir.
Réponse : c'est le comble pour un arbitre.

**9.** Perdre la boule, c'est le comble pour qui ?

Indice : tirer ou pointer.
Réponse : c'est le comble pour un joueur de pétanque.

**10.** Avoir la chair de poule, c'est le comble pour qui ?

Indice : réveil.
Réponse : c'est le comble pour un coq.

**11.** Mettre les poings sur les *i*, c'est le comble pour qui ?

Indice : le mot « boîte » en anglais.
Réponse : c'est le comble pour un boxeur.

**12.** Se faire appeler « vieille branche », c'est le comble pour qui ?

Indice : feuille.
Réponse : c'est le comble pour un jeune arbre.

**13.** Raser les murs, c'est le comble pour qui ?

Indice : bol.
Réponse : c'est le comble pour un barbier.

**14.** Être dans le pétrin, c'est le comble pour qui ?

Indice : farine.
Réponse : c'est le comble pour un boulanger.

**15.** Être chiche, c'est le comble pour qui ?

Indice : petit.
Réponse : c'est le comble pour un pois.

**16.** Avoir des petits pépins, c'est le comble pour qui ?

Indice : rouge et jaune mélangés.
Réponse : c'est le comble pour une orange.

**17.** Prendre le taureau par les cornes, c'est le comble pour qui ?
Indice : bouse.
Réponse : c'est le comble pour une vache.

**18.** Passer sur une table d'opération, c'est le comble pour qui ?

Indice : boules.
Réponse : c'est le comble pour un billard.

**19.** Pédaler dans la semoule, c'est le comble pour qui ?

Indice : maillot.
Réponse : c'est le comble pour un coureur cycliste amateur de couscous.

**20.** Avoir une femme chouette, c'est le comble pour qui ?

Indice : oiseau de nuit.
Réponse : c'est le comble pour un hibou.

**21.** Attendre, c'est le comble pour qui ?

Indice : vert et blanc.
Réponse : c'est le comble pour un poireau.

**22.** Vivre au jour le jour, c'est le comble pour qui ?

Indice : clé.
Réponse : c'est le comble pour un gardien de nuit.

**23.** Être mené à la baguette, c'est le comble pour qui ?

Indice : diriger.
Réponse : c'est le comble pour un chef d'orchestre.

**24.** Porter un chapeau melon, c'est le comble pour qui ?

Indice : rose.
Réponse : c'est le comble pour une pastèque.

**25.** Sauter du coq à l'âne, c'est le comble pour qui ?

Indice : marché.
Réponse : c'est le comble pour une puce.

**26.** Être « félin pour l'autre », c'est le comble pour qui ?

Indice : tu me donnes ta langue ?
Réponse : c'est le comble pour un couple de chats.

**27.** S'en mettre plein la poche, c'est le comble pour qui ?

Indice : animal bondissant.
Réponse : c'est le comble pour un kangourou.

**28.** Rester bouche cousue, c'est le comble pour qui ?

Indice : il est (t)ailleurs.
Réponse : c'est le comble pour un couturier.

**29.** Voir la vie en rose, c'est le comble pour qui ?

indice : un autre piaf.
Réponse : c'est le comble pour un flamant rose.

**30.** Se faire mener en bateau, c'est le comble pour qui ?

Indice : pompon.
Réponse : c'est le comble pour un marin.

***Le petit truc***

Il est possible que la réponse que l'on vous donne ne soit pas celle que vous attendiez. Ce n'est pas grave tant que la devinette fonctionne.

## *Anagrammes*

• Le principe de l'anagramme est simple il faut mélanger les lettres d'un mot pour en créer un autre. Les devinettes ci-dessous donnent la définition des mots de départ et, comme seul indice, le nombre de lettres composant les mots à retrouver.

• Pour que le jeu soit plus facile et visuel, on pourra utiliser les lettres d'un jeu de Scrabble©, de Boggle© ou de Diamino©.

***En cinq lettres***

**1.** Je suis un son discordant & un ensemble d'individus.
Réponse : BRUIT & TRIBU.

**2.** Mon premier est une embarcation & mon deuxième peut être traversé à l'aide de mon premier.

Réponse : CANOE & OCEAN.

**3.** Je suis un verbe d'affection & je suis un prénom & mon troisième peut officialiser cette union.

Réponse : AIMER & MARIE & MAIRE.

**4.** Je suis un verbe utile pour adresser un message secret & je suis un ensemble de brins tressés & je suis le texte d'une croyance & je suis un élément que l'on trouve sur la scène d'un théâtre.

Réponse : CODER & CORDE & CREDO & DECOR.

***En six lettres***

**5.** Il en faut quelquefois un peu pour trouver mon deuxième.

Réponse : AUDACE & CADEAU.

**6.** Je suis souvent mort pendu & il faut que je le sois pour être reconnaissable & il faudra parfois utiliser l'énoncé des mots pour que vous puissiez écrire & je suis un coup de poing rapide.

Réponse : CREDIT & DECRIT & DICTER & DIRECT.

***En sept lettres***

**7.** Je suis une interdiction faite par un gouvernement & je suis celui qui, par sa grandeur, peut dévaloriser son voisin.

Réponse : EMBARGO & OMBRAGE.

**8.** Je suis une épouvantable maladie & je suis un rassemblement d'individus enchantés.

Réponse : CHOLERA & CHORALE.

**9.** Je suis un petit carnet & je suis un oiseau qui cache des poissons dans la poche de son bec.

Réponse : CALEPIN & PELICAN.

**10.** Je suis le texte d'un magazine & un tour de chant.

Réponse : ARTICLE & RECITAL.

***En huit lettres***

**11.** Inutile d'être dans un canot pour porter ce chapeau de paille & je suis au début de tout.

Réponse : CANOTIER & CREATION.

**12.** Je suis une arme à feu & un interdit financier.

Réponse : CARABINE & BANCAIRE.

*En neuf lettres*

**13.** Je suis un terrible lézard aujourd'hui disparu & un de ceux qui vérifient le contenu des coffres de voitures ou des valises & nous sommes des vaches à la peau brune.

Réponse : DINOSAURE & DOUANIERS & NOIRAUDES.

*En dix lettres*

**14.** J'ai 100 ans d'âge & je suis une femme qui tient un établissement réglementé.

Réponse : CENTENAIRE & TENANCIÈRE.

*En onze lettres*

**15.** Je suis particulièrement grand & je suis mignonne jusqu'au ridicule.

Réponse : GRANDISSIME & MIGNARDISE

*En douze lettres*

**16.** Je suis un verbe qui se déguste au bout du couteau pour une pause gourmande & nous sommes ceux qui savent reconnaître le meilleur du commun.

Réponse : SAUCISSONNER & CONNAISSEURS.

*En treize lettres*

**17.** Je suis une attaque violente & je suis souvent le résultat (à l'infinitif) de ce trouble & nous avons l'habitude de bien travailler ensemble.

Réponses : AGRESSION & ANGOISSER & ORGANISÉS.

Le nombre de lettres peut correspondre au nombre d'années de celui que l'on fête. Une fois que vous aurez fait votre choix dans notre sélection, prenez le temps de soigner l'énoncé de la définition de manière qu'elle soit adaptée aux joueurs.

## *Autant que d'années*

Un, deux, trois..., jusque-là ce n'est pas trop difficile de se souvenir de qui ou de quoi il s'agit. Quoique pour les Trois Mousquetaires, ça se complique un peu puisqu'ils sont quatre ! Voilà quelques devinettes autour des chiffres, des années et des noms.

***Posez votre question !***

Nous vous proposons une liste, à vous de la transformer en question. En donnant les deux premiers et en demandant le suivant, en donnant des initiales ou quelques indices. C'est en reformulant en fonction de votre auditoire que le jeu deviendra amusant.

***Deux***

• Les deux Dupond(t) : créés par Georges Remi, dit Hergé, les Dupont(d) sont les détectives gaffeurs des aventures de Tintin ; ils se ressemblent comme deux frères jumeaux, à l'exception de leurs moustaches (celles de DuponD tombent en forme de D couché ; celles de DuponT remontent en forme de barre de T).

• Pour les petits : la main gauche et la main droite, la lune et le soleil, le jour et la nuit.

***Trois***

• Les Trois Mousquetaires : créés par Alexandre Dumas père. Chaque mousquetaire a un valet : Athos et Grimaud, Aramis et Bazin, Porthos et Mousqueton... et, le quatrième d'Artagnan et Planchet.

• Les trois Pieds Nickelés : créés par Louis Forton, puis repris par de nombreux dessinateurs, dont Pellos, les personnages de ce fameux trio de bande dessinée s'appellent Croquignol, blond avec un grand nez ; Ribouldingue, chevelu et barbu ; Filochard, petit avec un bandeau sur l'œil.

• Pour les petits : les Triplés, le couteau, la fourchette et la cuillère, les trois ours de Boucle d'or.

### *Quatre*

• Les Beatles : John Lennon, George Harrison, Paul McCartney, Ringo Starr.

• Les Dalton : créés par Morris et René Goscinny, ces quatre bandits à rayures au menton en galoche apparaissent comme frères dans l'un des premiers albums de Lucky Luke sous le nom des frères Dalton et se prénomment Bob, Grat, Bill et Emmet, et disparaissent au profit de leurs cousins Joe, William, Jack et Averell.

• Les jeux de cartes : les rois s'appellent Charlemagne pour le cœur, César pour le carreau, David pour le pique et Alexandre pour le trèfle. Les reines sont : Judith pour le cœur, Rachel pour le carreau, Pallas pour le pique et Argine pour le trèfle. Les valets sont : La Hire pour le cœur, Hector de Garlandes pour le carreau, Ogier le Danois pour le pique et Lancelot du Lac pour le trèfle.

• Pour les petits : les quatre roues de la voiture, les quatre murs de la maison, les quatre pieds de la table ou de la chaise.

### *Cinq*

• Les cinq anneaux olympiques : bleu pour l'Europe, jaune pour l'Asie, noir pour l'Afrique, vert pour l'Océanie et rouge pour l'Amérique.

• Pour les petits : les cinq doigts de la main : le pouce, l'index, le majeur, l'annulaire et l'auriculaire (et non pas l'horizontal comme l'affirme Jojo dans le film de Nicolas Philibert, *Être ou avoir* !).

### *Six*

• *Oiseau* est le seul mot de la langue française qui comporte les six voyelles de l'alphabet.

• Pour les petits : les six jours de la semaine qui finissent par -di ? Lundi, mardi, mercredi, jeudi, vendredi, samedi, pardi !

### *Sept*

• Les jours de la semaine : lundi est le jour de la Lune, mardi celui de Mars, mercredi celui de Mercure, jeudi celui de Jupiter, vendredi celui de Vénus, samedi celui du Sabbat et dimanche celui du Seigneur (chez les Britanniques et les Allemands, c'est le jour du Soleil).

• Les mercenaires : les sept mercenaires du film de John Sturges (1961) sont interprétés par Yul Brynner, Steve McQueen, James Coburn, Horst Bucholtz, Robert Vaughn, Charles Bronson et Brad Dexter.

• Les sept nains : dans son adaptation du conte des frères Grimm (1937), Walt Disney a donné aux sept compagnons de Blanche-Neige des noms en rapport avec leur caractère : Prof, Atchoum, Dormeur, Grincheux, Joyeux, Simplet et Timide. Certains y ont vu la personnalisation des sept péchés capitaux !

• Les péchés capitaux : depuis *Seven* (1995) le film de David Fincher, nombre de personnes ont découvert la liste des péchés établis par l'Église catholique : l'orgueil, l'avarice, l'envie, la colère, la paresse, la luxure et la gourmandise.

• Les merveilles du monde : Philon de Byzance fixa la liste des sept merveilles du monde vers 225 av. J.-C. : la pyramide de Kheops, les jardins suspendus de Sémiramis à Babylone, le temple d'Artémis d'Éphèse, la statue chryséléphantine de Zeus à Olympie, le mausolée d'Halicarnasse, le colosse de Rhodes et le phare d'Alexandrie.

• Pour les petits : les jours de la semaine, le septième mois de l'année (juillet), les sept couleurs de l'arc-en-ciel (violet, indigo, bleu, vert, jaune, orange et rouge).

Et maintenant les petits sont assez grands pour que l'on adapte la formulation des questions !

***Huit***

• *Huit femmes* : Danielle Darrieux, Catherine Deneuve, Emmanuelle Béart, Fanny Ardant, Isabelle Huppert, Virginie Ledoyen, Firmine Richard et Ludivine Sagnier sont les huit interprètes du film de François Ozon (2002).

***Neuf***

• Les neuf Muses : puisqu'on ne les retrouve que dans les questionnaires de jeux qui s'adressent à ceux qui, autrefois, les apprenaient au même titre que les préfectures et les sous-préfectures, voici la liste des neuf Muses, filles de Zeus et de Mnémosyne : Clio est la muse de l'Histoire, Euterpe celle de la Musique, Thalie celle de la Comédie, Melpomène celle de la Tragédie, Terpsichore celle de la Danse, Erato celle de l'Élégie, Polymnie celle de la Poésie lyrique, Uranie celle de l'Astronomie et Calliope celle de l'Éloquence.

• Les planètes du système solaire : Mercure est la planète la plus proche du Soleil, puis viennent Vénus, la Terre, Mars, Jupiter, Saturne, Uranus, Neptune et Pluton.

***Dix***

• Les Dix Commandements : le Décalogue, attribué à Moïse, et se trouve dans la Bible sous différentes formes. Il définit les bases de la religion catholique : 1. Je suis le Seigneur ton Dieu. Tu n'auras pas d'autre dieu que moi. 2. Tu ne feras pas Dieu à ton image. 3. Tu n'abuseras pas de mon nom. 4. Tu sanctifieras le jour du Seigneur. 5. Honore ton père et ta mère. 6. Tu ne tueras pas. 7. Tu ne commettras pas d'adultère. 8. Tu ne voleras pas. 9. Tu ne seras pas un faux témoin. 10. Tu ne convoiteras pas.

***Onze***

La Coupe du monde. Ils étaient les onze titulaires de l'équipe de France de football qui a remporté la finale de la Coupe du monde en 1998 contre le Brésil : Fabien Barthez, Bixente Lizarazu, Marcel Desailly, Franck Lebœuf, Zinedine Zidane, Emmanuel Petit, Didier Deschamps, Youri Djorkaeff, Lilian Thuram, Christian Karembeu et Stéphane Guivarch.

***Douze***

Calendrier républicain : c'est à Philippe François Nazaire Fabre d'Églantine, auteur du célèbre « Il pleut, il pleut bergère », que l'on doit les noms des douze mois du calendrier établi le 5 octobre 1793. Les noms sont plus descriptifs et poétiques que ceux que nous utilisons dans notre calendrier grégorien.

***Treize***

XIII : un solide gaillard aux allures de baroudeur se retrouve sans nom, sans passé, sans souvenir, dans un lieu inconnu. Son seul début d'indice pour découvrir son identité est un chiffre, XIII, qu'il porte en tatouage. Sa situation est d'autant plus inconfortable qu'une bande de tueurs est à ses trousses. De plus, il découvre que de hautes personnalités civiles et militaires s'intéressent à lui. La longue traque se poursuit d'un album à l'autre et Jean Van Hamme distille les informations sur le passé du héros, qui semble lié à l'histoire récente de son pays. Le scénario est mis en images par William Vance. Cette aventure en bande dessinée est un best-seller, avec une vingtaine d'albums à son actif.

***Des chiffres et vous***

• *Sur le principe des chiffres ou des nombres comme thèmes, il est facile de constituer d'autres questionnaires en fonction de vos centres d'intérêt et de ceux des enfants.*
• *À vous de vérifier dans les dictionnaires ou les encyclopédies le nom des deux orphelines ou des deux nigauds, des trois Andrew Sisters ou des trois petits cochons, des quatre Frères Jacques ou des quatre évangélistes...*
• *Pour être certain de ne pas vous tromper sur les connaissances de vos enfants selon leur âge, prenez vos sources dans leurs propres lectures, leurs magazines, mais aussi les livres de classe et les dictionnaires qu'ils utilisent. Votre talent sera de bien tourner la question pour qu'elle soit amusante.*
• *La solution de* n *animaux, arbres, enfants de sa classe est le questionnaire le plus facile à établir, à condition de bien préparer les réponses possibles.*

## *Expressions avec des animaux*

• Encore des devinettes thématiques qui pourront être à la base de nombreux questionnaires. Et pourquoi ne pas s'amuser à les illustrer ? Soit en reprenant le dessin de l'animal concerné dans un vieux dictionnaire aux gravures réalistes que l'on agrandira à la photocopieuse, soit mettant en dessin l'expression elle-même.

• Nom d'un chien, ce n'est pourtant pas si difficile de trouver des expressions empruntant des noms d'animaux !

Alors, compliquons un peu les choses en posant des devinettes en deux temps : la première partie énonce la définition de l'expression, la seconde donne le nom de l'animal.

**1.** Avoir le sommeil lourd.
Indice : un loir.
Réponse : dormir comme un loir.

**2.** Se manifester bruyamment en utilisant sa voix.
Indice : un putois.
Réponse : crier comme un putois.

**3.** Ne plus ouvrir la bouche pour s'exprimer.
Indice : une carpe.
Réponse : rester muet comme une carpe.

**4.** Être particulièrement naïf.
Indice : des couleuvres.
Réponse : avaler des couleuvres.

**5.** Se retrouver cerné de toutes parts.
Indice : un rat.
Réponse : être fait comme un rat.

**6.** Pleurer de manière peu sincère pour émouvoir son interlocuteur.
Indice : un crocodile.
Réponse : pleurer des larmes de crocodile.

**7.** Avoir la silhouette particulièrement mince au niveau de la taille.
Indice : une guêpe.
Réponse : avoir une taille de guêpe.

**8.** Ne pas venir à un rendez-vous.
Indice : un lapin.
Réponse : poser un lapin.

**9.** Se sentir soudain tellement diminué que l'on aimerait se cacher dans un endroit minuscule.
Indice : une souris.
Réponse : rentrer dans un trou de souris.

**10.** Perdre son temps en s'occupant en parfaite inutilité de la toilette d'un animal.
Indice : une girafe.
Réponse : peigner une girafe.

**11.** Partir à la recherche de quelque chose de pratiquement impossible à trouver.
Indice : un mouton.
Réponse : chercher le mouton à cinq pattes.

**12.** Devenir fou.
Indice : une araignée.
Réponse : avoir une araignée au plafond.

**13.** Être oisif, la bouche grande ouverte, et regarder niaisement ce qui se passe autour de soi.
Indice : des corneilles.
Réponse : bayer aux corneilles. *Bayer* veut dire : garder la bouche grande ouverte (bouche bée !). *Bâiller* a supplanté le mot précédent et s'applique également à d'autres types d'ouvertures.

**14.** Arriver à faire parler quelqu'un pour qu'il avoue quelque chose qu'il n'aurait pas formulé spontanément.
Indice : des vers.
Réponse : tirer les vers du nez.

**15.** Être particulièrement à l'aise dans une situation ou un cadre qui nous est habituel.
Indice : un poisson.
Réponse : être comme un poisson dans l'eau.

**16.** Être particulièrement joyeux au point de siffler comme un oiseau.
Indice : un pinson.
Réponse : être gai comme un pinson.

**17.** Ne pas conclure trop vite à partir d'un seul indice.
Indice : une hirondelle.
Réponse : une hirondelle ne fait pas le printemps.

**18.** Se retrouver dans le plus simple appareil.
Indice : un ver.
Réponse : être nu comme un ver.

**19.** Être un personnage tellement extraordinaire que personne n'en ignore l'existence.
Indice : un loup.
Réponse : être connu comme le loup blanc.

**20.** Se retrouver dans l'indécision comme dans ce moment où le jour se couche et la nuit arrive, où il est difficile de bien discerner ce qui nous entoure.
Indice : un chien ou un…
Réponse : se retrouver entre chien et loup.

**21.** Demander la réponse à une question dont on pense que l'on ne trouvera pas seul la solution.
Indice : un chat.
Réponse : donner sa langue au chat.

**22.** En cas de conflit, tenter la conciliation en restant ami avec les deux parties.
Indice : une chèvre.
Réponse : ménager la chèvre et le chou.

**23.** Au cours d'une conversation, passer sans transition d'un sujet à un autre n'ayant aucun rapport avec lui.
Indice : un coq et…
Réponse : sauter du coq à l'âne.

**24.** Ne pas faire les choses dans le bon ordre.
Indice : des bœufs.
Réponse : mettre la charrue devant les bœufs.

**25.** Être enroué.
Indice : un chat.
Réponse : avoir un chat dans la gorge.

**26.** Passer soudain du calme à la colère pour défendre une idée qui tient à cœur.
Indice : des chevaux.
Réponse : monter sur ses grands chevaux.

## *Le questionnaire de Proust*

• Marcel Proust s'amusa, à l'âge de 21 ans, à rédiger des questions portant sur les goûts et les traits personnels d'un individu.

• On peut constater qu'un enfant d'aujourd'hui est capable d'avoir de vraies réflexions sur le sens de sa vie.

• Si l'exercice est proposé avec intelligence et tact par un adulte, le moment peut être émouvant et laisser un souvenir tout particulier de cet anniversaire.

• Plutôt que d'adapter de façon générale les questions à un jeune public, nous avons pensé qu'il était plus judicieux de vous laisser vous débrouiller avec le questionnaire de l'auteur d'*À la recherche du temps perdu.*

***Questions***

**1.** Le principal trait de mon caractère.
**2.** La qualité que je préfère chez un homme.
**3.** La qualité que je préfère chez une femme.
**4.** Ce que j'apprécie le plus chez mes amis.
**5.** Mon principal défaut.
**6.** Mon occupation préférée.
**7.** Mon rêve de bonheur.
**8.** Quel serait mon plus grand malheur.
**9.** Ce que je voudrais être.
**10.** Le pays où je désirerais vivre.
**11.** La couleur que je préfère.
**12.** La fleur que j'aime.
**13.** L'oiseau que je préfère.
**14.** Mes auteurs favoris en prose.
**15.** Mes poètes préférés.
**16.** Mes héros dans la fiction.
**17.** Mes héroïnes favorites dans la fiction.
**18.** Mes compositeurs préférés.
**19.** Mes peintres favoris.
**20.** Mes héros dans la vie réelle.
**21.** Mes héroïnes dans l'histoire.
**22.** Mes prénoms favoris.
**23.** Ce que je déteste par-dessus tout.
**24.** Les caractères historiques que je méprise le plus.
**25.** Le fait militaire que j'admire le plus.
**26.** La réforme que j'estime le plus.

**27.** Le don de la nature que je voudrais avoir.
**28.** Comment j'aimerais mourir.
**29.** L'état présent de mon esprit.
**30.** Les fautes qui m'inspirent le plus d'indulgence.
**31.** Ma devise.

*Par écrit*

Le jeu a bien plus de qualité si l'on prend le temps et le soin de répondre par écrit avec des termes précis. La lecture pourra se faire ensuite en petits groupes à condition que cela soit mené avec rigueur : à savoir que les commentaires immédiats sont interdits ! Mais il est toujours possible d'en discuter après de manière individuelle et spontanée. Le jeu est souvent très vite intime et émouvant et soude le groupe, qu'il s'agisse de grands enfants, d'adolescents ou d'adultes.

## *Des charades*

Une charade est une devinette où toutes les syllabes du mot sont définies l'une après l'autre. Il s'agit de trouver le mot caché, défini en fin de charade.

*Charades faciles*

J'achète mon second avec mon premier
Pour le voir à la fin mangé par mon entier
**Réponse :** souris (sou/riz)

Mon premier est bavard
Mon deuxième est un oiseau
Mon troisième est chocolat
Mon tout est un fameux dessert
**Réponse :** bavaroise au chocolat (bavard/oiseau/chocolat)

Mon premier est une boisson
Mon deuxième est une boisson
Mon troisième est une boisson
Mon tout est une boisson
**Réponse :** café au lait (café/eau/lait)

Mon premier n'est pas haut
Mon deuxième n'est pas haut
Mon troisième n'est pas bas
Tous les chemins mènent à mon quatrième
Mon tout est un dessert
**Réponse :** baba au rhum (bas/bas/haut/Rome)

Mon premier est un félin
Mon deuxième est un félin
Mon troisième est un félin
Mon tout est une danse
**Réponse :** cha-cha-cha (chat/chat/chat)

Mon premier sort de ma bouche
Mon deuxième entre et sort de ma bouche
Mon tout est dans ma bouche
**Réponse :** molaire (mot/l'air)

Mon premier est le premier
Mon deuxième est le contraire de mon tout
Et l'on fait mon deuxième dans mon troisième
**Réponse :** insomnie (un/somme/nid)

Mon premier trotte
Mon second nage
Mon tout vole
**Réponse :** hanneton (âne/thon)

***Charade à prononcer la bouche pleine !***

Mon premier est un poisson des mers du Sud
Mon second est un arbre fruitier
Mon tout est un roi de France
**Réponse :** François I^er^ (anchois/pommier)

Mon premier est une ville d'Italie
Mon deuxième est une île en France
Mon troisième est une ville de France
Mon quatrième est un gaz combustible
Et mon tout relate la mort du plus petit grand homme de France
**Réponse :** Napoléon est mort à Sainte-Hélène (Naples/Oléron/Aigues-Mortes/Acétylène)

***Charades de Victor Hugo***

• L'auteur des *Misérables* et de *La Légende des siècles* appréciait les calembours. En exil à Guernesey, il composa pour le plaisir de nombreuses charades.

• On les réservera aux plus grands, ne serait-ce que pour le plaisir de leur apprendre comment elles sont construites.

Mon premier est un étudiant en médecine assis au dernier rang d'un amphithéâtre
Mon second se compose des dernières lettres du journal
Et mon tout est un chant révolutionnaire
**Réponse :** *L'Internationale* (interne assis haut/nal)

Mon premier est ce que l'on dit à un menuisier qui a compté sur sa note des copeaux en trop
Mon second est la fin de l'homme
Mon tout est un mets délicieux
**Réponse :** bifteck aux pommes (biffe tes copeaux/me)

Mon premier aux chats plaît
Mon second haut ou bas est
Et mon tout paît
**Réponse :** mouton (mou/ton)

Je prends mon premier au coin de mon dernier
En sortant de mon entier
**Réponse :** théâtre (thé/âtre)

De la Chine en Europe a passé mon premier
Tout le monde en hiver accourt à mon dernier
Les talents et les arts brillent sur mon entier
**Réponse :** théâtre (thé/âtre)

***Charades à tiroirs***

Et pour finir, voici des charades encore plus compliquées et presque impossibles à trouver. C'est sans doute pour cela que les charades à tiroir plaisent beaucoup aux plus grands.

Mon premier marche sans but
Mon deuxième est un employé des postes
Mon troisième ne rit pas jaune
Mon quatrième n'est pas rapide
Mon tout est un écrivain français amateur de charades
**Réponse :** Victor Hugo
Vic, car Vicaire (Vic erre)
Tor, car Torréfacteur (Tor est facteur)
Hu, car Urinoir (Hu rit noir)
Go, car Goéland (Go est lent)

Mon premier se salit
Mon deuxième refuse d'être pris pour un sujet de Sa Gracieuse Majesté

Mon troisième atteint cent degrés
Mon quatrième sert à boire
Mon tout est un couturier français
**Réponse :** Pierre Cardin
Pi, car Pistache (Pi se tache)
Erre, car Hernie étranglée (Her nie être anglais)
Car, car Caribou (Car y bout)
Din, car Dindonneau (Din donne eau)

## *Bon « an », mal « an »*

• Puisque, à l'occasion de cet anniversaire, on constate bon an mal an que chaque année on prend un an de plus, voici une nouvelle série de devinettes thématiques, pour lesquelles il sera utile d'avoir un accent pas trop prononcé si l'on pose les questions oralement !

• On peut jouer avec tout, même avec les sons ! Voici l'occasion de nous amuser avec le son « an » qui détient un curieux record, celui d'avoir une seule façon d'être prononcé, tout en s'écrivant de manières différentes. Ces devinettes vont nous permettre de les retrouver toutes.

• À chaque question correspond une réponse en un seul mot comprenant le son « an ».

### *Les questions*

**1.** Je suis une construction formée d'une couverture et soutenue par des supports pour abriter du matériel.

**2.** Je suis un bifteck haché servi dans un pain rond.

**3.** L'été, on y plante sa tente.

**4.** On raconte dans la Bible que je fus le mari d'Ève.

**5.** Je suis un autre mot pour dire que je suis drôle ou amusant.

**6.** Je suis le contraire de dehors.

**7.** C'est moi qui coule dans vos veines.

**8.** Je suis le participe présent d'un verbe synonyme d'*étaler*.

**9.** Je suis un homme malhonnête.

**10.** On me retrouve souvent entre le bleu et le rouge.

**11.** Je suis un autre nom pour parler de l'année.

**12.** C'est le nom que l'on donne à celui qui est affranchi d'une charge.

**13.** Les parents en manquent souvent pour pouvoir faire tout ce qu'on leur demande.

**14.** C'est le prénom que portait un roi de France assassiné.

**15.** C'est un autre nom pour parler d'une direction.

**16.** Je suis un mot peu utilisé aujourd'hui qui désigne un médicament de consistance pâteuse, un parfum ou un baume.

**17.** Je porte toutes sortes de noms et change de force, on me nomme aquilon, zéphyr, mistral, etc.

**18.** Ce mot désigne des personnes en nombre indéterminé.

**19.** Je suis un poisson des mers, vivant en bancs souvent immenses.

**20.** Je suis l'impératif d'un verbe signifiant *enlacer*.

**21.** Je suis l'impératif d'un verbe signifiant *attraper*.

**22.** S'il fallait me traduire en argot, on dirait : « Il pige. »

**23**. Je suis une ville française où, notamment, mourut Jeanne d'Arc.

**24.** Je suis le petit de la biche et du cerf.

**25.** Le célèbre fabuliste La Fontaine portait mon prénom.

***Les réponses***

**1.** Hangar.

**2.** Hamburger.

**3.** Camp.

**4.** Adam.

**5.** Marrant.
**6.** Dedans.
**7.** Sang.
**8.** Répandant.
**9.** Brigand.
**10.** Blanc.
**11.** An.
**12.** Exempt.
**13.** Temps.
**14.** Henri.
**15.** Dirigeant.
**16.** Onguent.
**17.** Vent.
**18.** Gens.
**19.** Hareng.
**20.** Embrasser.
**21.** Prends.
**22.** Comprend.
**23.** Rouen.
**24.** Faon.
**25.** Jean.

### *Le petit truc*

On l'aura compris, pour que le jeu fonctionne et que les participants puissent constater les différentes façons d'écrire le son « an », il est indispensable de leur demander de l'écrire !

## *166 devinettes*

### *Questions*

**1.** Quelle est la différence entre Paris, l'ours polaire et Virginie ?

**2.** Quel est le comble pour un électricien ?

**3.** Je ne peux pas marcher alors que j'ai un dos et quatre pieds. Qui suis-je ?

**4.** Qu'est-ce qui reste toujours à l'abri mais est toujours mouillé ?

**5.** Quel est le comble du comble ?

**6.** Quelle est la différence entre une pie mâle et une pie femelle ?

**7.** Ne dites pas non, je ne suis qu'un mot facile à entendre et qui se compose de quatre voyelles différentes. Qui suis-je ?

**8.** Pourquoi le sansonnet ne peut-il pas voler plus vite que l'étourneau ?

**9.** Une seule fois dans une minute, deux fois en ce moment, une fois par tous les temps, mais pas une seule fois dans l'année. Qui suis-je ?

**10.** Pourquoi les habitants du Japon ne peuvent-ils pas monter à cheval ?

**11.** Que font deux chiens qui se rencontrent à Tokyo ?

**12.** Quel est le point commun entre le soleil, un vélo et un grand magasin ?

**13.** Pourquoi la femme d'un fermier ne doit-elle jamais s'appeler Claire ?

**14.** Quel est le comble pour un malade ?

**15.** Quel est le temps qui ne fait jamais de bêtises ?

**16.** Si c'est très étroit, ça fait combien ?

**17.** Comment peut-on écrire *oreiller* en un seul signe ?

**18.** Quel est le comble pour un maçon ?

**19.** Je commence la nuit, finis le matin et me retrouve deux fois dans l'année. Qui suis-je ?

**20.** Qu'est-ce qui traverse les mers, les airs, les terres, à condition qu'on lui mouille le dos avant son départ ?

**21.** Nous devenons des œufs si l'on nous coupe la tête. Qui sommes-nous ?

**22.** Quel est le jour le plus savant de l'année ?

**23.** Quel est le mur qu'aucun maçon ne peut construire ?

**24.** Je suis le plus léger des coquillages. Qui suis-je ?

**25.** Je parle toujours en second et connais toutes les langues. Qui suis-je ?

**26.** Sans moi, l'ânon dit non, la craie crie et la laisse devient lisse. Qui suis-je ?

**27.** Je suis en tête de tous les nuages et à la queue de chaque avion. Qui suis-je ?

**28.** Si l'on s'occupe de moi, je rapetisse. Si on me laisse tranquille, je grandis. Qui suis-je ?

**29.** Sans air, je suis froide ; avec un air, je suis tiède. Qui sommes-nous ?

**30.** Que font trois moineaux sur un fil ?

**31.** Qu'est-ce qui absorbe l'eau salée pendant sa vie et l'eau douce après sa mort ?

**32.** Qui se vide le jour et se remplit la nuit ?

**33.** Qui juge-t-on sur sa bonne mine ?

**34.** Je change souvent de quartier. Qui suis-je ?

**35.** Je me lève sans sortir de mon lit. Qui suis-je ?

**36.** Quel est le comble pour un cordonnier ?

**37.** Quel est le poisson que l'on utilise en athlétisme ?

**38.** J'ai deux pieds, deux bras, une tête ronde et je marche sur la tête. Qui suis-je ?

**39.** Tu es mon maître tant que je ne suis pas sorti de ta bouche, mais c'est moi qui suis ton maître dès que tu me prononces. Qui suis-je ?

**40.** Je suis plein ou vide, je suis invertébré, je suis transparent, je suis une couleur de la nature, je serai une fourrure pour le pied de Cendrillon. Qui sommes-nous ?

**41.** On me croise dans les duels, on me passe pour lisser les plis et je fais des étincelles pour souder. Qui suis-je ?

**42.** J'ai 50 dents et 35 caries. Qui suis-je ?

**43.** Quel est le comble du boulanger ?

**44.** Quelle est la différence entre une théière et un cendrier ?

**45.** Je fais le tour du monde en restant dans mon coin. Qui suis-je ?

**46.** Mon premier est ce que les Corses disaient à Napoléon. Mon deuxième est ce que Napoléon disait en voyant les Corses. Mon troisième est ce que disait la mère de Napoléon à son fils quand il était bébé. Mon quatrième est ce que lui répondait le futur empereur. Mon tout est une boisson gazeuse.

**47.** Je pleure quand on me tourne la tête. Qui suis-je ?

**48.** Quand l'homme a-t-il autant d'yeux que de jours dans l'année ?

**49.** Qu'est-ce qu'un dromaludaire ?

**50.** Quelle est la différence entre un horloger et une girouette ?

**51.** Quelle est la différence entre un boucher et un marin ?

**52.** Sur la mer, je suis bleu ; sur la terre, je suis blanc ; dans la nature, je suis vert. Qui suis-je ?

**53.** Anne a le même nombre de sœurs et de frères, mais son frère Guillaume a deux fois plus de sœurs que de frères. Combien de garçons et de filles y a-t-il dans la famille ?

**54.** Jacques rencontre le fils du mari de la fille unique de sa belle-mère. Quel lien y a-t-il entre cette personne et Jacques ?

**55.** Si trois chats tuent 3 rats en 3 minutes, combien de temps faudra-t-il à 100 chats pour tuer 100 rats ?

**56.** Quel ville d'Afrique se cache derrière ces lettres : « A AB AB AB AB AB AB AB AB AB AB BA ».

**57.** Août, septembre, octobre, novembre, décembre, janvier, février, mars, avril : quel est l'intrus ?

**58.** Joseph est un joli prénom mais il ne laisse presque rien passer quand il désigne autre chose. De quoi s'agit-il ?

**59.** Paulette est un joli prénom mais il devient cher quand il désigne autre chose. De quoi s'agit-il ?

**60.** Sabine est un joli prénom mais il prend souvent racine quand il désigne autre chose. De quoi s'agit-il ?

**61.** Pierrot est un joli prénom mais il devient un drôle d'oiseau quand il désigne autre chose. De quoi s'agit-il ?

**62.** Serge est un joli prénom mais il devient doux et moelleux sous la main quand il désigne autre chose. De quoi s'agit-il ?

**63.** « Imbécile un comme nous devant là restez-vous que moment bon un faire à commence ça. » Quel est le sens de cette phrase ?

**64.** Qu'est-ce qui te ressemble plus qu'un jumeau, fait les mêmes gestes que toi et qui, lorsque tu lui montres ta main gauche, montre en même temps sa main droite ?

**65.** Je m'élève dans l'air, mais je n'ai pas d'ailes ; je cours sur le sol, mais je n'ai pas de pieds ; l'eau risque de me noyer. Qui suis-je ?

**66.** Toute ma vie, je ne fais que monter et descendre. Au soleil, je m'allonge ; au froid, je me recroqueville. Dans ma prison de verre, je suis enfermé. Qui suis-je ?

**67.** On trouve mon secret dans le titre d'un album de Tintin. Lequel ?

**68.** On trouve mon secret dans le titre d'un film racontant la jeunesse d'un détective anglais très connu. Lequel ?

**69.** On trouve mon nom de secret dans une expression indiquant que l'on tente de dissimuler quelque chose que tout le monde connaît. Quelle est cette expression ?

**70.** On trouve mon nom de secret dans une expression indiquant que l'on reçoit les confidences de personnages importants. Quelle est cette expression ?

**71.** On trouve le mot *secret* dans l'un des récits composant *Les Lettres de mon moulin* d'Alphonse Daudet. Lequel ?

**72.** Quelles sont les quatre lettres que les enfants entendent le plus souvent ?

**73.** Quelle différence y a-t-il entre une repasseuse et un cheval ?

**74.** Quelle est la différence entre un juge et un escalier ?

**75.** Quelle est la sainte qui n'a pas besoin d'élastiques pour faire tenir ses bas ?

**76.** Pourquoi les marins ont-ils des bonnets bleu marine ?

**77.** S'il faut deux pelotes de laine pour faire un bonnet de coton, combien faut-il de pelotes pour faire trois bonnets de coton ?

**78.** « Je t'attends lorsqu'après-demain sera devenu hier, sachant qu'aujourd'hui nous sommes le même jour par rapport à dimanche dernier qu'avant-hier par rapport à après-demain. » Quel est donc le jour d'invitation ? Et quel jour celle-ci a été formulée ?

**79.** Que devient une brebis après 5 ans ?

**80.** Où le jeudi vient-il avant le mercredi ?

**81.** Qu'est-ce qui ne s'arrête jamais pendant la journée et qui, la nuit, se repose sur le sol en tirant la langue ?

**82.** Qu'est-ce que les ours ont que les autres animaux n'ont pas ?

**83.** Pourquoi les Indiens vivent-ils nus ?

**84.** Pourquoi les maisons anglaises ne sont-elles pas solides ?

**85.** Quel est le comble pour un astronaute ?

**86.** Quel est le vent le plus mordant ?

**87.** Quelle est la différence entre un calendrier, une maison et un oiseau ?

**88.** Quel est le comble pour un loup ?

**89.** Pourquoi les chats n'aiment-ils pas l'eau ?

**90.** Pourquoi les savants ont-ils des trous de mémoire ?

**91.** Je commence et finis par la même lettre et n'en contiens qu'une. Qui suis-je ?

**92.** Pourquoi ne met-on pas de *s* à « 192 poule » ?

**93.** Quel est le comble pour un pêcheur à la ligne ?

**94.** Quel est le comble pour un jardinier ?

**95.** On peut me remettre plusieurs lettres, je ne change pas de nom. Qui suis-je ?

**96.** Quel animal mange avec sa queue ?

**97.** Comment fait-on les petits-suisses ?

**98.** Quel est l'arc qui ne tire jamais de flèches ?

**99.** Qui peut voyager jour et nuit sans quitter son lit ?

**100.** Quel est le comble pour un fruitier ?

**101.** Qu'est-ce qui a de nombreuses dents mais ne mord jamais ?

**102.** Quel est le comble pour un maçon ?

**103.** Quel est le comble pour un imbécile au téléphone ?

**104.** Qui est-ce qui te suit fidèlement le jour sans jamais rien te demander et disparaît ensuite avec la nuit ?

**105.** Je suis grande le matin, petite à midi et de nouveau grande le soir. Qui suis-je ?

**106.** Quel est le nom de cette danse qui se compose de trois animaux identiques ?

**107.** Je suis pleine de trous mais je ne laisse jamais passer l'eau. Qui suis-je ?

**108.** Pourquoi les pêcheurs n'aiment-ils pas les dictées ?

**109.** Qui fait le tour de la maison sans réussir à y entrer ?

**110.** Qu'est-ce qui ressemble à un chat sans être un chat ?

**111.** Qu'est-ce qui est le plus proche de Saint-Quentin ?

**112.** Quelle est la différence entre les gendarmes et les pruneaux ?

**113.** Comment faire aboyer un chat ?

**114.** Pourquoi les Anglais ne supportent-ils pas les grenouilles ?

**115.** Que doit-on garder après l'avoir donné à quelqu'un ?

**116.** Quel est le centre de gravité ?

**117.** Quel est le comble pour un père bricoleur ?

**118.** Florence est un joli prénom et une belle ville d'Italie, mais elle prend souvent du poisson quand elle désigne autre chose. De quoi s'agit-il ?

**119.** Mon premier est un petit amas. Mon deuxième est un garçon. Mon troisième veut dire *oui* en russe. Mon quatrième et mon cinquième se donnent aux blessés. Mon tout est un roulement de tambour.

**120.** Plus on l'enlève, plus il s'agrandit. Qui est-ce ?

**121.** Plus on tire dessus, plus elle se raccourcit. Qui est-elle ?

**122.** Celui qui le fait, c'est pour le vendre ; celui qui l'achète ne s'en sert pas ; celui qui s'en sert ne le voit pas. Quel est donc cet objet funeste ?

**123.** Qu'est-ce qu'on peut ne pas donner lorsqu'on l'a ?

**124.** Quel est le poisson le plus musicien ?

**125.** Je chasse les mouches, mais, si l'on m'ajoute un pou, je chasse les oiseaux. Qui suis-je ?

**126.** Quelle est la meilleure coiffure pour avoir chaud quand on dort ?

**127.** Quelle est la fleur que tout le monde porte en deux exemplaires ?

**128.** Comment un éléphant peut-il descendre les Champs-Élysées sans se faire reconnaître ?

**129.** Qu'est-ce qui est gros, gris et qui a seize roulettes ?

**130.** Pourquoi Julien a-t-il, sur sa table de nuit, un verre d'eau plein et un verre d'eau vide ?

**131.** Qu'est-ce qu'un squelette dans un placard ?

**132.** Pourquoi le berger s'endort-il en travaillant ?

**133.** Qu'est-ce qu'un canif ?

**134.** Quel est l'animal qui marche sur la tête ?

**135.** Quelle ressemblance y a-t-il entre un thermomètre et un instituteur ?

**136.** Quelle est la lettre qui peut être à la fois propre et sale ?

**137.** Comment s'appelaient les enfants des Francs ?

**138.** Quel est le comble pour une clef ?

**139.** Quel est l'animal qui se porte au pied ?

**140.** Comment se termine l'espace ?

**141.** Les comédiens me touchent alors que le malade m'avale. Qui suis-je ?

**142.** Je suis un voleur dans un hôtel et je danse à l'Opéra. Qui suis-je ?

**143.** Quelle rose n'a jamais d'odeur ?

**144.** Pouvez-vous citer cinq jours de la semaine sans donner leur nom ?

**145.** Quel est le comble pour un pompier ?

**146.** Quelle ressemblance y a-t-il entre un roi et un livre ?

**147.** Quelle ressemblance y a-t-il entre un tonneau et un naïf ?

**148.** Quelle ressemblance y a-t-il entre un pantalon percé et un mendiant ?

**149.** Quelle différence y a-t-il entre un comptable, un voleur, une mère de famille et un boucher ? La réponse est mathématique !

**150.** Quelle différence y a-t-il entre un escrimeur, une couturière et un bijoutier ?

**151.** Celui qui les fait les oublie, celui qui les reçoit ne les oublie pas. Qui sont-elles ?

**152.** Celui qui les fait ne les oublie pas, celui qui les reçoit les oublie. Qui sont-elles ?

**153.** Je porte une scie mais je ne suis pas menuisier ; je sonne les heures mais je ne suis pas sonneur ; je porte la barbe et ne suis pas capucin. Qui suis-je ?

**154.** Quel est le point commun entre Charlotte, Rosa et Manon ?

**155.** Quelle fleur vit quatre jours et quatre heures ?

**156.** Quels sont les deux cours d'eau que l'on retrouve dans une soupière ?

**157.** Quels sont les mois qui font le plus de bruit ?

**158.** Qu'est-ce qui s'en va en dansant et revient en pleurant ?

**159.** Que peut-on couper parfaitement sans couteau ?

**160.** Qu'est-ce qui attire les lézards sur les vieux murs ?

**161.** Quel animal a le meilleur caractère et supporte le mieux les mauvaises plaisanteries ?

**162.** Que trouve-t-on exactement au centre de Paris ?

**163.** J'ai un chapeau mais pas de tête, un pied mais pas de soulier. Qui suis-je ?

**164.** Un chien est assis au pied de la tour Eiffel pendant que son maître est au sommet du monument. À quelle distance le chien est-il de son maître ?

**165.** Quel est le pluriel de *voleur* ?

**166.** Quatre qui vont, quatre qui pendent ; deux qui montrent le chemin, deux qui défendent les chiens ; une par-derrière qui brimbale et le plus souvent est sale. Qui suis-je ?

***Réponses***

**1.** Aucune, car Paris est métropole, l'ours polaire est maître au pôle et Virginie aimait trop Paul.

**2.** C'est d'avoir des ampoules.

**3.** Une chaise.

**4.** La langue.

**5.** C'est qu'un muet raconte à un sourd qu'un aveugle les observe.

**6.** C'est que la pie mâle est noire et blanche alors que la pie femelle est blanche et noire.

**7.** L'ouïe.
**8.** Parce que c'est le même oiseau !
**9.** La lettre *m*.
**10.** Parce qu'ils sont déjà poneys (des Japonais).
**11.** Ils se jappent au nez.
**12.** Ils ont tous les trois des rayons.
**13.** Parce que la ferme tuerait Claire (la fermeture Éclair).
**14.** Se mettre la tête en bas pour faire tomber la fièvre.
**15.** Le plus-que-parfait.
**16.** 22 (6 et 13 et 3).
**17.** Ø rayé (un *o*).
**18.** C'est d'avoir peur du béton armé.
**19.** La lettre *n*.
**20.** Le timbre-poste.
**21.** Des bœufs.
**22.** Le 7 août (sait tout).
**23.** Le mur du son.
**24.** La palourde.
**25.** L'écho.
**26.** La lettre *a*.
**27.** La lettre *n*.
**28.** Un trou dans un bas.
**29.** La bise et la brise.
**30.** Un nombre impair.
**31.** L'éponge.
**32.** Le lit.
**33.** Le crayon.
**34.** La Lune.
**35.** Le Soleil.
**36.** C'est de ressemeler une botte de radis.
**37.** La perche pour le saut en hauteur.
**38.** La brouette.
**39.** Le secret.
**40.** Verre, ver, verre, vert et vair.

**41.** Le fer.

**42.** Le piano.

**43.** C'est de faire des éclairs par temps d'orage ou d'avoir du pain sur la planche.

**44.** Le cendrier, c'est pour descendre (des cendres) alors que la théière, c'est pour monter (mon thé).

**45.** Un timbre-poste sur une enveloppe.

**46.** Le Schweppes, parce que c'est du sirop d'écorces d'oranges amères (Sire ; Oh ! des Corses ! ; Dors, ange... Ah ! mère...)

**47.** Le robinet.

**48.** Le 2 janvier.

**49.** Un chalumeau avec une seule *lubosse*.

**50.** L'horloger vend des montres alors que la girouette montre le vent.

**51.** Le boucher voit le porc avant les côtes alors que le marin voit les côtes avant le port.

**52.** Le col bleu du marin, le col blanc des technocrates et le colvert de la faune.

**53.** Quatre filles et trois garçons.

**54.** C'est son fils.

**55.** Trois minutes puisque chaque chat tue un rat en trois minutes.

**56.** Addis-Abeba (A 10 AB BA).

**57.** Août parce que ce n'est pas un mois en *r*.

**58.** Joseph est le nom d'un papier fin servant à filtrer les liquides.

**59.** Paulette est le nom d'une taxe que les officiers de justice payaient au roi.

**60.** Sabine est le nom d'un genévrier dont les feuilles ont des propriétés médicinales.

**61.** Pierrot est le nom d'un moineau.

**62.** Serge est le nom d'un tissu de laine léger.

**63.** Pour percer le mystère, il suffit de relire cette phrase en commençant par la fin. Renversant, non ?
**64.** Ton reflet dans un miroir.
**65.** La flamme.
**66.** Le mercure du thermomètre.
**67.** *Tintin et le secret de la Licorne.*
**68.** *Le Secret de la pyramide.*
**69.** Un secret de Polichinelle.
**70.** Être dans le secret des dieux.
**71.** *Le Secret de maître Cornille.*
**72.** O, B, I et C : obéissez !
**73.** La repasseuse a le fer à la main alors que le cheval a le fer au pied.
**74.** Le juge fait lever la main alors que l'escalier fait lever le pied.
**75.** Sainte-Sébastienne (ses bas se tiennent).
**76.** Pour se couvrir la tête !
**77.** Difficile de faire des bonnets de coton avec de la laine, non ?
**78.** Formulée le jeudi, cette invitation est pour le dimanche.
**79.** Une brebis de 6 ans.
**80.** Dans un dictionnaire.
**81.** Une chaussure.
**82.** Des oursons.
**83.** Parce que Christophe Colomb les a découverts.
**84.** Parce qu'elles sont toutes en glaise.
**85.** C'est d'être dans la lune.
**86.** Le *vampire* (le vent pire).
**87.** Le calendrier est à mois, la maison est à toit et l'oiseau est à aile.
**88.** C'est de jouer à saute-mouton.
**89.** Parce que dans l'eau minet râle !
**90.** Parce qu'ils se creusent trop la tête.

**91.** Une enveloppe.
**92.** Parce que c'est « un-neuf deux poule ».
**93.** C'est de prendre du poids quand il surveille sa ligne.
**94.** C'est de faire des salades à tout bout de champ.
**95.** Le facteur.
**96.** Tous, car aucun ne l'enlève pour manger.
**97.** Comme les petits Français.
**98.** L'arc-en-ciel.
**99.** La rivière.
**100.** C'est d'être une bonne poire, d'avoir une bonne pomme et de se faire rouler par une banane.
**101.** Le peigne.
**102.** C'est de se retrouver au pied du mur.
**103.** C'est de s'appeler soi-même pour demander son numéro de téléphone.
**104.** Ton ombre.
**105.** Ton ombre.
**106.** Le chat chat chat (cha-cha-cha).
**107.** L'éponge.
**108.** Parce que l'on dit sans arrêt : point à la ligne.
**109.** Celui qui a perdu ses clés.
**110.** Une chatte.
**111.** Cinquante-deux.
**112.** Les gendarmes nous arrêtent alors que les pruneaux nous relâchent.
**113.** Donnez-lui une coupelle remplie de lait, il la boira (il aboiera).
**114.** Parce qu'elles font leur thé tard (têtard).
**115.** Sa parole.
**116.** La lettre *v*.
**117.** C'est de clouer le bec à sa femme et de serrer la vis à ses enfants.
**118.** Florence est le nom d'un fil de soie naturelle, utilisé pour la pêche à la ligne.

**119.** Tas gars da soin soin !
**120.** Le trou.
**121.** La cigarette.
**122.** Le cercueil.
**123.** La mort.
**124.** La sole (*sol*) ou la raie (*ré*).
**125.** L'éventail et l'épouvantail.
**126.** Les couettes.
**127.** L'iris (de l'œil).
**128.** En mettant des lunettes noires.
**129.** Un éléphant en patin à roulettes.
**130.** Parce que, parfois, dans la nuit, il se lève et n'a pas soif.
**131.** Un champion de cache-cache.
**132.** Parce qu'il compte ses moutons.
**133.** C'est un petit *fien* !
**134.** Le pou.
**135.** Ils font tous les deux trembler quand ils se rapprochent de zéro.
**136.** La lettre *T*, car on parle de propreté et de saleté !
**137.** Les centimes.
**138.** C'est de se faire mettre à la porte.
**139.** La mule.
**140.** Par un *e*.
**141.** Le cachet.
**142.** Le rat.
**143.** La rose des vents.
**144.** Avant-hier, hier, aujourd'hui, demain et après-demain.
**145.** C'est de porter des vêtements flambant neufs !
**146.** Tous les deux ont des pages.
**147.** Tous les deux se laissent facilement rouler.
**148.** Tous les deux réclament une pièce.

**149.** Le comptable additionne, le voleur soustrait, la mère de famille multiplie et le boucher divise.

**150.** Il n'y a guère de différence : l'escrimeur pare les coups, la couturière parle et coud, le bijoutier pare les cous.

**151.** Les vacheries.

**152.** Les faveurs.

**153.** Le coq.

**154.** Ce sont trois prénoms féminins mais aussi trois variétés de pommes de terre.

**155.** Le pois de senteur (cent heures).

**156.** Le Pô et le Tage (potage).

**157.** Les moissonneurs (mois sonneurs).

**158.** Le seau du puits.

**159.** Le lait, le vin et les cartes à jouer.

**160.** Les lézardes.

**161.** Le chien parce qu'il est content quand on lui fait une niche.

**162.** La lettre *r*.

**163.** Le champignon.

**164.** À six cents mètres (assis sans maître).

**165.** Un voleur, des valises (dévalise).

**166.** La vache, car elle a quatre pieds et quatre pis, deux cornes et deux yeux, mais la queue brimbale derrière.

# DES SITES MALINS

Internet peut vous venir en aide pour dénicher d'autres idées ou même choisir la solution de l'anniversaire organisé chez vous clé en main. Voici quelques sites que nous avons sélectionnés et vérifiés pour vous. Bien sûr, de nouveaux sites vont apparaître et d'autres disparaître, mais un bon moteur de recherche en croisant les mots « anniversaires » et « fêtes d'enfants » devraient enrichir ces propositions.

www.alpha-baby.fr
www.apmevent.com
www.dianniversaire.com
www.fetes.org
www.jourdereve.com
www.kilalao.com
www.mon-anniversaire.com
www.starfetes.com
www.tuttifiesta.com
www.soleilsonne.free.fr

Il également possible de trouver d'autres idées de jeux sur des sites plus spécialement réservés aux animateurs professionnels :

http://membres.lycos.fr/planetanimation
www.zanimateurs fous.com
www.chez.com/fanfoue
www.maitremerlin.free.fr

www.cvm.qc.ca/gmaisonneuve
www.lescopinettes.com/anim
http://yjanet.free.fr
www.webalain.ch/jeux

# INDEX

## A

À la chasse aux diplodocus, 181
À la lettre, 276
À la ronde du muguet, 183
À mon commandement, 222
Abeille, le moineau et le chasseur, 227
Acrobates, 248
Acrostiche, 273
Adverbe, 282
Air, terre, mer, 204
Alerte à la bombe !, 228
Alphabet des stars, 311
Ambassadeurs, 252
Analogie, 282
Anneaux, 297
Applaudissements, 291
Approche silencieuse, 292
Art abstrait, 76
As, 242
Assassin court toujours, 293
Astre lumineux, 130
Attention, pas un mot !, 143
Au marché Padi Pado, 212
Autre jour… (L'), 209

**B**

Baby punch, 131
Ballon nommé, 302
Ballon prisonnier, 304
Ballon sandwich, 300
Ballon touché, 302
Barbe à papa, 245
Barquettes au jambon, 106
Bataille, 238
Billard soufflé, 249
Biscuits glacés, 124
Biscuits sablés, 124
Bon pour la mémoire, 127
Bon prince !, 318
Bonbon, Mæstro !, 311
Bonjour, ma cousine, 184
Bonne coupe, 290
Boum, 43
Brakko des Bois, roi des chasseurs, 333
Brioches fourrées, 111

**C**

Cache-cache au but, 194
Cacophonie, 165
Cadavre exquis, 214
Cadeaux, 355
Caractère, 254
Carte au sucre, 78
Carte ballon, 83
Carte coucou, 80
Carte mouchetée, 75
Carte pliée, 75
Carte puzzle, 82

Chaises musicales, 152
Championnat de patinage, 152
Chandelle, 182
Chanson à enchaîner, 314
Charades mimées, 253
Chasse au goûter, 158
Chasse aux couleurs, 157
Chasse aux trésors, 340
Chat à l'ombre, 189
Chat double, 190
Chat et la souris, 187
Chat et souris en cercle, 190
Chat perché, 188
Chat qui dort, 191
Chat sorcier, 189
Chef d'orchestre, 223
Chef indien, 172
Chenille est dans le fruit, 80
Chi-fou-mi, 201
Clown, 171
Clowns en stock, 100
Coco bien assis, 154
Code de Trevanion, 347
Collectionneurs d'images, 158
Combles, 392
Comptines, 160
Concours de bulles, 167
Corbillon, 206
Corde à la ronde, 295
Coup de pied, 296
Coupe-jarret, 296
Couples mimes, 256
Courir et sauter, 234
Course aux bonbons, 157

Course des animaux, 164
Crayon dans la bouteille, 245
Cuillère empoisonnée, 315

**D**

Dans ma rue, 286
Danse des coussins, 316
Danse des crocodiles, 163
De l'espace, 258
Décoration maléfique, 176
Défilé de mode, 316
Déguisement sorcière, 177
Dernière nouvelle, 208
Des yeux dans le dos, 266
Détail qui compte, 288
Devine qui ?, 301
Devinettes, 392
Diable dans sa boîte, 77
Dinosaure en morceaux, 180
Drôles de grimaces, 145
Du tac au tac, 275

**E**

Empilage de mains, 140
En avant, marche !, 257
En bon ordre, 226
En chaîne, 243
En voyage, 258
Enveloppes gigognes, 83
Envolé !, 265
Épervier, 234
Étranges personnages, 141

## F

Fabriquez une baguette magique, 262
Fais ceci, fais cela, 222
Fléchettes, 297
Fontaine multicolore, 97
Forêt-noire, 131
Fougasse, 122
Fourchette volante, 267

## G

Gages sans matériel, 351
Gants de géants, 150
Garçon de café, 288
Gâteau au chocolat, 114
Gâteau au yaourt, 115
Gâteau en forme de chiffre, 119
Gâteau à étages, 120
Gaufres, 123
Glaçage à l'eau, 117
Glaçage au chocolat, 118
Goûter dégoûtant, 178
Goûter jurassique, 180
Goûteur était masqué (Le), 149
Grand jeu de la traversée, 325
Grand jeu de parcours individuel, 320
Grand jeu du qui suis-je ?, 327
Grands jeux de pistes, 337
Guirlande accordéon, 95
Guirlande avec mobiles, 97
Guirlande en ribambelles, 96

## H

Hamburgers, 107

**I**

Ice-cream soda, 130
Invitations, 306
Invitations de Carabosse, 176
Invitations dinosaures, 179

**J**

Jacques a dit, 221
Je te passe mon mouchoir, 207
Jeu californien, 299
Jeu de dames, 127
Jeu de massacre, 169

**K**

Kim fond de tiroir, 220
Kim goût, 218
Kim odorat, 219
Kim ouïe, 218
Kim toucher, 217

**L**

Le code de Trevanion, 347
Lévitation, 268
Livreur de patates, 230
Loto des couleurs, 126
Loup, y es-tu ?, 185
Lui et elle, 211

**M**

Main chaude aveugle, 202
Mains marionnettes, 155
Maison de la sorcière, 120

Maison des aveugles, 142
Maître des mots, 312
Maman, veux-tu ?, 294
Maquillage terrible, 177
Marché de ma grand-mère, 287
Mariages, 255
Masques des petits loups, 173
Masques fruités, 174
Menteur, 239
Messages codés, 344
Mikado des montagnes, 246
Milk-shake à la fraise, 132
Milk-shake à la vanille, 133
Milk-shake framboise au yaourt, 132
Milk-shake panaché, 132
Mime transmis, 254
Mimes à thèmes, 251
Minuit dans la bergerie, 164
Minute de chacun, 259
Miroir, miroir…, 264
Mistigri, 237
Momie égyptienne, 247
Mot interdit, 211
Musique, 308
Musique, musique !, 312

**N**

Nectar d'abricot, 131
Ni oui ni non, 210
Nœud impossible, 264

**O**

Organisation de tournois, 330

## P

Panier de fruits, 153
Pantins mobiles, 99
Parcours des crabes, 231
Parcours des garçons de café, 230
Pardon, 285
Passe à dix, 303
Pauvre petit chat malade, 146
Pêche à la ligne, 167
Pêche à la paille, 150
Pêche orientale, 246
Pêle-mêle de puzzles, 142
Pelote de laine, 203
Petit baccalauréat, 214
Petit train, 120
Petites épreuves physiques, 350
Pi le hibou, 229
Pigeon vole, 144
Pizza au pain de mie, 109
Plumes, plumes, plumes, 81
Pochettes-surprises, 170
Poésie, 277
Points cardinaux, 298
Pomme badaboum, 168
Portrait, 274
Portrait chinois, 274
Portrait dialogué, 260
Poudre de perlimpinpin, 266
Proverbe caché, 280
Proverbes mélangés, 279
Publicitaires, 283
Pull-over garni, 148
Puzzles surprises, 128

## Q

Quatre coins, 156
Qui s'y frotte, s'y pique !, 244
Qui veut gagner des bonbons ?, 284
Quiches aux légumes, 108
Quilles en chocolat, 126

## R

Radio-crochet, 318
Relais tableau, 280
Renards et les écureuils, 165
Renards, vipères, poules, 335
Roi détrôné, 301
Roi du silence, 226
Roméo et Juliette, 291
Ronde du muguet, 183
Ronds en fête, 101
Roulé à la confiture, 116

## S

Salade de riz, 110
Sandwiches mortadelle et fromage, 110
Sangria au thé, 133
Sans les mains, chapeau !, 178
Sardines, 194
Saute-mouton, 232
Sauterelles et grenouilles, 192
Sculpteur, 257
Serpent sympathique, 98
Singe et les noix de coco, 166
Sites web, 433
Sons mystérieux, 149

Sorciers, 261
Statues dansantes, 317

**T**

Table du magicien, 263
Tarte au chocolat, 115
Tartines aux petits légumes, 107
Téléphone arabe, 144
Tenue du magicien, 263
Terre, mer, rive, 233
Tic-Tac, 225
Tipoter, 278
Tir à la corde, 232
Tomate, 235
Touche-touche maladie, 188
Toupie acrobatique, 249
Toupies, 128
Trouvez le bon mot !, 277
Tu brûles, 159

**U**

Un dans l'autre (L'), 281
Un, deux, trois, soleil !, 193

**V**

Variations autour du kir, 134
Vingt-et-un, 241
Vole, marche ou nage ?, 205

Photocomposition Nord Compo
Imprimé en Allemagne par GGP Media GmbH
pour le compte des Éditions Marabout.

Dépôt légal : Avril 2013
ISBN : 978-2-501-08763-6
4131876/01